Eve Edwards

Die Herzentflammte

Eve Edwards studierte in Cambridge und promovierte in Oxford. Nach ihrer Promotion unterrichtete sie englische Literaturgeschichte an der Universität und arbeitete als Diplomatin und für die Hilfsorganisation Oxfam. Heute lebt Eve Edwards als freie Autorin mit ihrem Mann und ihren drei Kindern in Oxford.

MIX
Papier aus verantwortungsvollen Quellen
FSC® C023842
FSC www.fsc.org

Die Originalausgabe erschien unter dem Titel
»The Queen's Lady«
First published 2010 by Razorbill, Penguin Group
Aus dem Englischen von Anne Braun
Einband von Hauptmann&Kompanie unter Verwendung eines Fotos
von Trevillion Images
Reproduktion: igoma GmbH, Hamburg
Druck und Bindung: Bercker Graphischer Betrieb, Kevelaer
Printed 2012
ISBN 978-3-7817-0513-5

www.klopp-buecher.de

Eve Edwards

die Herz-entflammte

Aus dem Englischen
von Anne Braun

Klopp

Für Lucy Drake

Prolog

1583

Rievaulx House, Yorkshire

Es war traurig, dass es nur drei Menschen auf der Welt gab, denen sie wirklich etwas bedeutete! Jane legte eine Hand an die kalte Scheibe und schaute auf das Pförtnerhaus aus roten Backsteinen und auf die zerfurchte Straße, die ins Moor führte, während sie an diese drei Menschen dachte. Noch schlimmer war die Tatsache, dass eine dieser Personen nun mit dem Mann verheiratet war, den Jane damals abgewiesen hatte; die zweite war weit weg und nähte gerade Trauerkleidung für sie, und die dritte lag sterbend im Nebenzimmer.

»Jane?« Jonas' Stimme war im Laufe der letzten Stunde schwächer geworden.

Jane klammerte sich an die Fensterbank, während sie versuchte, sich zu sammeln. Der Gedanke, dass Jonas sie verlassen würde, war unerträglich, doch ihnen beiden war klar, dass es mit ihm zu Ende ging.

»Ich komme, Jonas.« Jane riss sich vom Anblick der kargen Hügel los und eilte so hastig in sein Zimmer, dass man in der Stille des Krankenzimmers das Rascheln ihrer schweren pinkfarbenen Satin-Petticoats hörte. Die Vorhänge an den Fenstern waren zugezogen, damit das Schlafzimmer im Halbdunkel lag. Die düstere Atmosphäre wurde noch verstärkt durch die dunklen Wandbehänge und die weinroten, mit Goldfäden bestickten Vorhänge am Himmelbett – sehr altmodisch, aber Jane hatte nicht die Zeit gehabt, sie gegen etwas Fröhlicheres auszutauschen. Der Duft von Lavendel und getrockneten Rosenblättern hing in der Luft, konnte den stechenden Geruch von saurem Schweiß jedoch nicht überdecken.

Jonas streckte eine gebrechliche Hand nach ihr aus; der Handrücken war mit blauen Venen überzogen, die Knöchel hoben sich ab wie Napfschnecken, die an einem vom Meer umspülten Felsen hafteten. »Du bist ein gutes Mädchen, Jane.«

Sie selbst hatte zwar eine andere Meinung von sich, doch Jonas hatte schon immer große Stücke auf sie gehalten. Schon damals, als er sie vor sechs Monaten gerettet hatte. Jane blinzelte ihre Tränen weg, denn sie wollte nicht, dass er ihr ihren Kummer ansah.

»Jonas, nicht reden – du musst mit deinen Kräften haushalten!«

Graue Locken ringelten sich unter seiner Nachthaube hervor, die eine Gesichtshälfte war starr, seit Jonas Paton, Marquis von Rievaulx, vor zwei Wochen einen Schlaganfall erlitten hatte. Er war davor schon gebrechlich gewesen, doch nun war sein Tod offensichtlich unausweichlich. Mit seinen siebzig Lebensjahren konnte der Marquis jedoch auf ein langes, zufriedenes Leben zurückblicken und wusste, dass das Schicksal es gut mit ihm gemeint hatte. Das Einzige, was er bedauerte, war, dass er seine junge Gemahlin in einer schwierigen Lage zurücklassen würde.

»Meine Söhne – sie versammeln sich unten bereits – wie Krähen, die über meine Leiche herfallen wollen.« Jonas zerrte an der samtenen Tagesdecke. Die Worte kamen nur stockend und undeutlich über seine Lippen, da sein Mund sich weigerte, seinem raschen Verstand zu folgen.

»Ruhig, Liebster.« Jane kniete sich neben sein Bett und streichelte seinen Handrücken.

»Es stimmt, und das weißt du, Jane. Sie zeigten mir gegenüber immer wenig Zuneigung. Sie werden kein Erbarmen mit dir haben, wenn ich erst tot bin.«

Jane schüttelte zwar den Kopf, doch sie wusste nur zu gut, dass er die Wahrheit sagte. Ihre Stiefsöhne hassten die bildhübsche Siebzehnjährige, die ihr Vater in einem Anfall von Altersschwachsinn – wie sie glaubten – geheiratet hatte. Sie hatten nicht begriffen, dass der Marquis Lady Jane Perceval nicht geheiratet hatte, um eine Ehefrau zu haben, sondern um sie zu retten. Weil Jane ihre Verlobung mit einem jungen Earl gelöst hatte, wurde sie mit Schimpf und Schande auf das Familiengut in Stafford Grange in North Yorkshire verbannt, wo sie *im Moor verrotten* sollte, wie ihr Vater, der Earl von Wetherby, es unverblümt ausgedrückt hatte. Er hatte ihr Fasten und Beten verordnet und ihr zudem noch eine Tracht Prügel verabreicht, um ihren rebellischen Geist zu brechen, als wäre sie ein ungezogenes Kind. Janes Selbstvertrauen, das aufgeblüht war, als sie am Hof von Königin Elisabeth von mehreren jungen Adligen umworben wurde, war verschwunden; sie hielt sich für wertlos und unnütz.

Nachdem ihr Vater sie als kostspielige Fehlinvestition abgeschrieben hatte, begann auch sie selbst, sich als Versagerin zu sehen.

Während ihr Bruder Henry es sich am Hof gut gehen ließ und ihr erster Liebhaber Walter Raleigh als Günstling der Königin ein Leben in Saus und Braus führte, verbrachte Jane eine düstere und triste Zeit in ihrem trostlosen Gefängnis auf dem Lande.

Doch dann war Jonas Paton anlässlich eines Jagdausflugs nach Stafford Grange gekommen. Eigentlich hatte er nur ein paar Rehböcke schießen wollen, zog dann aber mit einer ganz anderen Art von Beute von dannen. Der Marquis, ein kluger Mann, der im Herzen katholisch geblieben war, erfasste Janes Lage auf einen Blick: dass sie ohne Hoffnung auf väterliche Vergebung zu lebenslanger Haft verurteilt worden war. Aus Mitleid machte er dem armen Mädchen einen Heiratsantrag – der einzige Schlüssel, der die Tür ihres Gefängnisses zu öffnen vermochte. Beide Seiten profitierten von dieser Vereinbarung: Der Marquis bekam eine jugendliche Freundin, die seine letzten Wochen und Monate mit ihm teilte, Jane einen klugen, väterlichen Gefährten.

Während der letzten sechs Monate war Jonas ihr mehr ein Vater gewesen, als ihr eigener es jemals war. Sie in sein Bett zu nehmen, war für ihn nie infrage gekommen – da er bereits drei eheliche Söhne gezeugt hatte, die ihn beerben würden, wünschte er sich keine weiteren Kinder –, doch er hatte ihr stets das Gefühl gegeben, geliebt und umsorgt zu werden.

»Ah, Jane, ich fürchte, du wirst nur wenig von mir erben. Meine Söhne werden vermutlich deine Witwenansprüche anfechten, da sie ahnen, dass unsere Ehe nie fleischlich vollzogen wurde«, sagte Jonas leise. »Doch ich habe dafür gesorgt, dass du deine Mitgift behalten kannst. Du wirst sie brauchen.«

»Ich will kein Geld.« Jane schürzte die Lippen, als sie sich mit

Abscheu daran erinnerte, wie selbstsüchtig sie noch vor knapp einem Jahr gedacht hatte. Damals hatte sie sich vorgenommen, einen alten, kränkelnden Edelmann zu heiraten, der sie in Bälde zu einer reichen Witwe machen würde. Nun, da ihr Wunsch sich erfüllen sollte, verfluchte sie sich dafür, das Schicksal herausgefordert zu haben.

»Aber du wirst es brauchen, mein kleiner Spatz. Und dann wird es dir allein gehören, nicht deinem Vater. Dieses Versprechen nahm ich ihm an unserem Hochzeitstag ab. Ich habe das Geld auf ein Treuhandkonto gelegt – meine Anwälte, Baines und Rochester, sind offiziell dein Vormund, bis du fünfundzwanzig bist, doch ich gab ihnen zu verstehen, dass du kompetent genug bist, deine Geschäfte selbst zu führen.«

»Jonas ...«

»Nein, Jane, wir müssen darüber reden. Wenn ich sterbe, musst du von hier weggehen. Ich traue meinen Söhnen nicht. Richard wird hinter deinem Geld her sein, um die Ländereien der Familie Rievaulx zu sanieren, und Otho und Lucres haben ihn stets in allem unterstützt – bedauerlicherweise. Doch mit meinem Titel und deiner Schönheit bist du bei Hofe sicher höchst willkommen. Ich habe eine alte Freundin, Blanche Parry – erinnerst du dich an sie? Ich habe sie schon einmal erwähnt –, gebeten, ein gutes Wort für dich einzulegen. Sie wird dir eine gute Position im Haushalt der Königin verschaffen, sobald die Trauerzeit vorbei ist.«

Jane beugte sich vor und legte ihre Stirn auf seine Hand, um ihr Schluchzen zu unterdrücken.

»Na, na, wir haben immerhin deine Freiheit erlangt, nicht wahr?« Jonas griff nach einer der honigblonden Locken, die sich unter ihrer Haube hervorgestohlen hatten, wickelte sie um seinen Daumen und ließ sie dann los. »Zeit für dich, dich in die Lüfte zu schwingen, mein Täubchen. Ich stelle mir gern vor, wie glücklich du dann sein wirst.«

Sie küsste seine Finger. »Jonas, du bist der beste Mann, den ich je getroffen habe.«

»Ich denke, meine Liebe …«, seine Stimme war nur mehr ein Wispern, »… du solltest nach dem Priester schicken … und nach meinen Söhnen. Ich will mich von ihnen verabschieden, solange ich es noch kann. Sie müssen mir versprechen, für dich zu sorgen … aber ich habe nur wenig Hoffnung, dass sie ihr Versprechen halten werden.«

Jane richtete sich auf und besann sich wieder der zahlreichen Pflichten, die sie als Herrin des Hauses Rievaulx hatte. »Ich werde sie holen. Aber wenn sie dich ärgern, bekommen sie eine Ohrfeige von mir, du wirst sehen!«

Bei der Vorstellung, wie resolut sie seinen Frieden verteidigen wollte, musste Jonas schmunzeln, genau wie sie gehofft hatte. »Trauere nicht zu lange um mich, Jane. Ich bin nicht so viele Tränen wert. Ich musste in meinem Leben so manches tun, was ich heute bereue … musste so manche schreckliche Entscheidung treffen … um zu überleben. Bete für meine Seele. Und jetzt hol bitte Vater Newton.«

»Ja, sofort.« Jane hauchte einen letzten Kuss auf seine Stirn, ehe sie hinausging, um die Familie zu rufen.

In den Spanischen Niederlanden,
in der Nähe von Dünkirchen

Ein bitterkalter Wind blies vom Kanal herüber und fegte den Rauch hinweg, der immer noch von dem ausgebrannten Dorf aufstieg. Es sah aus, als würde man mit einem feuchten Tuch die Schiefertafel eines Schuljungen abwischen. Die schwarzen Umrisse des Gasthauses, der Wohngebäude und Scheunen hoben sich in der Dämmerung düster von dem zugefrorenen See ab, auf dem die Kinder vielleicht vor Kurzem noch Schlittschuh gelaufen waren. James Lacey kniete sich neben einen der Körper und deckte das Gesicht des Mädchens mit der kleinen Schürze zu. Seine Hände zitterten, als er sah, dass etwas auf die Tasche gestickt worden war – sicher ein Segensspruch der Mutter für ihr Kind. Er hatte der Kleinen leider nichts genützt. Die spanischen Truppen von König Philipp unter der Führung des Herzogs von Parma hatten dieses unbekannte Dorf achtlos zerstört – als sinnlose Vergeltungsmaßnahme dafür, dass niederländische Aufständische einen Überfall gegen die spanische Besatzungsmacht gewagt hatten. *Spanischer Wahnsinn* nannten es die Einheimischen. James nannte es ein Massaker an Unschuldigen.

Es war nicht die erste Gräueltat, deren er Zeuge geworden war, und es würde vermutlich auch nicht die letzte sein in diesem hässlichen Krieg. Doch hatte es etwas in ihm abgetötet – nämlich das letzte Fünkchen Hoffnung, dass ein militärischer Feldzug etwas Ehrenhaftes sein konnte.

»Mylord?« James' maurischer Diener näherte sich mit zwei Pferden. Sie waren kaum zu erkennen in der Dunkelheit, da die

Metallteile des Geschirrs trüb gemacht worden und die Hufe mit Sackleinen umwickelt waren. »Wir müssen fort, Sir – sie können jeden Augenblick zurückkommen.«

»Beim Erbarmen Gottes, Diego, können wir nicht wenigstens die Kinder beerdigen?« James erwartete keine Antwort auf seine Frage; sie wussten beide, dass sie nur wenig Zeit für ihre Spähaktion hinter den feindlichen Linien hatten. James hatte Informationen gesammelt, die möglichst rasch den Herzog von Alençon und seine englischen Militärberater erreichen mussten.

Diego senkte den Kopf.

»Ja, ich weiß. Aber warum?« Die letzte Frage von James war an den leeren Himmel gerichtet. Die einzige Antwort, die er erhielt, war eine Schneeflocke, die sich wie eine gefrorene Träne an seinen Wimpern festsetzte. Gott hatte das Herz gegen sein Volk verhärtet und bestrafte es nun mit gleich zwei Plagen auf einmal: marodierenden Truppen und der grausamen Inquisition durch ihren erbarmungslosen Herrscher, König Philipp von Spanien. Wegen des großen Drucks, dem die protestantischen Holländer in den Niederlanden ausgesetzt waren, und weil die Spanier Dünkirchen und Nieuwpoort besetzt, einen Brückenkopf nach England errichtet hatten und jederzeit dort einfallen konnten, kam es James so vor, als hätte sich Gott mit den Katholiken verbündet, um Elisabeths Königreich in die Knie zu zwingen.

»Kommt, Mylord!« Diego streckte eine Hand aus.

James ergriff die kräftige Hand des jungen Nordafrikaners und ließ sich auf die Füße ziehen. Diego war nur ein Jahr jünger als er, schien mit den traumatischen Erlebnissen aber weitaus besser fertigzuwerden als sein Herr. James schwankte, denn der Leichnam des kleinen Mädchens hielt sein Gemüt gefangen wie ein Meeresanker.

Er holte tief Luft und versuchte, seinen Ekel hinunterzuschlucken. »Hast du die Berichte?«

Diego klopfte an den Lederbeutel, der um seinen Hals hing. »Sicher verwahrt, Mylord.«

»Dann reiten wir weiter.« James stieg auf den Rücken seines schwarzen Wallachs und trieb sein Pferd weg von der ungeschützten Straße. Um den spanischen Patrouillen zu entgehen, ritten die Spione Ihrer Majestät lieber querfeldein und verschwanden im Schutz der Wälder.

1. Kapitel

1584

Richmond Palace, Surrey

»Die Königin ist nach dem Aufwachen nie bester Laune«, erklärte Blanche Parry, als sie die neue Hofdame in die privaten Gemächer Ihrer Majestät führte. Elisabeth war auf der Jagd, sodass einer Einführung Janes in die Pflichten einer Hofdame nichts im Wege stand. Ihr Hofstaat folgte der englischen Königin wie die Schleppe, die an ihren Petticoats befestigt war, und preschte in einem glanzvollen Muster aus üppigen Samtstoffen und federgeschmückten Hüten durch den Schnee, natürlich alle auf erstklassigen Rassepferden – ein festlicher Anblick für die normalen Sterblichen, die das Glück hatten, sie vorbeireiten zu sehen.

»Mylady, es kann durchaus sein, dass Ihr gebeten werdet, in der Nähe zu schlafen, um jederzeit bereit zu sein, einen Wunsch Ihrer Majestät entgegenzunehmen. Ich oder eine der anderen Kammerfrauen schlafen mit Ihrer Majestät im selben Raum.« Blanche deutete auf das Himmelbett im angrenzenden Raum. Die apfelroten Bettvorhänge waren kunstvoll mit Blumen bestickt: Stiefmütterchen, Rosen und Gartenamaranten.

Die verwitwete Marquise von Rievaulx, wie Janes offizieller Titel inzwischen lautete, lächelte die alte Frau mit dem krummen Rücken an, die sie in ihre Pflichten als Hofdame der Königin einführen sollte. Mistress Parry hatte Elisabeth schon vor ihrer Krönung als Erste Kammerfrau gedient. Nun, mit ihren sechsundsiebzig Jahren, hätte sie wahrlich etwas Bequemeres verdient, als am Fuß der königlichen Bettstatt zu schlafen. Aber wer weiß, vielleicht war es für die getreue Dienerin der beste Platz im ganzen Königreich. »Ich werde stets tun, was Ihr mir befehlt, Mistress.«

Blanche erwiderte das Lächeln der jungen Witwe, hob dann aber mahnend den Zeigefinger. »Ich weiß, was Ihr denkt, Mylady.«

»Oh?«

»Dass jemand in meinem Alter, der zudem schon halb blind ist, seit Jahren im Ruhestand sein sollte.«

»Aber nein, Mistress, das denke ich keineswegs.« Aber gut, etwas Ähnliches war ihr ehrlich gesagt schon durch den Kopf gegangen.

»Ihr jungen Frauen seid alle gleich. Ihr wollt mich in einen Sessel ans Feuer setzen, mir Gewürzwein und anderen Unsinn vorsetzen, als wäre ich schon eine Greisin. Aber wie ich auch zu Ihrer Majestät immer sage, habe ich altes Schlachtross ihr seit über fünfzig Jahren treu gedient und beabsichtige, in vollem Zaumzeug zu sterben.«

Jane hielt es fast für ein Wunder, dass diese Frau inzwischen vier Tudor-Herrscher überlebt hatte, so nah am Zentrum der Macht, und zum Dank dafür sollte sie von unerfahrenen jungen Frauen wahrlich nicht herablassend behandelt werden. Behutsam berührte Jane sie am Arm. »Sollte ich Euch je einen Becher Gewürzwein bringen, dürft Ihr ihn mir ins Gesicht schütten!«

Die Erste Kammerfrau der Königin lachte schallend und tätschelte Janes Hand, die in ihrer Armbeuge lag. »Das werde ich tun, Mylady. Aber jetzt kommt, ich bringe Euch zum Haushofverwalter, der Euch ein Zimmer zuweisen soll. Ihr werdet es mit einer oder zwei anderen Damen teilen müssen, je nachdem, wie viele sich gerade am Hof befinden. Ich sage all meinen adligen Damen, dass sie es bei sich zu Hause bei ihren Familien sehr viel angenehmer hätten, aber dennoch betteln mich alle um die Ehre an, unserer Majestät dienen zu dürfen – das spricht für euch!«

»Habt Dank, doch Euer Lob ist in meinem Fall unverdient. Ich bin stolz darauf, der Königin dienen zu dürfen, doch ich gestehe, dass ich hauptsächlich deshalb hier bin, weil es mein verstorbener Gemahl, der Marquis, so wollte.«

»Ach ja, der gute Jonas.« Die Augen der Älteren musterten die hübsche junge Witwe wissend, und ihr entging nicht, dass sie Monate nach dem Tod ihres Gemahls noch immer Trauerkleidung trug. »Ihr trauert sehr um ihn, wie ich sehe.«

Jane drehte den schweren Ehering der Rievaulx' an ihrem Finger. Noch bevor Jonas in seinem kühlen Grabe lag, hatte sein ältester Sohn Richard den Ring zurückgefordert, um ihn seiner eigenen Frau zu schenken. Doch Jane hatte sich rundweg und mit größter Genugtuung geweigert, sich von ihrem Ehering zu trennen. Kaum war Jonas in der Familiengruft zur letzten Ruhe gebettet worden, hatten seine Söhne wie vorhergesehen ihr wahres Gesicht gezeigt und üble Gerüchte über die junge Witwe verbreitet. Jane wusste, dass viele – wenn nicht die meisten – Personen am Hof dachten, sie hätte Jonas nur aus Berechnung geheiratet. Blanches verständnisvolle Bemerkung tat ihr deshalb richtig gut.

»Ja, er fehlt mir sehr. Er war ein freundlicher, kluger Gemahl. Und ich hatte ihn leider viel zu kurze Zeit an meiner Seite.«

»Es ist mir eine Freude, seiner Witwe hier bei Hofe eine neue Heimat zu bieten, obschon es nur eine klägliche Belohnung für die Großzügigkeit ist, die Jonas mir gegenüber immer gezeigt hat. Da fällt mir ein: Solltet Ihr Geschenke erhalten, weil jemand sich dadurch eine Audienz bei der Königin erhofft, müsst Ihr es mir oder einer der anderen langjährigen Hofdamen melden. Die Trennlinie zwischen einem Geschenk und einem Bestechungsversuch ist hauchdünn, doch wir können Euch helfen, den Unterschied zu erkennen.«

Und so gingen die Belehrungen fort und fort, bis Jane von so vielen neuen Informationen der Kopf schwirrte. Seit Jonas' Tod vor vier Monaten hatte sie allein in Yorkshire gelebt, sodass die plötzliche Flut von Eindrücken – von Menschen, Geräuschen und Bewegungen, die am königlichen Hof zum Alltag gehörten – nun fast ein Schock für Jane waren.

Jonas war friedlich eingeschlafen, und seine Söhne ließen sie noch für einige Wochen unbehelligt in ihrem Heim wohnen, bis die Einzelheiten seines Testaments geregelt waren. Erst als sich die Anwälte wegen der Witwenansprüche in die Haare gerieten, verjagte der neue Marquis Jane aus Rievaulx House und weigerte sich, seine Pächter von dem der Witwe zustehenden Grundbesitz abzuziehen, der von Rechts wegen auf Lebenszeit nun Jane zustand. Und da Jane sich keinesfalls wieder unter die Fittiche ihres Vaters begeben wollte, war sie heilfroh, dass Jonas zu Lebzeiten so vorausblickend gewesen war, ihr eine Anstellung bei Hof zu beschaffen.

Blanche führte Jane nun langsamen Schrittes zu den Büroräumen des Haushofmeisters, die unweit der königlichen Gemächer gelegen waren.

»Was muss ich Euch sonst noch sagen? Ach ja. Natürlich habt Ihr das Anrecht auf den üblichen Unterhalt, nämlich Unterkunft, Kost, Lampenöl und Holz für ein eigenes Feuer, falls Eure Kammer einen Kamin hat. Zwei neue Gewänder stehen Euch ebenfalls regelmäßig zu – ich gebe Euch den Stoff, und Ihr geht damit so bald wie möglich zu einem Schneider. Die Königin legt großen Wert darauf, dass ihre Damen so gekleidet sind, dass sie selbst in ihren Gewändern besser zur Geltung kommt. Wir sind die Fassung, sie das Juwel – vergesst es nie!«

»Nein, Mistress. Würdet Ihr mir dann bitte gleich den Nachmittag freigeben, damit ich zu meiner Näherin gehen kann?«

»Ihr habt eine eigene Näherin? Gebt Ihr Euch nicht mit einem unserer Hofschneider zufrieden?« Aus dem Tonfall der alten Dame war deutlich herauszuhören, dass es ihr nicht gefiel, wenn eine der Hofdamen sich für etwas zu fein hielt, das für die anderen gut genug war.

»Ich bin die Gönnerin einer verdienstvollen jungen Frau, Mistress – eine Freundin von mir, deren Vater über Nacht sein ganzes Vermögen verlor. Sie hat ihr eigenes Geschäft eröffnet und stickt und näht für andere Schneider. Es wäre ein herber Schlag für sie, würde ich ihr meine Aufträge entziehen.«

»Ihr seid nicht nur schön, sondern Ihr habt auch ein gutes Herz«, sagte Blanche mit einem leisen Glucksen und hatte sofort Verständnis für den Wunsch der jungen Marquise. »Dann wollen wir mal ein Auge zudrücken. Ihr werdet ohnehin erst morgen als Hofdame vereidigt, und folglich wird Ihre Majestät heute noch nicht nach Euch fragen.«

In Begleitung ihrer Zofe und zweier Lakaien nahm Jane ein Boot flussabwärts von Richmond nach London. Das Wasser der Themse, von einem frostigen Schiefergrau, strömte wegen der auslaufenden Flut rasch dahin und ließ allerlei Schlamm und Abfall am Ufer zurück. Als Marquise hätte Jane Milly Porter natürlich an den Hof beordern können, doch sie sehnte sich nach der ungezwungenen, formlosen Atmosphäre der Nähstube, wo sie, wie sie wusste, jederzeit willkommen war und sich ungestört mit ihrer alten Freundin unterhalten konnte.

Als sie sich Westminster näherten, bemerkte Jane, dass die beiden Ruderer sie dreist anstarrten. Doch ein kurzer Blick Janes zu dem älteren ihrer Lakaien genügte, und er rief die beiden Burschen zur Ordnung und verlangte größeren Respekt für seine Herrin. Gehorsam wandten die Ruderer die Augen ab.

Das niedere Volk musste hin und wieder in seine Schranken verwiesen werden, doch das galt nicht für alle. Ihrer alten Freundin aus Kindertagen wollte Jane nie etwas befehlen, obschon diese nur Näherin geworden war. Bevor Millys Vater vor fünf Jahren in eine Verschwörung gegen die Königin verwickelt war, hatte er als Oberster Waffenmeister Robert Dudley gedient, dem Earl von Leicester, und er und seine einzige Tochter hatten sich in den besseren Kreisen bewegt. Da ihre beiden Familien nah beieinander wohnten und die Kinder im gleichen Alter waren, hatten sich Jane und die junge Milly Porter einen Hauslehrer geteilt. Doch dann hatte das Schicksal zugeschlagen. Silas Porter war im Kerker gelandet, weil er katholische Gegner Ihrer Majestät über Vorgänge im Hause Leicester informiert hatte; man hatte ihm alle Titel und Reichtümer entzogen und ihn in den Tower geworfen. Milly war über Nacht mittellos geworden und hatte Leicesters Haus verlassen müssen. Sie wurde von ihren entfernten Verwandten von Haus zu Haus weitergereicht, doch Jane war stets mit ihr in Kontakt geblieben, denn ihre Freundin hatte sich schließlich nichts zuschulden kommen lassen. Nachdem Jane dank ihrer Heirat endlich über eigenes Vermögen verfügte, war es ihr eine Freude gewesen, Milly finanziell dabei zu unterstützen, ihr Näh- und Stickatelier zu eröffnen, um ihr fortan das erniedrigende Leben einer verarmten Verwandten zu ersparen. Als Schneiderin war Milly nicht offiziell zugelassen worden – die Zunftregeln ließen keine Frauen zu –, doch Milly hatte eine Nische gefunden: das Zuarbeiten und die letzten Handgriffe am geschneiderten Werk, Stickarbeiten und Bändernähen. Das galt seit jeher als typische Frauenarbeit.

Am Anlegeplatz lagen mehrere Holzplanken nebeneinander, sodass Jane trockenen Fußes über den bei Ebbe freigelegten Schlamm ans sichere Ufer kam. Um nicht durch die mit Unrat übersäten Straßen der Hauptstadt gehen zu müssen, ließ sie sich von einer Pferdekutsche zum Nähatelier bringen. Ihrer Zofe und den Lakaien war dieser Luxus nicht vergönnt; sie folgten zu Fuß und mussten immer wieder Pferdeäpfeln und dem Abfall in der Gosse ausweichen.

Während die Kutsche rumpelnd durch die Gassen fuhr, blickte Jane zum Turm der St. Paul's Kathedrale hinauf. Er beherrschte den Londoner Himmel und ragte aus dem Meer der Dächer wie die Burg eines Riesen in einem der Märchen, das sie während ihrer

Schulzeit gehört hatte. Jane hatte mit Milly viele schöne Kindertage erlebt und oft Märchen nachgespielt. Es tat Jane inzwischen etwas leid, dass sie ständig die Prinzessin sein wollte, sodass für Milly nur die Rollen der Helden und Bösewichte übrig geblieben waren, was ihr aber nichts ausgemacht zu haben schien. Doch damit war es vorbei gewesen, als das Schicksal sie getrennt hatte: Janes Weg führte fortan nach oben, der von Milly nach unten.

Die Kutsche hielt vor der kleinen Werkstatt in der Silver Street im Norden von Cheapside an. Jane hatte bisher keine Gelegenheit gehabt, die Freundin zu besuchen, und so war sie erfreut zu sehen, dass sie ein hübsches Häuschen mit einem Erkerfenster gemietet hatte, dessen oberes Stockwerk so weit nach vorn ragte, dass es fast das Haus gegenüber berührte. Im Schaufenster lagen filigran bestickte Stoffe, die Millys handwerkliches Geschick bewiesen – hochwertiges Leinen, mit verschlungenen roten Mustern bestickt, ein mit Blumen verzierter Seidenstoff und nachtblauer Samt, mit Goldfäden bestickt. Ein wunderschöner Schulterkragen mit Spitzenborte, fast so aufwendig wie jene der Königin, lag in seiner ganzen Pracht auf einem roten Satinkissen, um zu zeigen, dass diese Werkstatt hochrangige Kunden belieferte, angefangen von Höflingen bis zu Gattinnen reicher Londoner Bürger, die erpicht darauf waren, der höfischen Mode nachzueifern.

»Gut gemacht, Milly«, murmelte Jane vor sich hin und freute sich, dass ihre Freundin die ausgezeichnete Lage gut genutzt hatte. Sie ließ sich von einem der Lakaien aus der Kutsche helfen. Ihr zweiter Lakai hielt ihr die Tür auf, und Jane ging an einem Türsteher vorbei in Millys Atelier und ließ das gefährliche Chaos auf den Straßen hinter sich.

Eine junge Magd begrüßte sie und knickste artig. »Mylady, wie können wir Euch dienen?«

Jane blickte sich suchend im Raum um und freute sich, als sie sah, dass es hier nach einem florierenden Geschäft aussah: fertige Päckchen lagen auf einem Tisch, eine Kundin begutachtete Knöpfe in einem mehrschichtigen Kästchen.

»Sagt Eurer Herrin, die Marquise von Rievaulx sei da«, erklärte Janes Lakai an ihrer Stelle.

Kaum war die Dienstmagd mit dieser Botschaft nach oben geeilt, da ertönte von dort ein freudiger Schrei. Hätte Jane nicht darauf achten müssen, vor Fremden ihre Würde zu bewahren, hätte sie sicher gelacht. Ihre Anwesenheit hatte bereits die Aufmerksamkeit von zwei vorbeigehenden Bürgersfrauen erregt, die draußen auf dem Gehsteig stehen geblieben waren und durch das Schaufenster hereinlinsten, um ganz unverhohlen Janes feines, bronzefarbenes Samtwams und den gestreiften Rock mit den schwarzen Samteinsätzen zu bewundern – angefangen von den Goldfäden bis zu den bernsteinfarbenen Perlschnüren. Jane tat so, als würde sie es nicht bemerken, drehte sich aber langsam, um sich in ihrer ganzen Pracht zu zeigen. Sie hoffte, die beiden Frauen dadurch dazu zu bringen, bald auch Millys Kundinnen zu werden.

Aber dann wandte sie ihre Aufmerksamkeit unvermittelt wieder zur Treppe, denn eine strahlende Milly kam heruntergerannt. Mit ausgestreckten Händen eilte sie Jane entgegen, als würde sie sie nach einer langen Urlaubsreise begrüßen. Doch kurz vor der Besucherin bremste Milly ab und machte höflich einen Knicks.

»Mylady«, sagte sie atemlos. Milly war gerade mal einen Meter fünfzig groß und somit um einiges kleiner als ihre Freundin und noch dazu sehr zierlich. Einer ihrer Lieblingswitze war, dass sie für ihre Kleider nur halb so viel Stoff brauchte wie Janc, was ihr angesichts ihrer knappen Mittel nur recht sein konnte.

Um die anderen nicht merken zu lassen, welch enge Beziehung sie zu der Näherin hatte, neigte Jane nur huldvoll das Haupt. »Mistress Porter, ich würde gern zwei Livreen bei Eurem Schneider bestellen, von Euch natürlich genäht.«

»Für Eure Diener?«, fragte Milly mit einem Blick auf die kräftig gebauten Lakaien.

Ha, ihre Freundin würde zu gern die Maße der beiden muskulösen Begleiter nehmen, besonders die der inneren Beinlänge, dachte Jane schmunzelnd. »Nein, für mich selbst. Ich diene seit Kurzem der Königin.«

Milly kreischte erneut auf, schlug sich dann aber rasch die Hand vor den Mund. Jane zuckte erschrocken zusammen – sie hatte ganz vergessen, dass Milly oft in den unpassendsten Momenten quiekte und kreischte, was ihnen beiden früher so manchen Ärger eingebracht hatte. »Da habt Ihr aber Glück, Mylady. Ihr dürft am Hof leben – bei der Königin – und den vielen vornehmen Höflingen!«

»Richtig.« Jane biss die Zähne zusammen, um sich ihren Stolz nicht anmerken zu lassen. »Den Stoff habe ich mitgebracht.« Sie winkte ihre Zofe mit dem weißen Satin näher, der zum Schutz in Leinen gewickelt war.

»Dann dürfte ich kurz Eure Maße nehmen, Mylady?« Milly deutete zur Treppe.

»Selbstverständlich.« Jane raffte ihre Röcke und schwebte nach oben, nachdem sie ihrer Dienerschaft befohlen hatte, unten zu warten.

Kaum waren sie oben, ließ Jane ihre steife, vornehme Maske fallen und sank auf einen Stuhl am Fenster, um sich auszuschütten vor Lachen. Auch Milly lachte und stützte sich auf die Fensterbank.

»Oh, es ist so herrlich, Mylady, dich wiederzusehen!«, rief Milly mit vor Freude gerötetem Gesicht.

»Lass das mit der Mylady, Milly. Wenn wir unter uns sind, darfst du mich weiterhin Jane nennen!«

»Nicht Jane-the-Vain?«, fragte Milly mit einem spöttischen Grinsen, als sie Janes alten Spitznamen aus Kindertagen erwähnte: Jane-die-Eitle.

»Nur wenn du willst, dass ich dich wieder Silly-Milly nenne.« Jane verschränkte die Arme über ihrem Mieder und versuchte, es sich so bequem zu machen, wie es die Miederstangen erlaubten.

»Ich denke, auf diese Ehre kann ich verzichten.« Milly setzte sich auf einen Schemel. »Also, Jane, erzähl. Haben sich deine Maße geändert, seit ich dir die Trauerkleider genäht habe? Master Rich hat die alten Schnittmuster, die er damals angefertigt hat, bestimmt aufbewahrt.«

»Nein, keine Änderung.«

»Ausgezeichnet, dann haben wir umso mehr Zeit zum Plaudern. Erzähl mir alles!« Erwartungsvoll rang sie die Hände.

Janes Lächeln erlosch. »Das meiste weißt du ja schon.«

Milly wurde auf einen Schlag wieder ernst und umschlang ihre Knie mit beiden Händen. »Er fehlt dir sehr, nicht wahr?«

»Mehr, als ich dachte.« Jane seufzte. »Er war meine Rettung nach dem Desaster mit dem Earl von Dorset.«

»Ganz zu schweigen davon, dass du dem Earl unter anderem

auch deshalb einen Korb gabst, weil du bis über beide Ohren in seinen jüngeren Bruder verliebt warst!«, gab Milly zu bedenken.

Jane verzog das Gesicht. Das war das Problem, wenn man eine sehr enge Freundin hatte – die kein Geheimnis vergaß, das man ihr einmal anvertraut hatte, auch wenn es einem manchmal ganz lieb wäre. Jane hatte Milly in etlichen Briefen ihr Leid geklagt, als sie im Haus ihres Vaters eingesperrt war, bis hin zu den letzten, erniedrigenden Details ihrer geplatzten Verlobung. Der charmante, ironische James, der Bruder des Earl, war der Mann, den Jane heimlich geliebt hatte, aber nicht haben konnte, und sie hatte Milly in viel zu vielen Briefen erzählt, wie sehr sie sich zu ihm hingezogen fühlte. »Na ja, James Lacey war eben nicht für mich bestimmt, richtig? Ich habe seinen Bruder auf herzlose Weise abgewiesen – zumindest sah es für ihn und seine Familie so aus.«

»Obwohl du es nicht zuletzt auch für Ellie getan hast?«

»Das wissen weder James noch der Earl. Ich denke, dass die neue Gräfin es ahnt, doch ich habe sie nicht mehr gesehen, seit sie mit dem Earl verheiratet ist.«

Geistesabwesend bürstete Milly ein Staubkorn vom Rock ihrer Freundin. »Also weiß Lady Ellie gar nicht, was du für sie getan hast? Ich kenne sie zwar nicht, doch so, wie du sie geschildert hast, scheint sie sehr nett zu sein. Warum schreibst du ihr nicht?«

»Hmm, anfangs war es mir peinlich«, antwortete Jane achselzuckend, »und später war es irgendwie … zu spät.«

»Aber ihr trefft euch doch sicher irgendwann wieder, wenn du nun am Hof lebst, oder? Dann könntet ihr eure Freundschaft wieder aufnehmen.«

»Kann sein, aber die Dorsets sind nicht vermögend – sie werden sich keine regelmäßigen Besuche am Hof leisten können. Gut möglich, dass sich unsere Pfade während der nächsten Jahre gar nicht kreuzen.«

Dass ihr Kontakt zu Ellie abgebrochen war, bedauerte Jane fast ebenso sehr wie die Tatsache, dass sie James nicht mehr sah. »Oh, aber was sind das für düstere Themen! Reden wir nicht mehr über mich – das alles habe ich dir doch längst geschrieben: meine schrecklichen Stiefsöhne, die trostlosen Monate nach Jonas' Tod – das alles war wie erwartet nicht sehr angenehm. Erzähl mir lieber von dir! Wie läuft das Geschäft?«

Milly lächelte zufrieden. »Nun, da du ja in mein Geschäft investiert hast, kann ich dir voller Stolz berichten, dass ich einen ganz ordentlichen Gewinn erwirtschafte, dank deiner Förderung und der Kundinnen, die du mir geschickt hast. Ich habe zwei Lehrmädchen und Henny, die sich um den Laden kümmert, und kann mich also zu Recht als Geschäftsfrau bezeichnen. Und ich habe den alten Uriah vor meiner Tür stehen, worauf dein verstorbener Gemahl so großen Wert gelegt hatte.« Milly lächelte ihre Freundin zufrieden an, und Jane dachte unwillkürlich, dass sie eigentlich viel zu jung aussah für eine Frau, die eine so große Verantwortung trug. Milly war nicht schön im klassischen Sinne, sah aber sehr apart aus mit ihren lebhaften haselnussbraunen Augen und den seidigen roten Haaren, die im Moment allerdings von einer züchtigen Haube verdeckt wurden. Jane war davon überzeugt, dass sie sicher etliche Verehrer in der Nachbarschaft hatte und als gute Partie galt.

»Und die Schneider, für die du arbeitest, nehmen sie dich ernst? Jonas hatte Bedenken, ob du dich ihnen gegenüber durchsetzen kannst, weil du noch neu im Geschäft …«

»… und eine Frau bist, richtig«, führte Milly ihren Satz zu Ende. »Doch, es gab schon das eine oder andere Problem. Die meisten wissen nicht, ob sie mit mir anbändeln oder mich als dummes Weibsbild abstempeln sollen.«

»Diese Narren!«, sagte Jane lachend.

»Zum Glück ist eines meiner Lehrmädchen die Tochter eines Stoffhändlers. Er steht mir zur Seite, wenn ich die Unterstützung eines Mannes brauche oder wenn mir die Zunft der Schneider Steine in den Weg legt. Ich arbeite mit Master Rich aus der Nachbarschaft, der mit unserer Zusammenarbeit sehr zufrieden ist, wie er sagt.«

»Ganz zu schweigen davon, dass er ein Mann ist, der nicht zu Tändeleien neigt, zumindest nicht mit unserem Geschlecht.«

»Psst! Ich weiß, dass es bei Hof recht locker zugeht, doch hier in der Gegend solltest du das nicht erwähnen. Ich schätze ihn sehr und will nicht, dass er Scherereien bekommt. Wo war ich noch mal? Ach ja: Der Pachtvertrag läuft auf den Namen des Nachlassverwalters des Marquis, und deshalb habe ich wenig zu befürchten. Ich glaube, ich kann sagen, dass die meisten Schneider von Cheapside meine Dienste inzwischen zu schätzen wissen, da ich ihnen ja auch neue Kunden bringe.«

Jane war erleichtert, das zu hören. Für eine Frau war es fast unmöglich, ihr eigenes Geschäft zu gründen; nur die Protektion des Marquis hatte es Milly ermöglicht, sich selbstständig zu machen, und Jane hatte befürchtet, dass sein Tod ihrer Freundin schaden könnte. Allem Anschein nach ging es Milly jedoch ganz gut, doch sie war noch nicht ganz aus dem Gröbsten heraus.

»Ich hoffe, dass sich Master Rochester auch weiterhin an Jonas'

Anweisungen hält. Mein Stiefsohn, der neue Marquis, wird die geringe Summe, die an dich geht, in den Büchern vielleicht gar nicht bemerken, doch wenn er wüsste, dass du meine Freundin bist, würde er gewiss einen Aufstand machen, nur um mir eins auszuwischen.«

Milly machte eine wegwerfende Handbewegung. »Ich bin froh, dass bis jetzt alles so gut gelaufen ist, und versuche, mir keine Sorgen um morgen zu machen.«

»Und dein Vater?«

Milly seufzte. »Etwas besser, dem Allmächtigen sei Dank. Er wurde freigelassen unter der Bedingung, als militärischer Berater des Herzogs von Alençon am Feldzug in die Niederlande teilzunehmen. Wenn er sich als loyal erweist, wird er begnadigt.«

»Hast du ihn vor seiner Abreise noch einmal gesehen?«

Milly schüttelte den Kopf. »Nein, leider war ich ausgerechnet am Tag seiner Freilassung wegen einer Kommission für Lady Norton nicht in der Stadt. Nach dem Fall von Dünkirchen kamen sie zu dem Schluss, dass er doch gebraucht wurde. Diese Niederlage erwies sich als Segen, da plötzlich selbst Soldaten gefragt sind, die eine nicht ganz reine Weste haben – Hauptsache, sie sind kampferprobt. Man sagt, der Krieg sei an einem entscheidenden Punkt angelangt und die armen aufständischen Holländer am Boden zerstört.«

Jane hatte Millys rauen, aber herzlichen Soldatenvater immer gemocht, ungeachtet der Tatsache, dass er so dumm gewesen war, sich in eine Verschwörung hineinziehen zu lassen. Er konnte von Glück sagen, dass er seinen Kopf noch besaß. »Ich wünschte, wir könnten *meinen* Vater ins Exil schicken und deinen zurückholen.«

»Wie verhält sich dein Vater seit dem Tod deines Gemahls? Lässt er dich in Ruhe?«

Jane spielte mit den bernsteinfarbenen Kugeln an ihrem Wams, eine nervöse Angewohnheit, die sie gern abgelegt hätte. »Ja, aber sicher nicht für lange. Er wird mich wieder schikanieren, entweder um mich zu benutzen oder um mir Vorwürfe zu machen – er ist und bleibt ein Tyrann!«

Milly nahm eine Fischgrätborte aus ihrem Arbeitskorb und fädelte eine Nadel ein. Jane freute sich, dass Milly offenbar vergessen hatte – dass ihr Gast eine Marquise geworden war, und sich wie früher benahm, wenn sie sich auf ein Schwätzchen trafen.

»Ich finde, meine liebe Jane, dass du wieder heiraten solltest. Such dir einen starken Gentleman, der dich vor deiner Familie beschützt – keinen väterlichen älteren Lord diesmal, sondern einen kräftigen, jungen Liebhaber.«

Prompt sah Jane James vor sich – so, wie sie ihn zuletzt gesehen hatte – und versuchte rasch, sein Bild aus ihrem Kopf zu verbannen. Wie stattlich er ausgesehen hatte in seinem Lieblingswams, der blauen Kniehose, mit seinen dunklen Augen und den braunen langen Haaren! Und wie er vor Charme und Lebensfreude sprühte! Aber andererseits war sie schon einmal auf das gute Aussehen eines Mannes hereingefallen: Raleigh – und wohin hatte das geführt?

»Ich fürchte, in Liebesdingen habe ich kein glückliches Händchen«, sagte sie leise. »Der einzige Liebhaber, den ich bisher hatte, hat sich als Riesenenttäuschung entpuppt.«

Milly stieß die Nadel durch den Stoff und zog die Stirn kraus. »Nun ja, Master Walter Raleigh mag ja gut aussehen, aber ein Herz hat er nicht. Du hast etwas sehr viel Besseres als ihn verdient – aber man sagt ja, ein gebranntes Kind scheut das Feuer.«

»Willst du damit sagen, dass ich aus meinem Fehler gelernt habe?«

»Mm…hm.« Wegen der Stecknadeln in ihrem Mund konnte Milly nicht mehr sagen, als sie nun die Fischgrätborte an den Kragen eines Gewands heftete.

»Und was ist mit dir?«, versuchte Jane das Thema zu wechseln und beugte sich vor. »Unsere hübsche Näherin hat doch sicher den einen oder anderen Verehrer, nicht wahr?«

Milly schmunzelte, während sie die letzte Stecknadel in den Stoff stieß. »Kann schon sein …«

»Oh, sei nicht so zurückhaltend – sag schon!«

»Also, da wären der Fleischer, der Bäcker, der Kerzenmacher …«

Jane ließ sich wieder nach hinten fallen und lachte. »Du albernes Ding! Beinahe wäre ich darauf hereingefallen!«

Milly verzog das Gesicht. »Vielleicht hab ich ja Verehrer, doch es gibt leider niemanden, der mein Herz schneller schlagen lässt.«

Jane schaute zum Fenster hinaus. Im Februar wurde es früh dunkel, und sie musste zusehen, dass sie zu schicklicher Stunde im Palast zurück war. »Mir ergeht es ähnlich. Bisher hat keiner der edlen Herren am Hof mein Herz schneller schlagen lassen. Sind wir nicht zwei bedauernswerte Geschöpfe, wir zwei?«

»Daran sind nur die Männer schuld: entweder außen fix, innen nix oder umgekehrt.« Mit einem anzüglichen Grinsen ließ Milly die Borte nach unten hängen.

Jane prustete. »Meine teure Freundin, wie ordinär Ihr seid!«

»Teure Marquise, da könntet Ihr recht haben.«

Milly stand am oberen Fenster und blickte Jane nach, bis deren Kutsche um die Ecke bog und außer Sicht war. Seufzend kehrte sie dann zu ihrem Stuhl zurück und spielte mit dem Armband, das sie immer trug, weil sie das Gefühl hatte, dass es ihr beim Denken half, und weil es außerdem ein Andenken war. Sie freute sich aufrichtig für Jane – die am Hof hoffentlich glücklich werden würde und vor ihrer lieblosen Familie Ruhe hatte. Genau genommen mochte Milly Jane inzwischen noch mehr als früher, als sie gemeinsam die Schulbank gedrückt hatten. Im Alter von zehn Jahren hatte Jane etwas von der Strenge ihres Vaters gehabt und war recht eitel und stolz gewesen. Doch die Ereignisse der letzten Jahre – von Raleigh nach nur einer einzigen Liebesnacht sitzen gelassen zu werden und ihrerseits dem Earl von Dorset einen Korb zu geben – hatten Janes spröde Schale aufgeweicht und sie etwas bescheidener und somit sehr viel menschlicher werden lassen. Milly war gerührt, dass Jane selbst als angesehene Marquise und Hofdame der Königin noch immer an ihrer Freundschaft hing. Mehr noch, sie schien für Jane sogar noch wichtiger geworden zu sein. Vielleicht hatte ihr Jonas' Tod vor Augen geführt, dass sie ohne gute Freunde völlig allein auf der Welt wäre.

»Hey-ho, Milly-o!«, riss sie da ein Ruf von der Straße aus ihren Träumereien.

»Master Turner!« Milly sah den Schauspieler aus Richtung des Theaters kommen, das nördlich der Stadtmauern lag, und sein scharlachroter Umhang war so schrill wie eine Trompetenfanfare.

»Wie geht es der schönsten Blume von Cheap?« Christopher Turner blieb unter ihrem Fenster stehen und riss sich mit einer theatralischen Verbeugung den Hut vom Kopf.

Milly lachte. »Gut, Sir. Seid Ihr wegen der Königsrobe gekommen?«

Christopher schlug sich an die Brust. »Ihr kränkt mich, werte Lady. Ich bin gekommen, um den Anblick der wunderschönen Persephone hinter ihrem Fenster zu genießen, der holden Maid der Nadelkunst, die unserer traurigen Stadt vor der Zeit einen Hauch von Frühling verleiht.«

»Oh, Ihr Schelm. Ich weiß genau, dass Ihr nur wegen der Kostüme für Euren Meister kommt.«

Mit einem theatralischen Ächzen, als hätte er einen tödlichen Stoß ins Herz erlitten, taumelte Christopher durch die Tür, um seinen Auftritt für Henny zu wiederholen. Milly ließ sich etwas Zeit, bevor sie die Treppe hinunterging, damit auch Henny ihren Spaß hatte; es störte sie nicht im Geringsten, dass der junge Schauspieler in jedem weiblichen Wesen eine Penelope, eine schöne Helena oder eine Venus sah. So wenig, wie man die Gezeiten davon abhalten konnte, von Ebbe zu Flut zu wechseln, konnte man ihn in Gegenwart einer jungen Maid davon abhalten, sich in die Brust zu werfen und poetische Sprüche zu deklamieren.

»Und, mein Turteltäubchen, meine Honigbiene, habt Ihr den Besatz des Umhangs wie gewünscht erneuert?«, fragte Christopher, als Milly schließlich in ihr Ladengeschäft hinunterkam. Mit seiner lebhaften Art, der Größe von einem Meter achtzig und seinem schwarzen Lockenkopf füllte er den Raum mit seinem sprühenden Charme und machte ihn zu seiner Bühne. Neben ihm verblassten die arme Henny und der Türsteher völlig. Milly mochte Christopher sehr, hütete sich aber davor, sich in ihn zu verlieben, denn er hatte, wie sie ahnte, schon zu viele Herzen gebrochen.

Sie zahlte ihm sein Gesäusel mit gleicher Münze heim. »Aber selbstverständlich, mein krähender junger Hahn, mein Glühwürmchen, ich habe mein Bestes getan.« Milly nahm eines der zusammengefalteten Kleidungsstücke aus dem Regal und schüttelte es aus, um ihm die neuen goldenen Fransen und den Pelzkragen zu zeigen. »Ich habe auch die Verschlüsse nachgearbeitet, die nun wieder fast so fein sind wie damals, als der erste Besitzer das gute Stück bei Hofe trug.«

»Ach herrje, wer könnte die traurige Geschichte des Umhangs besingen, der sich dereinst um Lord Leicesters Schultern schmiegte und die Gunst unserer Herrscherin auf sich lenkte, nun aber das Gejohle und den Hohn der Parterre-Besucher auf eines Schauspielers Rücken lenkt?« Christopher nahm eine tragische Haltung ein und drückte den Umhang an sein Herz, als handle es sich um eine sterbende Heldin.

»Wenn jemand seine Geschichte besingt, dann eigentlich nur Ihr, nehme ich an.«

Er gab ihr das Kleidungsstück zurück. »Ay, ich weiß, wie es ist, von einem Edelmann abgelegt worden zu sein!«

Milly verwünschte sich für ihren Versprecher – sie hatte ihrem Besucher nicht zu nahetreten wollen, doch er hatte ihre Bemerkung auf seine eigene Geburt bezogen. Es war ein offenes Geheimnis unter seinen Freunden, dass Christopher ein unehelicher Sprössling des verstorbenen Earl von Dorset und seiner Mätresse Judith Turner war. Der Earl hatte ihn zu seinen Lebzeiten in unregelmäßigen Abständen unterstützt, doch nach dem Ableben des Vaters waren die Zahlungen ganz eingestellt worden. Seine Herkunft machte ihn jedenfalls zu einem Halbbruder von James, in den Jane so verliebt war – aber Milly hielt es für klüger, es keinem von beiden zu verraten, da Welten sie trennten.

Um von diesem schmerzlichen Thema wegzukommen, wechselte Milly rasch zu einem anderen, so geschickt, wie sie einen Saum umnähte. »Master Turner, bitte richtet Eurem Meister von mir aus, er möge in Zukunft etwas diskreter sterben – und sich nicht ganz so schwungvoll auf den Brettern wälzen. Ich kann nur flicken, keine Wunder bewirken!«

Christophers düstere Gedanken verflogen schnell, und seine kohlrabenschwarzen Augenbrauen zuckten, als er sich die nächste Schmeichelei ausdachte. »Ah, aber ein jeder Atemzug, den Ihr macht, ist schon ein Wunder, meine Liebe, denn er versüßt die Luft mit den Wohlgerüchen Arabiens.«

Milly boxte ihn spielerisch an den Arm. »Das war jetzt zu viel des Guten, Chris!«

Er trat einen Schritt zurück und kratzte sich am Kinn. »Meint Ihr? Gut, dann streiche ich es wieder aus meinem Sonett.«

»Ihr schreibt Sonette?«

Der junge Mann nickte. »Vierzehn Zeilen für sieben Shilling. Achtundzwanzig für zehn – ein guter Preis für einen prosaischen Baron, der einer hübschen Edeldame den Hof machen will.«

»Oh, in diesem Fall lasse ich es Euch durchgehen – der Ausdruck ›die Wohlgerüche Arabiens‹ passt zu einem Ritter.«

Er zückte sein Notizheft und nahm einen Federkiel vom Ladentisch. »Nein, nein, ich lasse mich von Eurem Geschmack leiten, Mylady. Ich bekomme einen Zuschlag, wenn der Herr Baron dank meiner Verse die Hand der Lady erringt.« Er strich die störenden Worte durch.

Milly schielte über seine Schulter auf die Korrekturen. »Die Arme, sie wird mächtig enttäuscht sein, wenn sie nach der Heirat feststellt, dass ihr romantischer Singvogel in Wirklichkeit ein alter Enterich ist.«

Turner nahm Millys Hand und hauchte einen Kuss auf ihre Finger. »Aber darin besteht die Ehe doch, meine Schöne: gegenseitige Desillusionierung.«

Milly entzog ihm ihre Hand. »Geht, Ihr Schlingel! Für heute habe ich genug von Euren zynischen Sprüchen gehört. Ich persönlich hoffe weiterhin, dass ein guter Ehemann und Glücklichsein miteinander vereinbar sind.«

Er lachte. »Entscheidet Euch lieber für eines von beiden, meine Liebe – dann werdet Ihr nicht enttäuscht.«

2. Kapitel

Lacey Hall, Berkshire

Der Earl von Dorset hatte einen Erben – der genau eine Woche alt war und im Moment wie am Spieß schrie, weil ihm der Geistliche am Taufstein der Kirche von Stoke-by-Lacey Wasser über das Köpfchen goss. James hatte Mitleid mit seinem Neffen, der in seinem Taufkleidchen zappelte, die Augen fest zugekniffen vor der grausamen Welt, die ihn aus seiner Wiege geholt und in dieses kalte Steingemäuer gebracht hatte, wo er nun zu allem Überfluss auch noch nass gemacht wurde! James bedauerte den kleinen Wurm auch deshalb, weil er zusätzlich zu seiner Schwester Catherine und deren Ehemann, Sir Gilbert Huntsford, auch *ihn* als Paten bekommen hatte. Keine glückliche Wahl, da sich dieser spezielle Pate nicht mehr sicher war, ob es überhaupt einen Gott gab.

James hatte versucht, seinen älteren Bruder davon abzubringen, ihn zum Taufpaten zu machen, doch Will hatte darauf bestanden.

»Hältst du Tobias etwa für geeigneter?«, hatte Will gescherzt, der James gerade erzählt hatte, dass er den Hauslehrer ihres jüngsten Bruders in Cambridge nur mit Mühe überreden konnte, den kleinen Schlingel nicht nach Hause zu schicken, obwohl er ständig Unfug machte und gegen zahlreiche Regeln verstieß.

Insgeheim fand James zwar, dass das Neugeborene mit dem fröhlichen Tobias als Paten besser dran gewesen wäre, doch er wagte nicht abzulehnen. Er wollte Will und Ellie nicht vor den Kopf stoßen und die Zahl seiner Verfehlungen noch weiter steigern.

»Nein, aber ich hoffe, du weißt, worauf du dich einlässt, Will«, hatte er ihn gewarnt.

»Ich weiß genau, was mein Sohn bekommt«, hatte Will seinem Bruder geantwortet und ihm liebevoll einen Arm um die Schultern gelegt. »Einen *guten* Mann als Taufpaten.«

James konnte sich selbst nicht mehr als guten Mann sehen – falls er überhaupt jemals einer gewesen war –, hatte letztlich aber zugesagt, damit kein Schatten über diesen großen Tag fiel. Es war schön, Will so glücklich zu sehen. Er hatte es verdient. Der junge Earl hatte eine Frau, die er mehr liebte als sein Leben, und nun auch einen Sohn, der seinen Adelstitel erben würde. Es machte James nichts aus, dass er dadurch von seinem Thron als Erbe seines Bruders gestoßen worden war – damit war nach der Heirat von Will und Ellie zu rechnen gewesen –, aber es führte ihm natürlich auch vor Augen, dass er in Lacey Hall nicht mehr gebraucht wurde. Seine Mutter hatte es mit ihrem üblichen Weitblick längst begriffen und war mit Sarah, ihrer jüngsten Tochter, ins Dower House, den Witwensitz, umgezogen, obwohl Will und Ellie sie gern weiter im Haupthaus gehabt hätten. Nichts lag dem Earl und der neuen Gräfin ferner, als dass sich die anderen Familienmitglieder nicht mehr willkommen fühlten. Doch sie gingen so in ihrer Liebe auf, dass sich ein Junggeselle wie James fehl am Platz fühlte. Warum hatte er sich nicht nach einer neuen Beschäftigung umgesehen, statt wieder nach Hause zurückzukehren? Er brauchte einen Posten, der ihn von hier wegführte und seinem Leben einen Sinn gab. Am Krieg in den Niederlanden wollte er allerdings keinesfalls mehr teilnehmen, denn er würde es seelisch nicht verkraften, noch einmal mit ansehen zu müssen, was die Spanier ihren holländischen Untertanen antaten.

Die Familie legte die kurze Strecke von der Kirche nach Lacey Hall zu Fuß zurück. Die junge Mutter war nicht mitgekommen, da sie noch im Wochenbett lag. Die gräfliche Witwe nahm den Säugling aus den Armen des stolzen Vaters und führte die Schar der verheirateten Damen an, die nach oben ging, um mit Ellie in deren Schlafzimmer zu feiern. Das bedeutete, dass Sarah in James' Obhut zurückblieb.

»Warum darf ich nicht mit hochgehen, Jamie?«, quengelte Sarah zum ungefähr hundertsten Mal, wie ihm schien, und hängte sich an seinen Arm, als er sie zum Salon zog.

James, noch nie ein Ausbund an Geduld, fühlte sich so kribbelig, als sei die Innenseite seines Hemdes mit einem scheußlichen Gift getränkt. Die Dorfkinder waren auf dem Teich Schlittschuh gelaufen, als die Taufgesellschaft vorbeigegangen war, und ihre Schreie hatten sich fast angehört wie die Schreie der Opfer des Massakers, das er damals vom Waldrand aus beobachtet hatte. Er hatte fast die Nerven verloren und kaum noch gewusst, wo er war. *Er hatte still stehen und ohnmächtig zusehen müssen, wie sie starben, unfähig, auch nur ein einziges Menschenleben zu retten.*

James schüttelte seine düsteren Gedanken ab und zwang sich, ins Hier und Jetzt zurückzukehren. »Das weißt du doch, du kleiner Kobold! Die Damen reden über Dinge, die nicht für die Ohren eines kleinen Mädchens bestimmt sind.«

»Genau! Sie erzählen sich ganz doll aufregende Klatschgeschichten, und ich muss bei meinen langweiligen großen Brüdern bleiben. Ich darf nicht mal zuschauen, wenn Ellie Wilkins die Brust gibt! Bitte, ich bin doch fast schon erwachsen, James. Darf ich hinaufgehen?«

»Nein, und jetzt gib Ruhe!« *Diese Schreie, die so abrupt verstummten. Gott im Himmel, wie entsetzlich.*

»Das ist ungerecht!«

»Schweig!«

»Aber Jamie ...«

Weil James plötzlich nur noch den Drang verspürte wegzulaufen, hob er in seiner Verzweiflung die Hand. »Ich habe Nein gesagt, verdammt noch mal, Sarah!« Erbost funkelte er seine kleine Schwester an, die mit entsetzten, weit aufgerissenen Augen auf seine geballte Faust starrte. Im Raum war es mucksmäuschenstill geworden, und alle Männer der Taufgesellschaft, angefangen von seinem älteren Bruder Will bis zu Vikar Bagley, drehten die Köpfe und starrten ihn an.

»Jamie?«, wisperte Sarah, und ihre Unterlippe bebte.

Erschrocken über sich selbst ließ James die Hand sinken. Noch nie zuvor hatte er im Zorn die Hand gegen seine kleine Schwester erhoben, und er begriff nicht, woher dieser Impuls so plötzlich gekommen war.

»Ich habe Nein gesagt«, wiederholte er nur, wich einen Schritt zurück und wünschte sich, auch so leicht von sich selbst wegtreten zu können. »Verzeiht mir bitte.« Er machte eine knappe Verbeugung in Richtung der Männer, die ihn immer noch anstarrten, drehte sich um und floh aus dem Raum. Wie hätte er höflich Konversation machen können, wenn sich sein Kopf wie ein Pulverfass anfühlte, das jederzeit explodieren konnte?

Mit großen Schritten ließ er das Wohnhaus hinter sich und eilte zu den Stallungen. Diego stürzte heraus.

»Euer Pferd, Mylord?«

»Warum sonst wäre ich hier?« James trat nervös gegen den Trog, während der Stallbursche Tartarus sattelte.

»Soll ich mit Euch kommen?«, fragte Diego, als er den Wallach ins Freie führte.

»Nein, bleib hier! Ich kann meine Gesellschaft niemandem zumuten.« James schwang sich in den Sattel, gab dem Pferd die Sporen und galoppierte ungestüm davon. In einem verzweifelten Versuch, vor sich selbst zu fliehen, preschte er über die Wiesen und Felder.

Diego blickte seinem Meister stirnrunzelnd nach, bis dieser in dem vom Fluss aufsteigenden Nebel verschwand und sein Umhang wie Flügel hinter ihm herflatterte. Seit ihrer gemeinsamen Mission in der Nähe von Dünkirchen war James nicht mehr er selbst. Die schrecklichen Szenen, die sie bei dem zerstörten Dorf gesehen hatten, hatten etwas in seinem Inneren zerbrochen. Er schlief nicht mehr, und wenn doch, dann war sein unruhiger Schlaf von Albträumen geprägt. Mehr als einmal hatte James sogar mit dem Dolch, den er stets unter seinem Kissen hatte, auf die Matratze eingestochen. Diego versteckte den Dolch, wann immer er ihn in die Finger bekam, aus Angst, James könne sich eines Nachts selbst verletzen, doch sein Master forderte ihn stets zurück und sagte, er fühle sich ohne seinen Dolch nicht sicher.

Diego strich die zerfledderte Satteldecke glatt, auf der der Stallhund zu schlafen pflegte. James war vorhin darüber gestolpert, doch Diego bezweifelte, dass er es überhaupt bemerkt hatte. Wenn er in diesem Zustand war, achtete er nicht mehr darauf, wie er auf andere wirkte – und das war eine gewaltige Veränderung bei einem Menschen, der für seine Fröhlichkeit bekannt gewesen war und sich für alles und jeden interessiert hatte.

Der Hund winselte seinen Dank und leckte Diegos Hand.

»Hey, Junge, er ist fort. Du brauchst keine Angst mehr zu haben.«

Doch trotz dieser beruhigenden Worte zu dem Hund musste Diego zugeben, dass er selbst Angst hatte. Er befürchtete, dass sein Master von Albträumen verfolgt wurde, unheimlichen Kreaturen, von denen die Ältesten seines Dorfes in Nordafrika nur leise sprachen, als würde es sie schon anlocken, wenn man sie nur beim Namen nannte. James musste den Geist eines der Opfer des Massakers eingefangen haben, der keine Ruhe fand. James würde erst wieder gesunden, wenn man ihn davon befreite. Dass er, Diego, unbeschadet davongekommen war, schrieb er den Kugeln zu, die er als Talisman um den Hals trug – zu schade, dass er nicht daran gedacht hatte, auch seinem Herrn so einen Schutz umzuhängen. Aber vielleicht war es ja noch nicht zu spät?

Diego griff wieder nach einer Mistgabel und säuberte Tartarus' Box, während er in seiner Muttersprache auf Berber einredete, das Lieblingspferd des Earl, das gleich nebenan stand. Diego vertraute Pferden mehr an als Menschen. Er erzählte dem Hengst von dem schrecklichen Feldzug in die Niederlande. Er schilderte ihm auch die Albträume, unter denen er selbst vor einigen Jahren gelitten hatte, als er aus seinem Heimatland weggebracht und als Diener von Herr zu Herr weitergereicht worden war – von einem Türken an einen Venezianer, von diesem an einen Spanier und zuletzt an einen Engländer. Dieser Gentleman, ein gewisser Silas Porter, war wegen Verrats im Tower gelandet, und so war Diego schließlich zu den Laceys gekommen. Nur seinem geliebten Berber vertraute Diego an, dass er seine derzeitige Herrschaft zwar mochte, aber diese merkwürdigen Leute hier im Norden trotzdem nicht ganz verstehen konnte. Ihr Verhalten mutete ihn fremd an, ebenso wie ihre himmelschreienden Grausamkeiten des Krieges. Diese holländischen Kinder hatten natürlich auch ihm entsetzlich leidgetan. Kein Kind der Welt, gleich welcher Nation, dürfte zerstückelt werden, nur weil irgendein ferner Herrscher es so wollte.

Berber schnaubte zustimmend.

»Diego?« Auf der Suche nach seinem Bruder war der Earl in den Stall gekommen. Die beiden ältesten Lacey-Söhne bildeten einen Kontrast aus Hell und Dunkel – der Earl war blond, sein Bruder kastanienbraun –, aber sie waren meist ein Herz und eine Seele.

»Mylord?« Diego lehnte seine Gabel an die Wand und kam geduckt aus der Box.

»Ist mein Bruder ausgeritten?«

»Das ist er, oh gütigster und gnädigster Lord.« Diego war eigentlich nicht danach, den Earl wie üblich mit hochtrabenden Titeln zu bedenken, doch er zwang sich dazu, weil heute ein besonderer Tag für seine Lordschaft war.

»War er … war er wie sonst?«

Nein, das war er nicht gewesen. Das war so augenfällig wie Dame Holtons Nase, die definitiv die größte im Dorf war. »Er wollte allein sein, Mylord.«

Der Earl nahm seine Samtkappe ab und fuhr sich mit allen fünf Fingern durchs Haar. »Was ist mit ihm passiert, Diego?«

»Wie meinen Mylord?«

»In den Niederlanden. Seit seiner Rückkehr ist er wie ausgewechselt. Vor seiner Abreise war er Feuer und Flamme, schwärmte von Abenteuern und vom Soldatenleben. Jetzt ist er ... nur noch bedrückt, nicht wahr?«

»Ay, Mylord.«

»Also, was ist ihm dort zugestoßen?« Diego zögerte. Wenn James seinem Bruder nichts erzählt hatte, durfte er, als sein Diener, es dann tun?

»Bitte, Diego, ich frage nur, weil ich mir Sorgen um ihn mache.« Der Hund beschnupperte Wills Hand, und der Earl kraulte ihn gedankenverloren hinter den Ohren. Diese beiläufige, zärtliche Geste gab für Diego den Ausschlag.

»Es ist nicht, dass ihm etwas zugestoßen wäre, Mylord. Was Master James zu schaffen macht, sind die Gräueltaten, die wir sahen«, erzählte Diego schließlich. »Euer Bruder leidet, weil er das Gemetzel nicht verhindern konnte. Das verfolgt ihn.«

»Verstehe. Er war schon als Junge immer zur Stelle, wenn es einen Schwächeren zu verteidigen gab.« Nervös trommelte der Earl mit den Fingern an die Boxenwand, damit sein Hengst, Berber, näher kam und ihm die Fingerknöchel leckte. Er streichelte die Nüstern des Pferdes, weil ihm dieses Gespräch leichter fiel, wenn er Diego nicht in die Augen blickte. »Hast du eine Ahnung, wie wir ihn von seiner Melancholie heilen können?«

Diego runzelte die Stirn. Er begriff dieses Gespräch über Stimmungen und Melancholie nicht, von denen die gebildeten Menschen dieses Landes redeten. Seiner Meinung nach hatte James' Problem mit der geistigen Welt zu tun. Aber vielleicht half in beiden Fällen dieselbe Medizin?

»Ihr solltet ihm etwas zu tun geben, Sir. Er braucht eine Aufgabe, die ihn wegbringt von den bösen Geistern. Kluge Männer sagen, dass eine Reise über Wasser sie vertreibt. Der englische Ärmelkanal hat nicht gereicht.«

Der Earl hatte sich mit der Zeit an die Weltsicht seines Stallburschen gewöhnt und griff sofort den Kern seiner Aussage auf. »Eine lange Reise?«

»Ja, Mylord. In ein Land, in das die bösen Geister ihm nicht zu folgen wagen.«

Der Earl drückte plötzlich die Schultern zurück, als sei seine Bürde auf einen Schlag leichter geworden. »Seltsam, dass du es ansprichst. Das käme mir sogar sehr gelegen.« Er schloss die Augen und hielt kurz Zwiesprache mit seinem Gott. Als er sie wieder öffnete, lag ein Lächeln auf seinem Gesicht. »Ja, ich denke, dass es der Wille des Herrn ist. Pack deine Sachen, Diego, du wirst demnächst in die Neue Welt reisen.«

Diego bekam den Mund nicht mehr zu. Er hatte nicht vorgehabt, Lacey Hall so schnell wieder zu verlassen. Im Dorf gab es das eine oder andere Mädchen, auf das er ein Auge geworfen hatte. »Ich, Sir?«

»Selbstverständlich. Wie sonst sollte James diesen bösen Geist loswerden können, der ihn quält, wenn du nicht bei ihm bist?«

Diego wollte widersprechen und erklären, dass Seereisen für ihn eine Qual waren, wie er gemerkt hatte, als er damals als Zwölfjähriger nach England gebracht worden war, doch was hätte es genutzt? Als Diener hatte man zu gehorchen. »Gut, Mylord. Ich werde mich auf die Reise vorbereiten.«

Aber nicht, ohne zuvor inbrünstig zu seinem eigenen Gott zu beten.

»Raleigh plant was?«

Nach der Rückkehr von seinem anstrengenden Ritt wurde James von seinem Bruder und ihrem Schwager, Sir Gilbert Huntsford, ins Arbeitszimmer gerufen. Will hinderte ihn daran, zur Weinflasche zu greifen, und Gil zog ihn zu einem Stuhl. Deshalb blieb ihm nichts anderes übrig, als den beiden mit klarem Kopf zuzuhören.

Gil war ein langjähriger Freund des Earl, ein vernünftiger Mann Anfang zwanzig. Mit seinen braunen, kurz geschnittenen Haaren, dem gepflegten Schnurrbart und den gütigen Augen passte er wunderbar zu ihrer praktisch veranlagten Schwester Catherine. Und James vermutete, dass aus der arrangierten Verbindung rasch eine Liebesbeziehung geworden war, obwohl ihnen bedauerlicherweise bisher noch kein Kind geschenkt worden war, das überlebt hätte. Gil war der Letzte, von dem James erwartet hätte, dass ihn Raleighs Traum, ein fremdes Land zu besiedeln, interessierte, nur weil eine geringe Chance bestand, dort auf Gold zu stoßen.

»Raleighs Idee ist nicht so verrückt, wie sie klingt«, erklärte Gil ihm geduldig mit seiner Bassstimme, die zu seinem kräftigen Körperbau passte.

»Wenn ich mir das schon anhören muss, dann gebt mir wenigstens etwas zu trinken«, stöhnte James.

Will hatte ein Einsehen und drückte ihm ein Glas Weißwein in die Hand, goss dann zwei weitere Gläser für Gil und sich selbst ein.

Gil setzte sich James gegenüber. »Raleigh will an der Küste von Amerika eine Kolonie gründen, in einer Gegend, auf die bisher noch kein christlicher Herr Anspruch erhebt.«

James nahm einen Schluck, ohne groß auf den Geschmack zu achten. »Ich dachte, das sei bereits versucht worden. Ist sein Halbbruder nicht letztes Jahr erst bei dem Versuch gestorben, dort zu Reichtum zu kommen?«

»Ja, es stimmt, dass sich viele auf solch einer Reise ruiniert haben, doch ich bin felsenfest davon überzeugt, dass wir über kurz oder lang Glück haben werden.«

»Was man von dort hört, klingt sehr vielversprechend«, ergänzte Will. »Man bedenke nur, mit wie viel Gold und Silber aus Peru die Spanier jedes Jahr ihre Truhen füllen.«

»Das ist richtig«, sagte Gil. »Wenn Gott dem Teufel Philipp so ein Imperium zugesteht, warum dann nicht auch unserer Königin?«

James konnte sich trotz allem nicht für diesen Plan begeistern. Natürlich hatte auch er vor einigen Jahren, wie der Rest der Nation, begierig alle Einzelheiten von Sir Francis Drakes Entdeckungen in sich aufgesaugt – über seine grandiose Weltumseglung und die Reichtümer, auf die er in Amerika gestoßen war. Eine Zeit lang hatte fast jeder junge Engländer davon geträumt, für Ihre Majestät auf der anderen Seite des Atlantiks auf Raubzug zu gehen, und Drake wurde wie ein Nationalheiliger verehrt. Doch inzwischen fehlte James jede Energie, um sich dafür zu begeistern.

»Ich glaube wirklich, dass Raleighs Vorhaben eine reelle Chance hat, Jamie«, fuhr Will fort. »Du weißt, dass er und ich nicht gerade die besten Freunde sind …«

James schnaubte. Das war stark untertrieben. Wann immer sich Will und Raleigh auf dem Turnierplatz gegenüberstanden, gingen sie wie zwei Berserker aufeinander los.

»Dennoch bin ich sehr beeindruckt, wie sorgfältig er diese Expedition vorbereitet, und ich überlege mir ernsthaft, in das Unternehmen zu investieren.«

Empört knallte James sein Glas auf den kleinen Eichentisch. »Du willst ihm Geld geben? Bist du übergeschnappt, oder ist es dir wirklich ernst?«

»Letzteres, würde ich sagen. Gil will auch fünfzig Pfund einsetzen.«

Gil zwinkerte James zu und klopfte auf die leere Tasche seines Wamses. »Wer nicht wagt, der nicht gewinnt.«

»Aha.« James rieb sich das Gesicht. Er spürte vage, dass es noch um etwas anderes ging, doch um was? »Nun, das klingt ja alles ganz interessant, aber es ist recht unwahrscheinlich, dass der Name einer armen Kirchenmaus wie mir auf der Liste der Geldgeber auftauchen wird.«

Will stieß sich von dem Schreibtisch ab, auf dessen Kante er gesessen hatte. »Ich hatte weniger an Geld gedacht. Ich bin Feuer und Flamme für Raleighs Vision, doch ich traue ihm einfach nicht ganz über den Weg.«

»Kaum überraschend angesichts der Tatsache, dass er ein boshafter Emporkömmling ist, der es nur so weit gebracht hat, weil er gut aussieht und einen prall ausgestopften Hosenbeutel hat.«

Will schmunzelte. »Jamie, weiter so! Meinetwegen brauchst du mit deiner Meinung nicht hinter dem Berg zu halten.«

»Na ja, du weißt ja, was ich von ihm halte.«

»Dasselbe wie ich. Aber davon abgesehen gebe ich zu, dass er nicht dumm und unbestreitbar ein Mann der Tat ist. Und wenn er nicht sehr großes Pech hat, wird er mit seiner Idee Erfolg haben.«

»Und du hältst es diesmal für möglich?«

Will zuckte mit den Schultern und öffnete die Häkchen seines Wamses, um es sich nach diesem anstrengenden Tag endlich gemütlich zu machen. »Die Sache ist es wert, ihr nachzugehen – Nordamerika könnte Zukunft haben. Aber wir brauchen einen Mann, der mitfährt und darüber wacht, was mit unserem Geld geschieht. Raleigh traue ich durchaus zu, dass er einen Teil der Gewinne, die er macht, auf die Seite schafft.«

James begann zu ahnen, was als Nächstes kommen würde. »Und das bedeutet?«

»Du meldest dich als Freiwilliger für diese Reise!«

James griff erneut zu seinem Glas und drehte es im Feuerschein, sodass es golden glänzte. »Aha. Jetzt, wo du Wilkins hast, bin ich entbehrlich geworden, richtig?«

Will verschränkte die Arme. »Was soll dieser Schlag unter die Gürtellinie, Jamie?«

James wusste es, aber er dachte nicht im Traum daran, sich zu entschuldigen. Er lachte nur bitter. »Ich fürchte, die Niederlande haben meine Reiselust für immer gestillt.«

»Es geht nicht ums Reisen, James, sondern ums Abenteuer. In einem neuen Land eine Ansiedlung zu gründen. Einen Neuanfang zu machen! Reizt dich dieser Gedanke nicht? Früher haben wir doch gern Kapitän gespielt, erinnerst du dich?«

In der Tat hatten sie sich so manches Mal gestritten, wer in ihrem Baumhaus-Schiff das Kommando führen durfte. Der arme kleine Bruder Tobias musste stets den spanischen Gefangenen spielen, der an die Haie verfüttert wurde. »Ich bin inzwischen klüger geworden, Will. Diese Expedition könnte meinen Tod bedeuten – du weißt, wie viele für immer draußen auf hoher See bleiben.«

»Aber gehst du nicht langsam vor die Hunde, wenn du hierbleibst, Jamie?«, fragte Will leise.

Taktvoll wie immer stand Gil auf und trat ans Fenster, damit die Brüder unter sich waren.

James hatte plötzlich einen Knoten im Hals. Aber er würde nicht heulen, verdammt noch mal!

»Wir sehen alle, dass du leidest, und ich würde alles, was ich besitze, dafür geben, dich von dieser Folter zu erlösen. Sogar dein Stallbursche denkt, dass du von einem bösen Geist besessen bist – er war derjenige, der meinte, eine lange Reise könne dich heilen.«

»Erinnere mich daran, ihm den Sold zu kürzen!«

»Er hat es doch nur gut gemeint.«

James blickte lieber in die Flammen als in die Augen seines Bruders. Hatte Will recht? War es sein sicherer Untergang, wenn er weiterhin in seiner selbst gemachten Hölle schmorte? Aber wie konnte er sich aus diesem Teufelskreis befreien? Er konnte nicht mehr schlafen, hatte keinen Appetit und fühlte sich unglaublich einsam, auch im Kreise seiner Familie, die er von Herzen liebte. Von Männern wurde mehr Stärke erwartet – sie durften nicht bei der kleinsten Prüfung des Lebens zusammenbrechen. Tausende hatten schlimmere Dinge gesehen als er und größere Qualen erlitten, aber dennoch wurde er von Albträumen heimgesucht und war im Alltag jähzornig und gewalttätig geworden. War er wirklich drauf und dran gewesen, seine kleine Schwester zu schlagen? Ein erschreckender Gedanke. Vielleicht war es tatsächlich das Beste für seine Familie, wenn er fortging. Und vielleicht war es noch besser, wenn er nie mehr zurückkehrte.

»Gut, gut, Will, du hast mich überzeugt. Ich mach's. Was genau schwebt dir vor?«

Sein Bruder löste die Arme voneinander und beugte sich vor. »Geh an den Hof und biete Raleigh deine Dienste an. Ich werde ihm schreiben, dass wir Interesse haben. Er ist so scharf auf Geldgeber, dass ihm sogar *mein* Geld willkommen sein wird. Sei bei den Vorbereitungen dabei, und falls du Raleighs Plan für vernünftig hältst, nimmst du an der Expedition teil. Wie ich gehört habe, soll es im April losgehen.«

»Du willst, dass ich nach Amerika reise? Wie – für immer?« James war bestürzt, dass sein Bruder ihn offenbar nicht mehr bei sich haben wollte. War er so unerträglich geworden?

Will schüttelte den Kopf. »Aber nein, du Schwachkopf! Wir wollen, dass du zurückkehrst und uns alles erzählst. Bei dieser Reise geht es hauptsächlich darum, einen vielversprechenden Ort für eine Kolonie zu finden – das dürfte nicht länger als einen Sommer dauern. Das Risiko ist so gering, wie es bei einer Entdeckungsreise nur sein kann. Himmel, Jamie, dich an irgendein unzivilisiertes Land zu verlieren ist das Letzte, was ich will!«

James war etwas besänftigt und nickte bedächtig. Für ihn war die Aussicht auf eine Reise ins Unbekannte weder aufregend noch erschreckend. Was für eine Rolle spielte es schon, was aus ihm wurde?

Will legte die Stirn in Falten. »Ich hatte etwas mehr Begeisterung erwartet.«

James leerte sein Weinglas mit einem letzten Schluck. »Es ist dein Plan, Mylord, nicht der meine!«

»Trotzdem …«

Gil unterbrach sie, bevor sie sich streiten konnten. »So, ihr beiden, ich muss jetzt ins Bett.«

Will erhob sich und reckte sich. »Ausgezeichnete Idee. Ellie wird sich schon fragen, wo ich abgeblieben bin. Jamie, ziehst du dich auch zurück?«

Um sich schlaflos im Bett zu wälzen und an die Decke zu starren? Nein, danke. »Ich bleibe noch kurz hier sitzen.«

Doch Will wollte ihn nicht sich selbst überlassen. »Soll ich noch bleiben? Wir könnten eine Runde Schach spielen, wenn du magst.«

James hatte genug von Wills gut gemeinter Fürsorglichkeit. »Um Himmels willen, Will! Deine Frau liegt im Wochenbett. Sie braucht dich mehr als ich. Geh schon!«

Kurz darauf hatte James das Arbeitszimmer endlich für sich. Er warf ein weiteres Holzscheit ins Feuer und betrachtete die Funken, die in den Kamin hinaufstoben. Mitternacht. Nicht seine liebste Zeit – noch zu viele Stunden bis zur Morgendämmerung, keine Chance, sich einzureden, die Nacht sei bald vorüber. Er erhob sich halb, um sein Glas nachzufüllen, sank dann aber wieder zurück, weil ihm bewusst wurde, dass Wein keine Lösung war. Er wollte nicht, dass seine Familie ihn für einen Trunkenbold hielt.

»Jamie?« Oh, als er vor sich hin gebrütet hatte, war ein Mäuschen ins Zimmer gehuscht.

»Sarah!« Bei der Erinnerung daran, dass er sie heute beinahe geohrfeigt hätte, bekam er erneut Gewissensbisse.

Seine kleine Schwester tapste näher, und ihre nackten Füße lugten unter dem knöchellangen Schlafgewand hervor. Zwei lange rotgoldene Zöpfe hingen unter ihrer weißen Nachthaube hervor.

»Es tut mir leid, dass ich dich geärgert habe«, wisperte sie und schaute betreten auf ihre Zehen.

James' Gewissensbisse verstärkten sich ums Hundertfache, denn er spürte, dass er seiner Schwester den Tag verdorben hatte.

»Nein, nein, meine Süße, du brauchst dich bei mir altem Brummbär nicht zu entschuldigen. Ich hätte dich nicht so anschreien dürfen!«

Sie umklammerte den Saum ihrer Ärmel. James wusste, dass sie die weiten, langen Ärmel und das Oberteil selbst bestickt hatte – mit stilisierten Rittern in der Wappenfarbe der Laceys, einen für jeden Bruder. Nun hatte sie einsehen müssen, dass einer ihrer Helden nicht ganz fehlerlos war!

»Ach, komm her, Sarahlein.« Er winkte sie zu dem Stuhl neben sich und freute sich, dass sie keinen Augenblick zögerte. Erleichtert legte er ihr einen Arm um die Schultern. »Sind deine Füße warm genug?«

Sie nickte und kuschelte sich an ihn, wobei sie ihre spitzen Ellbogen ein- oder zweimal in seine Rippen bohrte. Mit ihren dreizehn Jahren war sie groß und schlaksig und schien nur aus Haut und Knochen zu bestehen. »Ich hab dich lieb, Jamie.«

»Ich dich auch, du Grashüpfer!«

»Ich dich mehr.«

»Geht gar nicht!« Er zwickte sie in die Nase. »Du kannst ruhig einschlafen, wenn du magst. Ich trage dich dann nach oben in dein Bett.«

Als sie nur noch träge mit den Zehen wippte, merkte er, dass sie sich immer mehr entspannte. Er stieß einen tiefen Seufzer aus und fand es seltsam tröstlich, dass sie ihn und seine Launen tolerierte. Nach wenigen Minuten war Sarah eingeschlafen. Behutsam hob er sie hoch und trug sie in das Zimmer, das sie mit ihrer Zofe teilte. Dort deckte er sie liebevoll zu und begab sich dann in sein eigenes Zimmer. Voll bekleidet legte er sich auf die Tagesdecke und wartete auf den Morgen.

3. Kapitel

Whitehall, Westminster

Der Hof war nach Whitehall umgezogen, sodass Milly es nicht weit hatte, Jane ihre neue Kleidung zu bringen. Sie traf kurz nach der Mittagszeit ein, auf einem Doppelsattel hinter ihrem Türsteher, dem alten Uriah, sitzend und mit den sorgsam verpackten neuen Kleidungsstücken in den Satteltaschen. Jane schaute aus dem Fenster ihres Zimmers, als ihre Zofe die Näherin begrüßte und dann nach oben brachte. Jane hatte schon immer eine Schwäche für Mode und Kleidung gehabt, und so konnte sie es nicht erwarten zu sehen, was Milly für sie genäht hatte.

»Mylady.« Milly knickste schon im Türrahmen und sah sich blitzschnell in dem schlicht eingerichteten Raum um – sichtlich enttäuscht, dass er nicht mit goldenem Zierrat und üppigen Samtvorhängen ausgestattet war. Der Palast von Whitehall wirkte von außen sehr prachtvoll, war im Inneren aber eher bescheiden. So mancher Höfling war gezwungen, in Gemächern zu wohnen, die zu vermieten sich eine Taverne geschämt hätte.

»Mistress Porter«, antwortete Jane förmlich und winkte ihre Zofe fort, nachdem diese die Päckchen aufs Bett gelegt hatte. Die Tür wurde geschlossen.

»Himmel, wie hässlich!«, stöhnte Milly, während sie naserümpfend die Risse im Mauerwerk begutachtete und den fehlenden Kamin bemerkte.

»Nicht wahr? Und dabei ist das einer der besseren Räume!« Jane pustete auf ihre eisigen Fingerspitzen. »Du siehst, dass man als königliche Hofdame auch nicht unbedingt auf Rosen gebettet ist. Ich kann schon froh sein, dass ich überhaupt ein eigenes Zimmer habe. Uns graut jetzt schon vor der Sommerreise, wenn wir angeblich oft wie Soldaten in einem Militärlager untergebracht werden.« Sie grinste verschmitzt. »Deshalb brauche ich etwas, das meinem Leben etwas Glanz verleiht. Zeig her, zeig her!« Sie rannte an Millys ausgestreckten Armen vorbei zum Bett und wollte aufgeregt anfangen, die Päckchen aufzureißen.

»Oh-oh«, sagte Milly tadelnd und hielt ihren Arm fest. »Man muss sich Zeit lassen, um das Werk eines Genies zu genießen. Überlass das Auspacken mir!«

Jane ließ sich auf die Kissen fallen. »Gut – aber mach schnell!«

Milly lachte und packte betont langsam das erste der beiden Gewänder aus: ein weißer Rock, sehr eng in der Taille, der glatt und schlicht bis zum Boden fiel. »Für Master Rich und mich war es ein großes Vergnügen, es zu entwerfen – er ist ein wahres Genie im Zuschneiden von Stoffen. Zu diesem Rock gibt es ein hochgeschlossenes Unterkleid.« Sie hielt das Batistgewand mit den Rüschen am Hals und den mit Goldfäden bestickten Manschetten hoch. »Und hier dein neuer Brokat-Petticoat.«

»Oh, wie entzückend! Schlicht und doch elegant!«

»Mit einer Krinoline und einer französischen Rolle um die Hüften, wenn du üppigere Formen haben möchtest.«

»Nein, nein, mir gefällt es so«, sagte Jane.

»Und zum Darübertragen haben wir diesen ärmellosen Mantel mit Zobelbesatz angefertigt – zum Glück, wie ich jetzt sehe, da du keinen Kamin hast.« Milly hob einen schwarzen Samtmantel mit Perlenknöpfen und einem Pelzbesatz hoch, ähnlich geschnitten wie das Kleid, sodass Janes Figur gut zur Geltung kommen würde.

»Aber ich hab doch gar nicht–«, begann Jane zu protestieren.

Milly drückte ihn ihr in die Hand. »War nicht nötig. Ich ziehe die Summe einfach von dem Profit ab, den deine Einlage in meinem Geschäft abwirft.«

Jane tanzte mit dem Mantel durch ihr Zimmer. »Ich liebe ihn! Was hast du noch?«

Auch das zweite Ensemble war ein Traum: ein cremefarbener Tellerrock, vorne offen, um das mit Perlen bestickte Vorderteil zur Schau zu stellen, ein mit Frühlingsblumen besticktes Mieder, weißes Leibchen und weiße Ärmel.

»Und wo ist der Rest meines weißen Satins geblieben?«, fragte Jane und beäugte skeptisch den sehr viel hübscheren cremefarbenen Damast, den Milly verarbeitet hatte.

»Den haben die Mäuse gefressen«, antwortete Milly scherzhaft.

»Nein, im Ernst. Du musst es mir sagen!«

»Ich habe deine Bestellungen etwas kreativ umgesetzt. Ich erklärte Master Rich, es sei zu langweilig für dich, zwei Kleider aus demselben Stoff zu besitzen, und die Königin hätte sicher nichts dagegen, solange du eine helle Farbe trägst, die einen Kontrast zu ihren Farben bildet – und das kam dabei heraus!« Sie krauste die Stirn, als sei ihr plötzlich etwas eingefallen. »Du wirst doch hoffentlich keine Probleme bekommen, oder?«

Jane schüttelte kichernd den Kopf. »Oh nein, es gibt zwar gewisse Regeln an Hof, aber so streng sind sie nun doch nicht. Die anderen Hofdamen werden mich zwar beneiden – und dir und Master Rich die Türen einrennen, wenn ich ihnen sage, wer meine Kleidung geschneidert und genäht hat!«

»Gut so! Du siehst, ich bin einfach nur sehr geschäftstüchtig.«

»Du wolltest nicht nur deiner alten Freundin eine Freude machen?«

»Aber nein, gewiss nicht!«

Jane hielt sich das Kleid an. »Wie sehe ich aus?«

»Wunderschön, aber das hab ich nicht anders erwartet.«

»Ich werde es morgen zum Maskenspiel tragen.«

»Was für ein Maskenspiel bitte? Und warum hast du mir nichts davon gesagt?«

»Ich habe es selbst erst gestern Abend erfahren. Es ist die letzte Gelegenheit, sich vor der Fastenzeit zu amüsieren. Ich werde die Rolle der Diana spielen. Die Königin ließ uns den ganzen Morgen von einem schrecklich strengen General drillen.«

»Du in einem Maskenspiel?«, sagte Milly prustend. »Wissen sie nicht, dass du nicht mal dann einen sauberen Ton singen könntest, wenn es um dein Leben ginge?«

»Es ist keine Singrolle«, antwortete Jane und musste sich auf die Lippen beißen, um nicht wie Milly loszukichern.

Als Milly sich wieder gefasst hatte, half sie Jane, die neuen Kleidungsstücke zusammenzufalten und in die Kleidertruhe zu legen. Danach setzten sie sich ans Fenster und teilten sich eine Decke, um die Kälte abzuwehren. Auf den Dächern der gegenüberliegenden Gebäude lag eine dünne weiße Frostschicht, die sich allmählich auflöste, sobald die Dachziegel von der Sonne beschienen wurden. Die Zofe brachte zwei Becher warmen Gewürzweins und ging dann wieder hinaus. Milly umfasste ihren Becher mit beiden Händen und atmete den heißen Dampf ein.

»Ah, himmlisch.«

Jane lächelte sie geheimnisvoll an.

»Ich kann mich ja täuschen, teure Freundin, aber du kommst mir heute verdächtig gut gelaunt vor«, begann Milly zu bohren. »Schon als ich dein Zimmer betrat, bist du herumgeschwirrt wie eine Biene im Frühling. Wie kommt das? Ich kann mir nicht vorstellen, dass es nur die Vorfreude auf das Maskenspiel ist.«

Jane wickelte die Decke enger um sich. »Es gibt einen Neuzugang am Hof.«

»Oh, erzähl! Wer ist es?«

»James Lacey.«

Jane hielt sich rasch die Ohren zu, ehe Milly wie erwartet losquietschte. »Neiiiin!«

»Doch!«

»Hast du schon mit ihm gesprochen? Was hat er gesagt? Hat er dich geküsst?«

Abwehrend hielt Jane eine Hand hoch. »Immer schön langsam, nur nichts überstürzen! Ich habe ihn noch nicht mal *gesehen.*«

Milly stutzte. »Aber er wird doch beim Maskenspiel dabei sein, oder?«

»Oh ja, ganz bestimmt.«

»Dann hast du endlich die Gelegenheit, ihm alles zu erzählen!«

»Ich denke schon. Ich hoffe es zumindest.«

»Oh, Jane, das ist ja eine gute Neuigkeit!« Millys Augen wanderten zur Kleidertruhe. »Soll ich den Ausschnitt etwas tiefer machen? Master Rich hat ihn so gemacht, wie man ihn von einer Witwe erwartet, eher dezent als mädchenhaft-verführerisch.«

Jane zog Milly wieder neben sich, bevor sie sich an dem Kleid mit dem – wie Jane fand – perfekten Ausschnitt vergreifen konnte.

Milly schlug sich an die Stirn. »Natürlich, entschuldige. Ich kann mich manchmal schlecht bremsen.«

»Manchmal? Immer!«

»Na schön, immer.« Milly blieb zwei Sekunden lang stumm. »Aber das Unterkleid ist hauchdünn, falls es so weit kommt.«

Jane errötete. »Hör auf, du bist schamlos!«

Milly zog die Wangen ein, in dem vergeblichen Versuch, ein süffisantes Lächeln zu unterdrücken. »Sag nicht, dass du nicht auch daran gedacht hast.«

Durham House

Nach seiner Ankunft in London ging James nur kurz in den Palast, um sich dort anzumelden, ehe er umgehend das kurze Stück flussabwärts zu Raleighs an der Themse gelegenem Heim Durham House fuhr – das neueste Geschenk der Königin an ihren Günstling. Von außen sah die Residenz wie eine Burg aus, deren massive Mauern unmittelbar am Ufer aufragten. Innen war es feucht und düster wie in einem Verlies, doch Raleigh hatte ein Vermögen für Wandbehänge und Mobiliar ausgegeben, damit das Haus seiner Rolle als Erster Gentleman des Reiches angemessen eingerichtet war. Genau wie Will vorausgesagt hatte, war Raleigh äußerst gastfreundlich, sobald er hörte, dass die Laceys seine Expedition finanziell unterstützen wollten. Er bot James spontan an, im Durham House zu wohnen, als hätte es zwischen Raleigh und dem Earl von Dorset nie eine Verstimmung gegeben.

»Wie geht es Eurem Bruder?«, erkundigte sich Raleigh beiläufig, als sich James zu den anderen gesellte, die sich im Turmzimmer versammelt hatten, das zum Fluss hinausging. Dieser Raum war voller Bücher und Navigationsinstrumente. Die an der Decke entlangtanzenden Spiegelungen des Wassers versetzten die kleine Gruppe in die richtige Stimmung, um eine Reise ins Unbekannte zu planen. Die anderen Geldgeber der Expedition nach Amerika erwiesen sich als ausgewählte Mischung aus Kaufleuten und Gelehrten, doch ein paar wenige Adlige wie James waren auch darunter. Im Moment studierten sie eifrig die wenigen existenten Landkarten der Küste, die sie erforschen wollten. Selbst für James' ungeschultes Auge gab es noch viel zu viele weiße Stellen, die erst noch gefüllt werden mussten. Neufundland im Norden war Kabeljaufischern recht gut bekannt. Florida und die Karibik waren von den Spaniern und Franzosen erforscht worden. Doch das Gebiet dazwischen war bisher noch weitgehend unbekannt.

James fuhr mit dem Zeigefinger über die Stelle, die den Golf von Mexiko darstellte. »Es geht ihm gut, Sir. Er freut sich über die Geburt eines Sohnes.«

»Ah, die entzückende Gräfin hat ihm also einen Erben geschenkt, verstehe.« Raleighs verschmitzte, dunkle Augen verengten sich. »Deshalb schickt er Euch auf Reisen!«

Wie typisch für den Günstling der Königin, den Finger in eine vermeintliche Wunde zu legen. »Es ist mir eine Ehre, die Interessen meiner Familie zu vertreten, Master Raleigh.«

»Selbstredend.« Man sah Raleigh seine Genugtuung darüber an, dass James sicher unglücklich über diesen Familienzuwachs war. Er strich sich über seinen schwarzen Bart. »Wir heißen jeden kühnen Mann bei dieser Unternehmung willkommen. Ich selbst werde diesmal nicht teilnehmen, doch meine beiden Kapitäne sind erfahrene Seefahrer. Ihr werdet in besten Händen sein. Welche Fertigkeiten bringt Ihr mit?«

Darüber hatte James auf dem Weg nach London bereits nachgedacht. »Genau wie Ihr, Sir, bin ich ein erfahrener Soldat. Ich kann als Berater in Fragen der Sicherheit einer zukünftigen Kolonie fungieren.«

Raleigh zog die Landkarte unter James' Hand weg. »Mir kam nicht zu Ohren, dass Ihr Euch in den Diensten der Königin besonders ausgezeichnet hättet, Sir.«

James biss die Zähne zusammen, um sich diese Kränkung nicht zu Herzen zu nehmen. »Das liegt vermutlich daran, dass ich die meiste Zeit im Feindesland unterwegs war – was zwangsläufig geheim gehalten wurde. Sofern Ihr eine Bestätigung braucht, würde ich vorschlagen, dass Ihr Euch an Lord Leicester wendet.«

Raleighs Miene hellte sich auf, denn er hatte sofort verstanden. »Ah, Ihr wart Kundschafter. Dann werdet Ihr wissen, wie man in einem Land überlebt, das von feindlichen Mächten besetzt ist. Wir brauchen aber auch Fährtenleser. Traut Ihr Euch das zu?«

»Ich denke, ich bringe ein gewisses Talent dafür mit.«

»Gut, dann entpuppt Ihr Euch bei dieser Expedition eventuell als wertvoller als der finanzielle Einsatz Eures Bruders.«

»Ich werde bestrebt sein, mich nützlich zu machen«, sagte James trocken.

Raleigh erhob sich und streckte sich, gerade als eine Kirchenglocke in der Nähe die volle Stunde schlug. »Mylords, Gentlemen, wir müssen jetzt Schluss machen. Wer am heutigen Abend zum Maskenspiel bei Hof eingeladen ist, kann auf meiner Barke mitfahren.«

Die in London wohnenden Herren entschuldigten sich taktvoll, sodass nur die Höflinge zurückblieben und ihre abendlichen Pläne besprechen konnten.

»Lacey, fahrt Ihr auch mit uns?«, fragte Raleigh.

James hätte sich lieber in sein Zimmer zurückgezogen, doch er wusste, dass von ihm erwartet wurde, sich zu zeigen, und sei es auch nur für eine Stunde. »Ay, Sir.«

»Dann sehen wir uns am Landesteg.«

Raleigh stolzierte aus dem Raum, um unter seiner Garderobe einen Anzug auszuwählen, der prachtvoll genug war, seine Geliebte zu beeindrucken. James begab sich in seine kleine Kammer, um ein sauberes Hemd auszupacken – mehr war ihm unter diesen beschränkten Umständen nicht möglich.

Jane fröstelte in ihrem neuen Gewand, als sie in dem kühlen Durchgang auf ihren Auftritt wartete. Trotz mehrerer Stoffschichten in Form von Unterkleid, Reifrock, Petticoats, Bluse, Mieder und Korsett drang ihr die Februarkälte in die Knochen. Mary Radcliffe, eine weitere Hofdame der Königin, rieb sich die Arme.

»Ich schwöre, dass ich am ganzen Leib eine Gänsehaut habe«, murmelte Mary und reckte den Hals, um durch den Türrahmen spähen zu können. »Wann kommen wir dran?«

Jane wartete auf den musikalischen Einsatz. Der Höfling, der den Jupiter spielte, beendete gerade seine Ansprache an die Königin, und im Anschluss daran würden sie über die Bühne schweben, jede mit einer Maske und mit einem Symbol versehen, das verriet, welche Göttin sie darstellte. Jane war die Göttin der Jagd, mit Pfeil und Bogen ausgestattet; Mary Radcliffe trug einen Korb mit Äpfeln, der die Liebe und die Verlockungen der Venus darstellte.

»Wenn sich der Schwätzer nicht beeilt, werfe ich ihm gleich meine Äpfel an den Kopf«, wisperte Mary.

»Nicht nötig, ich erschieße ihn mit meinem Pfeil«, flüsterte Jane zurück und zog die Stirn kraus, weil sie gerade ihren Bruder Henry erspäht hatte, der unweit der Königin saß. Zwei Reihen weiter unten saßen die drei Menschen, auf die sie auf dieser Welt am ehesten verzichten konnte: Richard Paton, der neue Marquis von Rievaulx, in Begleitung seiner üblichen Schatten: Otho und Lucres. Wie hatte Jonas bloß zu so unangenehmen Sprösslingen kommen können? Der stämmige Richard war unsagbar arrogant; der dünne Otho war nur zufrieden, wenn er jemanden quälen konnte, der schwächer war als er; und Lucres, mit schärferen Gesichtszügen und auch einem schärferen Verstand als seine beiden Brüder ausgestattet, war derjenige, der sich die schlimmsten Gemeinheiten ausdachte. Vermutlich hatte sich Jonas einfach zu lange und zu häufig am Hof aufgehalten, sodass er keine Kontrolle über ihre Erziehung gehabt hatte, überlegte Jane, und irgendwann war es dafür zu spät gewesen.

Da betrat eine weitere Gruppe von Edelmännern den Saal, und Janes Herz begann vor Aufregung zu rasen. James Lacey war zusammen mit Raleigh eingetreten, und sie nahmen ihre Plätze in der

Nähe der Königin ein. James war sehr unauffällig gekleidet: schwarzes Wams und Kniehose, was umso schlichter wirkte, da er neben dem herausgeputzten Raleigh ging, der ein mit Pailletten besetztes goldenes Samtwams und eine weiße, bauschige Satinhose trug.

Die Musikanten begannen zu spielen. Jane holte tief Luft, um sich zu beruhigen, ehe sie ihren Platz in der Prozession der Götter und Göttinnen einnahm. Nur die mit Pailletten besetzte Maske gab ihr den nötigen Mut, James nach achtzehn Monaten wieder unter die Augen zu treten. Würde er sie wiedererkennen? Sie wusste nicht, was er für sie empfand, hatte aber damals während ihres Aufenthalts in Lacey Hall das Gefühl gehabt, dass er sie ganz gern mochte. Sie selbst hatte die gegenseitige Anziehungskraft sofort gespürt, doch wie verhielt es sich bei ihm?

Die Schar der Götter und Göttinnen umrundete nun den ganzen Saal, verbeugte sich oder knickste nach jeweils zwölf Schritten. Am Ende stellten sie sich in malerischen Posen vor der Königin auf: Jane, die in der vorderen Reihe stand, legte den Pfeil in den Bogen und richtete ihn nach oben, als wollte sie an die Decke schießen. Dabei warf sie einen heimlichen Blick auf die Zuschauer und war enttäuscht zu sehen, dass James' Aufmerksamkeit nur seinen Schuhspitzen galt und ihn die Aufführung ganz offensichtlich nicht interessierte.

Die Königin applaudierte wie immer als Erste, die anderen Gäste fielen ein. Die Schauspieler traten ab. Als Nächstes stand Tanzen auf dem Programm. Jane ging mit den anderen Göttern zu einer Seitentür und übergab einem wartenden Pagen Bogen und Maske.

»La Volta!«, befahl Elisabeth, und die Musikanten spielten die ersten Takte eines ihrer Lieblingstänze – ein temperamentvoller

Paartanz. Obschon die Königin die fünfzig bereits überschritten hatte, galt sie noch immer als beste Tänzerin am Hof. Raleigh sprang sofort auf und bot sich ihr als Tanzpartner an. Er wirbelte Elisabeth hoch und drehte sie, wie es die Schritte verlangten, und ihre purpurroten Röcke raschelten, als sie mit einer Energie in die Luft sprang, um die selbst sehr viel jüngere Frauen sie beneideten. Nachdem die beiden die Tanzfläche umrundet hatten, durften sich weitere Paare zu ihnen gesellen. Jane stand wartend am Rand und hoffte, dass James irgendwann aufblicken und sie bemerken würde, doch er brütete weiterhin selbstvergessen vor sich hin.

»Wollt Ihr tanzen, Marquise?« Janes Bruder, Sir Henry Perceval, stand plötzlich neben ihr. Er war blond wie sie und dazu noch breitschultrig, sodass es ihm normalerweise nicht an Tanzpartnerinnen mangelte, obwohl er den Grafentitel ihres Vaters nicht erben würde. Diese Ehre kam ihrem eher scheuen ältesten Bruder David zu, der sich nur selten aus Yorkshire herauswagte. Henry war mit Raleigh in den Irlandfeldzug gezogen und für seine Tapferkeit und seine militärischen Verdienste zum Ritter geschlagen worden.

Jane gab es auf, weiter auf James zu warten. »Sehr freundlich, Bruder, danke.«

Henry ergriff sie um die Taille, hob sie zum ersten Sprung hoch und wirbelte sie herum. Ihre Röcke bauschten sich, als sie wieder auf dem Fußboden aufkam. Schwungvoll, wie die Volta war, war es für die Tänzer unmöglich, sich beim Tanz zu unterhalten, und Jane konzentrierte sich darauf, den Takt zu halten, während sie sich fragte, aus welchem Grund ihr Bruder sie wohl aufgefordert hatte. Sein plötzliches Interesse für sie, seit sie am Hof war, bedeutete vermutlich nur, dass ihre Familie wieder einmal dubiose Pläne mit ihr hatte. Und tatsächlich: Kaum war die Musik verklungen, bestätigte sich ihr Verdacht, und Henry nahm sie zur Seite.

»Wie geht es dir als Hofdame der Königin, Janie?«

»Sehr gut, danke, Henry«, erwiderte sie kühl und wurde noch misstrauischer, als er ihren alten Kosenamen verwendete.

Henry winkte einen Diener herbei und bestellte Wein. »Ich habe mit deinem *Stiefsohn* gesprochen.« Der spöttische Unterton war nicht zu überhören.

»Oh? Wie geht es dem lieben Richard?« Janes Ton war frostig. Sie tat äußerlich ruhig, obwohl ihr ein kalter Schauer über den Rücken lief. Dass die Paton-Söhne am Hof waren, verhieß für sie persönlich vermutlich nichts Gutes. Jane hoffte, dass sie auf der anderen Seite der Tanzfläche und ihr folglich vom Hals bleiben würden.

»Sie spucken Gift und Galle, was dich betrifft, Schwesterherz. Schwafeln etwas von einem Ehering und Witwenansprüchen – allerdings muss ich zugeben, dass ich nach der ersten Stunde von Richards Schimpfkanonade nicht mehr zugehört habe. Ich muss schon sagen: Du hast ein bemerkenswertes Talent dafür, dir Feinde zu machen.«

»Eine Eigenschaft, die wir *beide* geerbt haben, würde ich sagen.«

Henry lehnte sich zurück und musterte sie eingehend. »Vater und ich haben uns unterhalten.«

Ah, nun würde er kommen, der Grund für Henrys freundliche Ouvertüre.

»Wir könnten dir gegen die Patons helfen, damit sie dir dein Erbe nicht abjagen.«

»Ach ja?« Jane nippte an ihrem Wein, während sie verstohlen nach James Ausschau hielt. »Und was würde mich das kosten?«

»Nichts. Wir wollen mit dir nur über eine neue Heirat reden. Vater war angenehm überrascht, dass du es bis zur Marquise geschafft hast. Er hält inzwischen große Stücke auf dich.«

»Ach ja?«, sagte Jane nun schon zum zweiten Mal.

»Ja. Er denkt, da du ja schon einen Marquis hattest, käme jetzt vielleicht ein Herzog infrage.«

»Natürlich, warum auch nicht? Vielleicht deshalb, weil es im Moment in ganz England keinen einzigen Herzog gibt, der auf Freiersfüßen wandelt?«, sagte sie spöttisch.

»Wer redet von England?«

»Ah, verstehe. Vater denkt ausnahmsweise mal über den Tellerrand seiner patriotischen Vorurteile hinaus. Gehe ich recht in der Annahme, dass er jemanden im Auge hat, von dem er sich geschäftliche Vorteile verspricht?«

Henry widersprach ihr nicht.

»Dann richte ihm bitte aus, dass seine Tochter es satthat, eine Schachfigur in seinem nicht enden wollenden Spiel zu sein. Ich will nicht gegen eine wertvollere Schachfigur eingehandelt werden.«

Henry lachte. »Ich wusste, dass du das sagen würdest, und genau deshalb mussten wir einen Anreiz finden, der es dir leichter macht, deine Pflicht als Tochter zu erfüllen.«

Jane bekam einen Schreck. »Einen Anreiz?«

»Ah, schau nur, das ist doch dieser Lacey, James, nicht wahr?« Henry ignorierte Janes Frage absichtlich und tippte James, der auf dem Weg zur Tür war, auf die Schulter. »Lacey, wie schön, Euch wieder einmal am Hofe zu sehen! Ihr erinnert Euch doch sicher noch an meine Schwester?«

Henrys versteckte Drohung hatte Jane zwar erschreckt, doch sie war nicht der Grund dafür, dass ihr Herz auf einmal schneller schlug. Sie wünschte ihren Bruder zwar auf den Mond, aber immerhin verdankte sie ihm, dass James stehen geblieben war. Sie knickste. »Sir.«

Herablassende braune Augen musterten sie kurz. »Mylady. Perceval«, sagte James kurz angebunden, deutete eine Verbeugung an und wollte dann schnell weitergehen.

Doch Henry ließ ihn nicht so leicht entkommen. »Ich weiß nicht, ob Ihr es bereits gehört habt, Mylord, doch meine Schwester ist neuerdings Witwe – und eine Marquise zudem.«

Henry war schon immer sehr direkt gewesen, doch so viel Plumpheit war Jane mehr als peinlich.

»Mein Beileid, Madame«, murmelte James mit einem sehnsüchtigen Blick zur Tür.

Die Musikanten spielten zum nächsten Tanz auf, eine *Allemande* – ein würdevoller Schreittanz.

»Zum Glück ist die Trauerzeit vorbei, und sie kann wieder mit uns feiern«, fuhr Henry fort, der sich insgeheim daran weidete, wie seine Schwester sich wand, weil der junge Edelmann so gar nichts von ihr wissen wollte.

»Henry, bitte …«, murmelte Jane. Wie erniedrigend, dass er sie James förmlich aufdrängte!

»Komm, komm, Schwester.« Mit aufreizender Herablassung tätschelte Henry ihr Handgelenk. »Du kannst doch nicht den ganzen Abend nur mit deinem Bruder tanzen. Die Fastenzeit steht vor der Tür, und ab dann sind sämtliche Vergnügungen bis in den April hinein gestrichen.«

Jane wünschte sich, der Fußboden würde sich auftun und sie verschlucken. Sie hatte so sehr auf ein Zeichen gehofft, dass James ihre Gefühle erwiderte, doch er verhielt sich so reserviert, wie er gekleidet war. Nun starrte auch sie auf seine Schuhspitzen, die er während des Maskenspiels schon so intensiv inspiziert hatte.

»Gütiger Herr, ihr seid mir vielleicht zwei Trauerklöße! Wisst ihr was? Ich suche mir jetzt eine fröhliche Tanzpartnerin und lasse euch beide zusammen Trübsal blasen.« Mit einer angedeuteten Verbeugung zog sich Henry zurück, zweifellos höchst zufrieden mit sich, da es ihm gelungen war, seine Schwester in Verlegenheit zu bringen. Er liebte diese kleinen Triumphe.

Jane trat einen Schritt zurück. »Bitte verzeiht, Sir, aber ich hatte meinen Bruder nicht gebeten, Euch zu einem Tanz mit mir zu nötigen. Und ich sehe, dass Ihr nicht gewillt seid. Deshalb wünsche ich Euch eine gute Nacht.«

Die Schuhspitzen blieben zuerst, wo sie waren, traten dann aber auf sie zu, sodass Janes Zurückweichen zwecklos gewesen war.

»Nein, er hat recht. Es ist unsere letzte Gelegenheit. Und ich bin mir sicher, dass ein Tanz mit Euch recht …«, James stockte kurz, um nach dem passenden Wort zu suchen, »… *aufschlussreich* sein könnte.«

»Wie das?« Jane verspürte ein aufgeregtes Kribbeln, als er ihre Hand nahm und sie zu den anderen Paaren auf die Tanzfläche führte. Er sah tatsächlich noch besser aus, als sie ihn in Erinnerung gehabt hatte – seine Gesichtszüge waren männlicher geworden, seine lockigen Haare fielen bis zur Halskrause und widerstanden offenbar jedem Versuch, sich bändigen zu lassen, während sein Bart kurz geschoren war und samtweich aussah.

»Ich würde wirklich zu gern erfahren, ob Ihr Euch uns Laceys noch immer so überlegen fühlt, Madam.« Die Tanzschritte trennten sie, bevor Jane darauf antworten konnte. Als sie wieder zueinanderfanden, führte er sie geschickt durch die nächste Tanzfigur. »Aber natürlich, wie könnte es anders sein – wo Ihr nun eine Marquise seid und folglich eine Sprosse über meinem Bruder, dem Earl, steht. Und so hoch über mir, dass ich den Hals in den Nacken legen muss, um überhaupt einen Blick auf Euer Hochwohlgeboren erhaschen zu können. Ihr müsst sehr zufrieden mit Euch sein.«

Es war schlimmer, als sie befürchtet hatte. Verbitterung war ein zu schwacher Ausdruck für das, was dieser Mann offenbar für sie empfand.

»Ich kann es erklären, Sir. Ich habe mich Eurer Familie nie überlegen gefühlt, weit gefehlt.« Jane rang sich ein versöhnliches Lächeln ab, das jedoch an seinem Panzer der Abwehr abprallte.

»Ich fürchte, dass ich es besser weiß, Madam. Ihr mögt zwar den Titel erheiratet haben, besaßet aber nie das Zeug zu wahrem Adel.«

Nach dieser unverschämten Aussage änderte sich die Musik zu dem schnelleren, heitereren dritten Teil, der die Allemande abschloss, sodass Jane keine Gelegenheit hatte, darauf zu reagieren. Ihr war, als hätte er sie geohrfeigt. Wie gemein von ihm, sie derart zu beleidigen, ohne sie überhaupt zu fragen, was genau damals vor vielen Monaten zwischen seinem Bruder und ihr vorgefallen war. Sie platzte fast vor unterdrückter Wut, während er sie mit einem zynischen Lächeln durch die letzten Takte führte, mit einem harten, freudlosen Lächeln. Als die Musik mit dem letzten Akkord verstummte, standen sich die Tanzenden wie zu Beginn gegenüber.

»Es war mir ein Vergnügen, Mylady«, sagte James spöttisch.

»Sir«, zischte Jane, vor Empörung zitternd, »Ihr seid ein arroganter Mistkerl!«

Ohne zu knicksen, drehte sie sich um und wirbelte ihre Röcke, als wollte sie ihn wie etwas Schmutz auf dem Boden wegfegen. So viel zum lang ersehnten, wunderbaren Wiedersehen mit dem Mann ihrer Träume!

4. Kapitel

James fluchte leise vor sich hin, als Lady Jane ihn unversehens auf der sich leerenden Tanzfläche stehen ließ. Wieso hatte er sich bloß zu diesem Tanz überreden lassen? Nur weil er gesehen hatte, wie peinlich ihr die plumpe Art ihres Bruders gewesen war! Da hatte er sich aus Mitleid zu einem Tanz bereit erklärt, das Ganze aber nur verschlimmert, indem er sie aus Wut über die eigene Schwäche beleidigt hatte. Allein schon aus Loyalität zu Will hätte er sich weigern müssen, mit dieser Frau zu tanzen, die seinem Bruder den Laufpass gegeben hatte. Oder er hätte zumindest während des ganzen Tanzes schweigen sollen. Doch weil sie diese seltsame Faszination auf ihn ausübte, hatte er sich hinreißen lassen, ihr die Meinung zu sagen. Nun aber hatte sie ihn vor dem versammelten Hof bloßgestellt, und das würde sie beide unweigerlich für die nächsten Tage zum Hauptgesprächsthema machen. Bestimmt hatten alle Umstehenden Janes Beschimpfung am Schluss mitbekommen, was den Klatsch und Tratsch sicher noch mehr anheizen würde.

James flüchtete sich hinter das Podium, auf dem die Königin thronte, um vor den Blicken der Höflinge, die um die Monarchin herumscharwenzelten, geschützt zu sein. Wäre es nach ihm gegangen, hätte er sich schnurstracks ins Bett begeben, doch leider hatte er mit Raleigh vereinbart, dass sie gemeinsam zurückfahren würden. Deshalb saß er nun hier fest, bis auch der Günstling der Königin genug hatte – was allem Anschein nach noch Stunden dauern konnte.

»Geschieht mir recht«, murmelte James und winkte einen der Diener mit Wein näher.

Jane sah ausgesprochen gut aus, gestand er sich ein, während er den edlen Wein gleichgültig in sich hineinschüttete. Sie trug ein cremefarbenes Gewand mit kunstvollen Stickereien am Mieder – sehr schön und vermutlich auch sehr teuer. Er verstand nichts von Mode – ein Thema, das ihm ehrlich gesagt auch völlig egal war –, doch selbst er als Laie konnte erkennen, dass Jane einen ganz eigenen Stil hatte. Majestätisch, hätte man fast sagen können, wenn das in Anwesenheit von Königin Elisabeth nicht blasphemisch gewesen wäre.

Ein neuer Tanz begann, und James vermied es tunlichst, mit einer der Damen Augenkontakt aufzunehmen. Jane war erneut auf der Tanzfläche, diesmal mit Lord Mountjoy. James versuchte, nicht hinzuschauen, ertappte sich aber immer wieder dabei, dass er sie beobachtete. Im vorletzten Frühjahr, als sein Bruder um Jane geworben hatte, hatte sich James mehrmals dabei ertappt, selbst zärtliche Gefühle für sie zu empfinden. Deshalb war er fast erleichtert gewesen, als sie die geplante Verlobung platzen ließ, denn nun hatte er sich keine Vorwände mehr ausdenken müssen, um dem Haus seiner Bruders fernzubleiben. Warum also war er ihr böse? Weil er die Zurückweisung persönlich genommen hatte, während Will in keiner Weise gekränkt war? Kurz darauf hatte Jane aller Welt demonstriert, was für ein oberflächliches Geschöpf sie war, indem sie den steinalten Marquis geheiratet hatte – was James nicht wirklich überrascht, sondern eher enttäuscht hatte. Sie war genau wie ihr Bruder – nur darauf aus, die soziale Leiter zu erklimmen, um das Ansehen und den Wohlstand ihrer Familie zu vergrößern, ohne auf die Stimme des Herzens zu hören. Dass sie nun eine der Hofdamen der Königin geworden war, war vermutlich ein weiterer cleverer Schachzug, denn wieder war sie eine Sprosse höhergeklettert und gehörte zum inneren Kreis der Macht, der Zugang zu Ihrer Majestät und somit großen Einfluss hatte.

James hob seinen Becher zu einem stummen Trinkspruch. Alles Gute diesem Weibsbild! Was sie tat, war allein ihre Sache und ging ihn nichts an. Er würde in Zukunft einfach einen großen Bogen um sie machen.

Raleigh entdeckte ihn etwa eine Stunde später.

»Warum so niedergeschlagen, Lacey?«, fragte er fröhlich. »Die Ladys haben nach Euch gefragt.«

James blickte durch sein dunkles Versteck. »Ich bin lieber ein stiller Beobachter als ein aktiver Tänzer.«

»Eine bestimmte Lady hat Euch den Spaß an allen anderen verdorben, richtig?« Raleigh rieb die Handflächen aneinander, und seine Ringe blitzten auf. »Zum Anbeißen, die junge Marquise. Und zudem Witwe.« Er tippte sich an seinen Schnurrbart, in eigene Erinnerungen versunken. »Somit wäre sie zu haben.«

Zorn loderte in James hoch wie ein Pfeil, der von einem gespannten Bogen schnellte. Was für ein Schürzenjäger! »Und eine der Hofdamen der Königin«, rief er ihm barsch in Erinnerung. »Unsere Monarchin schätzt es gar nicht, wenn jemand in ihrem Revier wildert.«

»Wie wahr. Aber je riskanter, desto aufregender, findet Ihr nicht auch?«

James war nicht dieser Meinung. »Brechen wir bald auf, Sir?«

»Ja, die Königin ist müde und hat sich bereits zurückgezogen. Folglich kann ich ebenfalls gehen.« Raleigh schnippte mit den Fingern, um seinen Diener herbeizurufen. »Lass die Barke zum Landungssteg bringen, Meadows!«

James erhaschte einen letzten Blick auf Jane, die sich mit Lord Mountjoy unterhielt, und sah, dass ihr strahlendes Lächeln, mit dem sie ihn zu Beginn des Abends begrüßt hatte, erloschen war. War das seine Schuld? Falls ja, sollte er stolz darauf sein oder sich schämen? Das Schlimme an seinen Anfällen von Selbsthass war der Impuls, auch andere spüren zu lassen, wie bitter das Leben sein konnte – doch hinterher tat es ihm immer leid.

»Oder vielleicht wolltet Ihr noch bleiben und auf Beutezug gehen?«, fragte Raleigh grinsend.

»Nein, Sir. Hier gibt es für mich nichts zu jagen.« James verließ den Saal, ohne sich noch einmal umzudrehen.

Am Morgen nach dem Maskenspiel erwachte Jane mit Kopfschmerzen und rabenschwarzer Laune. Sie fauchte ihre Zofe an und wäre am liebsten aus der Haut gefahren. Deshalb beschloss sie, dass sie eine Zumutung für die anderen Hofdamen war und dringend etwas frische Luft brauchte. Am liebsten hätte sie ein Weilchen mit Milly geplaudert, doch weil sie am Nachmittag Dienst hatte, würde sie keine Erlaubnis für einen Ausflug in die Stadt erhalten. An einen Spaziergang im Freien war auch nicht zu denken, da ein kalter Nieselregen vom Winterhimmel fiel. Deshalb beschloss Jane, in die Westminster Abbey zu gehen und durch das Hauptschiff zu schlendern.

Sie ging zu dem Gotteshaus und bat ihren Diener, am Portal zu warten, während sie in aller Ruhe über die grauen Steinfliesen schritt und mit mäßigem Interesse die Inschriften las. Das schwache Licht, das gefiltert durch die hohen Fenster hereinfiel, gab ihr das Gefühl, sich unter Wasser zu befinden, und die Grabstätten, die sie betrachtete, seien die Überreste alter Schiffswracks.

Jane beugte sich gerade vor, um den Fries am Fuß eines der Monumente zu inspizieren, als sich eine eisige Hand auf ihre Schulter legte. Erschrocken fuhr sie auf.

»Liebste *Mutter*!« Richard Paton stand hinter ihr, breitbeinig und die Arme auf die Hüften gestützt – eine Pose, in der sich der frühere König Heinrich gern hatte malen lassen.

Jane musterte ihren Stiefsohn, den neuen Marquis von Rievaulx. Er war weit über vierzig und sah fast aus wie ein Fass auf zwei dürren Beinen, die in der neumodischen, eng anliegenden Kniehose keineswegs vorteilhaft zur Geltung kamen. Jane hätte ihrem Stiefsohn liebend gern eine gewisse Sympathie entgegengebracht, doch bedauerlicherweise hatte er von seinem Vater lediglich die haselnussbraunen Augen, aber kein Fünkchen seines sanften Naturells geerbt.

»Lord Rievaulx«, erwiderte Jane kühl und faltete die Hände in den langen, weiten Ärmeln ihres Pelzmantels, damit er nicht sah, dass sie zitterten. Sie hatte sich in Richards Gegenwart noch nie wohlgefühlt, denn sie spürte seine Abneigung.

»Ich sah Euch gestern Abend beim Maskenspiel. Darf ich fragen, wie es Euch geht?«

Was war das? Ein Friedensangebot?

»Danke der Nachfrage. Und selbst?«

»Anwälte und Schulden machen mir das Leben schwer.«

»Verstehe. Es tut mir leid, dass Ihr Schwierigkeiten habt.«

»Ach ja? Dann könnt Ihr mir helfen, indem Ihr auf Eure Witwenansprüche verzichtet.«

Jane lächelte schmallippig. »So groß ist mein Bedauern nun doch nicht.«

Richard blickte kurz über die Schulter, und seine beiden Brüder, Otho und Lucres, traten näher. Otho ging betont lässig, die Daumen unter seinen schäbigen Ledergürtel geschoben. Lucres bewegte sich etwas anmutiger, mit der Geschmeidigkeit einer Schlange kurz vor dem Angriff. Hilfe suchend blickte sich Jane um und sah einen Priester durch das Kirchenschiff schreiten. Sollte sie zu ihm eilen und ihm eine oder zwei geistliche Fragen stellen, bis ihre Stiefsöhne des Wartens müde wurden?

»Oh nein, Mylady, Ihr entkommt uns nicht«, sagte Richard leise, der ihrem Blick gefolgt war. »Wir bestehen darauf, dass Ihr uns zuhört – Ihr seid einer Aussprache lange genug aus dem Weg gegangen.« Auf sein Nicken hin hakten sich Otho und Lucres bei Jane unter und zogen sie resolut durch eine Seitentür ins Freie.

»Lasst mich los!«, protestierte Jane, die Angst hatte, entführt zu werden. »Wir sind in einem Gotteshaus!«

»Kein Gotteshaus kann Euch vor Eurer Familie schützen.« Richard blickte über den überdachten Vorplatz und suchte nach einem Winkel, in dem sie ungestört sein würden. »Dort hinüber!«

Und ehe Jane wusste, wie ihr geschah, fand sie sich in einer Ecke zwischen dem Grabmal eines Ritters und einer Steinbank wieder.

»Hört Ihr uns *nun* endlich zu?«, fragte Richard und stützte sich mit einer Hand neben ihrem Kopf an der Mauer ab. Sein Gesicht kam ihrem so nahe, dass sie seinen Atem auf ihrer Wange spürte. Sein vom Regen feuchtes Haar lag platt und fettig an seinem Kopf an. Sein massiger Körper verdeckte sie vollständig. Wenn jemand vorbeikam, würde er nur ihre weiten Röcke, die an die Mauersteine gedrückt wurden, sehen.

Jane schluckte.

»Gut. Dann, Mylady, versprecht Ihr uns jetzt, dass Ihr Eure gerichtliche Klage gegen uns zurückzieht und uns den Schmuck aushändigt, den Euer verstorbener Ehemann Euch in seinem Altersschwachsinn überließ. Glaubt ja nicht, dass eine Frau nach gerade mal sechs Monaten Ehe – und es war ja nicht mal eine Ehe, da er Euch nie anrührte – sich *mein* Erbe unter den Nagel reißen kann!«

Jane wusste nicht, wie sie darauf reagieren sollte. Jonas hatte ihr nur hinterlassen, was jeder Witwe zustand: lebenslangen Unterhalt. Das war sein ausdrücklicher Wille gewesen. Und das einzige Schmuckstück, das von der Familie Rievaulx stammte, war ihr Ehering – den restlichen Schmuck hatte sie als Mitgift mitgebracht. An diesem Ring hing sie aus sentimentalen Gründen, und ihn zurückzugeben hätte das Eingeständnis bedeutet, dass ihre Ehe mit Jonas nicht vollzogen worden war.

»Euer Vater wünschte, dass Ihr mich als seine Witwe mit Respekt behandelt«, sagte Jane schließlich.

Richard schnaubte. »Was, Euch? Ein junges Ding von gerade mal achtzehn Jahren, das zu heiraten ich persönlich mich niemals herablassen würde? Das Urteilsvermögen unseres Vaters war stark getrübt in seinen letzten Lebensmonaten – ein Punkt, für den wir vor Gericht mehr als genügend Beweise liefern können.«

»Ich habe Euren Vater geliebt …«

Er tat ihre Bemerkung mit einer unwirschen Handbewegung ab. »Oh, verschont mich mit Eurem gespielten Kummer, Lady. Ich sehe, dass man mit einer unverschämten Dirne wie Euch nicht reden kann. Dann muss ich mir eben mit Gewalt holen, was Ihr mir nicht freiwillig zu geben bereit seid.«

Mit einer blitzschnellen Bewegung packte er Janes Handgelenk und wollte ihr den Ring vom Finger reißen. Doch sie ballte geistesgegenwärtig eine Faust und wollte ihm ihre Hand entziehen.

»Loslassen!« Mit ihrer freien Hand versuchte sie, ihn wegzustoßen. Wie konnte dieser Flegel es wagen, handgreiflich zu werden? In ihrer Entrüstung gelang es ihr, ihm auf die Nase zu boxen, was ihm Tränen in die Augen trieb.

»Erst wenn ich habe, was ich will!«, knurrte er. »Haltet sie fest!«

Otho packte Janes rechte Hand und drückte sie an die Mauer. Jane wollte schreien, als Richard gewaltsam ihre Faust öffnete, doch Otho legte ihr prompt eine Hand über Nase und Mund. Lucres schritt auf und ab und hielt Wache.

»Ich breche Euch die Finger, wenn es sein muss!«, zischte Richard warnend und bog ihr Handgelenk so weit nach hinten, dass ein glühender Schmerz durch Janes Arm zuckte.

Aus Angst zu ersticken biss Jane in Othos Hand. Fluchend zog er sie weg, und Jane holte tief Luft, um zu schreien.

Da hörte man Stiefel über die Pflastersteine poltern; ein Ächzen, als Lucres aus dem Weg gestoßen wurde.

»Meine Herren, seid Ihr verrückt geworden? Wie könnt Ihr am

hellichten Tag eine Lady überfallen – und zudem noch an einer Kirchenmauer?«

Richard erstarrte, als er die Spitze eines Rapiers zwischen den Schulterblättern spürte. Jane schloss die Augen und ließ den Kopf gegen die Mauer sinken, während ein pochender Schmerz durch ihren Arm zuckte. Sie mussten einen seltsamen Anblick bieten – drei Männer gegen eine wehrlose Lady. Welche Heldentat!

»Das geht Euch nichts an«, zischte Richard.

»Oh, da bin ich anderer Meinung. Lasst die Lady los!«

Jane erkannte die Stimme sofort. Warum hatte sie so ein Pech? Ihr Retter war kein anderer als James Lacey. Sobald er sah, wer sie war, würde er den Brüdern vermutlich nur viel Glück für ihr Unterfangen wünschen und verschwinden.

Richard ließ sich nicht so leicht einschüchtern – schließlich hatte er zwei Brüder, die ihm gegen den aufdringlichen Kerl helfen würden.

»Sir, es geht um eine familiäre Angelegenheit. Ich würde Euch raten, uns allein zu lassen.« Er verstärkte den Griff um Janes Handgelenk, bis sie nach Luft schnappte.

»Wie dem auch sei. Ich sehe es nicht gern, wenn eine Lady belästigt wird. Ist eine Marotte von mir.« Die Spitze seines Rapiers drang durch den Mantel bis zu dem Wams darunter.

»Bruder, warten wir auf eine bessere Gelegenheit«, sagte Otho besorgt und blickte sich nervös um. Eine kleine Gruppe von Edelmännern war am Zaun zum Friedhof stehen geblieben und schaute neugierig herüber.

Richard ließ Janes Arm los und trat zurück.

Lass mich sterben, Gott, bitte! Jane wäre vor Scham am liebsten im Boden versunken. Sie wagte es nicht, die Augen zu öffnen. Denn sie wusste, dass sie auf dem Gesicht ihres Retters nur ein spöttisches Lächeln sehen würde.

»Mylady, seid Ihr verletzt?« James' Tonfall verriet seine Überraschung. Seine Frage klang nicht direkt feindselig, aber auch nicht übermäßig mitfühlend.

Sie drückte ihre verletzte Hand an die Brust und stieß sich von der Wand ab, die ihr während der letzten paar Sekunden Halt gegeben hatte. »Ich ... es geht, es geht schon, danke, Sir.«

»Was hat die Lady getan, das Euch das Recht zu diesem Vorgehen gibt?«, fragte James die drei sehr viel älteren Männer erbost.

Oh ja, es stand für ihn außer Frage, dass sie ihnen etwas angetan hatte. Er konnte sich beim besten Willen nicht vorstellen, dass sie an diesem Überfall schuldlos war.

»Unsere Stiefmutter weigert sich, den Familienring zurückzugeben, der von Rechts wegen mir gehört«, zischte Richard. »Was Euch aber wahrlich nichts angeht, junger Mann.«

»*Stiefmutter?*«

Die Ungläubigkeit, mit der er dieses Wort wiederholte, brachte Janes Blut in Wallung. Ohne James eines Blickes zu würdigen, schob sie sich an Richard vorbei. Ihr Stiefsohn versuchte, sie an ihrem Mantel festzuhalten, doch die flache Seite eines Rapiers schlug seine Hand weg.

»Ich denke, ihr habt eurer Stiefmutter für heute genügend ins Gewissen geredet. Mylady, ich werde Euch in Euer Zimmer begleiten.«

Jane hörte eilige Schritte hinter sich. »Nicht nötig, Sir. Ich hieß meinen Diener, am Westportal auf mich zu warten.«

»Nein, ich bestehe darauf. Ihr seid weiß wie ein Leichentuch.« Als er ihren Arm berührte, der vom Handgelenk bis zum Ellbogen blaue Flecken hatte, zuckte sie zusammen. »Ich wollte Euch nur meine Hilfe anbieten. Ihr seht aus, als wärt Ihr einer Ohnmacht nahe.«

Sie lachte heiser. »Keine Angst, diese Gefahr besteht nicht. Viel wahrscheinlicher ist, dass ich die drei Schurken mit Steinen bewerfe.«

»Gibt es so große Differenzen zwischen Euch und Euren Stiefsöhnen?« Fürsorglich stützte er sie am Ellbogen, und ihre Auseinandersetzung vom Vorabend war fürs Erste vergessen. Im Moment war sie nur eine Dame in Not, und Jane ahnte, dass er auf keinen Fall vorbeigegangen wäre und weggeschaut hätte. Egal, um wen oder was es ging.

»Meine Stiefsöhne mögen mich nicht, Sir. Ihr Vater hat mich gewarnt, dass ich Schwierigkeiten mit ihnen bekommen würde. Deshalb hat er mich auch an den Königshof geschickt, um vor ihnen sicher zu sein.« Der Schock hatte Janes Zunge gelockert; normalerweise redete sie mit keiner Menschenseele so vertraulich, mit Ausnahme von Milly.

»Und der Ring?«

Jane streckte die Hand aus, die zu ihrer Verlegenheit noch zitterte. »Mein Ehering, ein Rubin. Die Familie meines verstorbenen Mannes kann ihn zurückhaben, wenn ich tot bin, doch ich werde mein Ehegelübde nicht verraten, indem ich ihn kampflos hergebe. Das würde mir Jonas nie verzeihen.«

James betrachtete den Ring, den sie so verzweifelt verteidigt hatte, und als er ihre Hand sah, erschrak er. Ihr zierliches Handgelenk war gerötet und wies blaue Flecken auf. Richard hatte den Ring so tief in ihr Fleisch gedrückt, dass die Stelle blutunterlaufen war. James war drauf und dran, noch einmal zurückzurennen und den frischgebackenen Marquis windelweich zu schlagen.

»Mylady, Ihr seid ja verletzt!«

Jane versuchte, die Finger anzuwinkeln. »Nichts gebrochen, glaube ich. Und ich wäre zweifellos *noch* verletzter, wenn es ihm gelungen wäre, mir den Ring *ganz* vom Finger zu reißen.«

James war gerührt, als er ihr triumphierendes Lächeln sah. Und ehe er wusste, was er tat, beugte er sich über ihre verletzte Hand und hauchte einen zarten Kuss auf die Finger.

»Mylady, Ihr seid eine wahre Tigerin. Ihr hättet meine Hilfe gar nicht gebraucht, stimmt's?«

»Oh, ich weiß nicht, Sir. Ihr gebt einen guten Retter ab. Ich hatte Glück, dass Ihr im rechten Moment vorbeigekommen seid.«

Er schob sein Rapier wieder durch die Schlaufe an seinem Gürtel. »Das war kein Glück, sondern allein die Tatsache, dass sie Euch ausgerechnet auf dem Weg aufgelauert haben, der zur Fechthalle führt. Wenn nicht ich, wäre sicher bald irgendein anderer Fechter vorbeigekommen.«

»Ich hielt meine Stiefsöhne schon immer für Dummköpfe, und jetzt weiß ich, dass sie nicht mal den Ort eines Überfalls richtig planen können«, murmelte Jane.

James musste unwillkürlich lachen. Er hatte Janes beißenden Humor schon immer geliebt. Sie scherzte noch in Situationen, in denen anderen Damen nur nichtssagende Bemerkungen einfielen. Deshalb hatte er auch nicht begriffen, warum sein älterer Bruder sie langweilig und zu steif gefunden hatte. Er dagegen hatte von

Anfang an das Gefühl gehabt, dass sie ebenso leidenschaftlich war wie er. Und was er soeben gesehen hatte, gab ihm recht.

Sie fanden Janes Diener dösend auf einer Bank in der Nähe des Westportals der Kirche vor. James rüttelte ihn an der Schulter.

»Tut Eure Arbeit, Mann. Während Ihr hier schlieft, wurde Eure Herrin überfallen.«

Der Diener stammelte eine Entschuldigung.

»Lasst sie das nächste Mal besser nicht aus den Augen.« James verbeugte sich vor Jane. »Ich verlasse Euch nun.«

Sie knickste. »Nochmals besten Dank, Sir.«

James wartete auf den Stufen, bis Jane unbehelligt an einer der Türen des Whitehall Palace angekommen war. Er schüttelte den Kopf, überrascht von ihr und auch von sich selbst. Am Vorabend hatten sie sich noch wüste Beschimpfungen an den Kopf geworfen; jetzt hatten sie sich fast als Freunde getrennt.

5. Kapitel

Silver Street, London

Milly musste Janes Brief mehrmals lesen, um daraus schlau zu werden. Er war eindeutig zu zwei unterschiedlichen Zeitpunkten geschrieben: Im ersten Teil spuckte Jane Gift und Galle über das ungehörige Benehmen von James Lacey, im zweiten schilderte sie ihn als ganz anderen Menschen. Ihre arme Freundin hatte es wirklich schwer erwischt, doch sie schien nicht zu ahnen, dass dieses heftige Auf und Ab verriet, was sie für den jungen Mann empfand. Milly fragte sich, ob diese tiefen Gefühle wohl auf Gegenseitigkeit beruhten.

»Mistress, ein junger Mann fragt nach Euch«, sagte da Henny von der Tür aus und rang die Hände.

Milly versuchte, sich nicht über diese nervöse Angewohnheit ihrer Magd zu ärgern, doch es gelang ihr nicht.

»Was für ein Mann?«, fragte sie, während sie einen azurblauen Faden in ihre Sticknadel einfädelte. »Der Gerichtsvollzieher ist es hoffentlich nicht, oder? Ich dachte, ich hätte all meine Rechnungen bezahlt.«

»Nein, nein, nicht der Gerichtsvollzieher.« Henny zupfte an ihrer schwarzen Schürze herum. »Einer dieser Mohren, die man manchmal im Gefolge der großen Lords sieht. Dunkel wie der Teufel persönlich.«

Ungehalten legte Milly ihre Arbeit beiseite. »Ich möchte dich bitten, nicht so zu reden!«

Ihre Rüge stieß bei der eingefleischten Londonerin Henny auf taube Ohren, da sie wie die meisten Einwohner dieser Stadt alles Fremde ablehnte. Für sie waren grundsätzlich alle, die irgendwie anders waren – Juden, Mauren, Spanier, Russen –, direkte Nachfahren vom Beelzebub.

»Soll ich ihn heraufschicken, Mistress?«

Was zum Kuckuck sollte sie sonst tun? *Ruhig bleiben, Milly, ganz ruhig,* ermahnte sie sich.

»Ja, bitte.«

»Und den alten Uriah auch?«

»Wozu?«

»Nun, der Fremde könnte gefährlich sein.«

»Henny, du gehst jetzt nach unten und schickst den Besucher herauf, so höflich, wie es dir möglich ist! Ich brauche niemanden, der über meine Tugend wacht. Ich denke, er kommt mit einem Auftrag seines Herrn oder seiner Herrin, nicht mit Drohungen.«

Milly warf einen kurzen Blick durch den Raum, um sich zu vergewissern, dass alles ordentlich war, und überprüfte dann ihr eigenes Aussehen. Machte sie einen adretten, tüchtigen Eindruck? Sie stellte sich ans Fenster und wartete auf den Besucher.

»Geht ruhig rauf, Sir. Erste Tür rechts!«, hörte Milly Henny vorsichtig sagen, als wolle sie einen Löwen von sich ablenken, indem sie ihm kleine Fleischbrocken vorwarf, damit er sich nicht auf *sie* stürzte.

Leichte, schnelle Schritte huschten die Stufen herauf. Die Tür ging auf, und der Luftzug ließ die Flammen im Kamin auflodern.

»Diego! Du meine Güte – *du*!« Milly erkannte den Besucher auf Anhieb, obwohl sie ihn seit einigen Jahren nicht mehr gesehen hatte. Er war jahrelang der Page und Stallbursche ihres Vaters gewesen, bis dieser in Ungnade gefallen war. Als Diego daraufhin zusammen mit Berber, dem Pferd ihres Vaters, verkauft worden war, hatte sie ihn aus den Augen verloren und nie erfahren, was aus ihm geworden war.

Diego verbeugte sich schwungvoll und mit einem breiten Grinsen. »Mistress Milly.«

In Millys Kopf überstürzten sich die Fragen. »Wie geht es dir? Wo wohnst du? Wie hast du mich gefunden?«

Er lachte, nahm ihre ausgestreckten Hände und drehte sich mit ihr im Kreis. »Ihr seht gut aus, Mistress.«

»Mir geht's auch gut – aber nenn mich doch nicht so. Ich will für dich weiterhin Milly sein, sonst fühle ich mich nicht wohl.«

Eine Vielzahl von Erinnerungen tanzten zwischen ihnen: Da sie fast gleichaltrig waren, hatten sie sich schnell angefreundet, als Diego Milly auf Geheiß ihres Vaters das Reiten beibringen sollte. Milly hatte sofort gespürt, dass Diego die komplizierten Klassenunterschiede in England rätselhaft und komisch fand. Er respektierte sie zwar, wenn es sein musste, ignorierte sie aber, wann immer es ihm möglich war. Er war einer der wenigen Menschen, die den Mut gehabt hatten, sie zu trösten, nachdem ihr Vater in den Tower gebracht worden war. Eine Zeit lang waren sie danach noch in Kontakt geblieben, doch seine Nachrichten, die er ihr manchmal zusammen mit liebevoll selbst gemachten Halsketten und Armbändern schickte, hatten aufgehört, nachdem Milly zum fünften Mal umgezogen war. Wahrscheinlich hatte er ihre Spur verloren. »Erzähl, wie hast du mich gefunden?«

Diego lachte über ihre Neugier. Milly war ein Mensch, der immer alles ganz genau wissen wollte. »Ich habe mich daran erinnert, Milly, dass du mit einer gewissen Lady Jane befreundet warst. Als ich sie vor zwei Jahren traf, habe ich mich bei ihrer Zofe nach dir erkundigt, doch die war leider nicht sehr auskunftsfreudig.« Das amüsierte Funkeln in seinen braunen Augen ließ erahnen, dass er mit seinen Fragen auf Granit gestoßen war. »Und als ich die Lady dann neulich bei Hofe sah, habe ich mein Glück bei ihren neuen Dienern versucht, und diese waren sehr viel freundlicher. Von ihnen habe ich erfahren, dass ihre Herrin hier in der Silver Street war.« Diego drückte kurz ihre Hände. »Du hast dich gemacht, Mistress Porter. Gratuliere.«

Nur wenige Menschen hätten in dem Übergang von einer Tochter aus gutem Hause zu einer Näherin etwas Positives gesehen, aber Diego hatte schon immer höchst eigenwillige Ansichten gehabt. Erfreut rieb Milly ihre Hände und nahm sie wieder auseinander, denn dieser unerwartete Besuch brachte sie ganz durcheinander. Diego erinnerte sie an die glücklichen Tage ihrer Kindheit. In seiner Gesellschaft hatte sie sich immer irgendwie lebendiger, mehr wie sie selbst gefühlt.

»Da bin ich aber froh, Diego, dass du dir so viel Mühe gemacht hast, mich zu finden. Ich dachte schon, wir hätten uns für immer aus den Augen verloren. Ich habe mir oft vorgestellt, dass du inzwischen im Gefolge eines wichtigen Herrn, eines Botschafters vielleicht, durch die halbe Welt reist.«

Diego griff nach einer halb fertigen Stickarbeit und fuhr mit den Fingerspitzen behutsam über die Stiche. »Damit liegst du gar nicht so falsch. Ich stehe in den Diensten des Earl von Dorset.« Bei Millys überraschtem Quieken zuckte er zusammen und grinste dann. »Bei den Klauen des großen Krokodils, Mistress, ich hatte ganz vergessen, dass du diese Angewohnheit hast!«

Sie kicherte. Diegos ausgefallene Ausdrücke hatten sie schon immer amüsiert. »Bei den Tränen des weißen Elefanten«, äffte sie ihn nach, »es scheint eine unheilbare Krankheit bei mir zu sein, ich gebe es zu. Aber ausgerechnet beim Earl von Dorset! Wie kam es *dazu*?« Milly fand es erstaunlich, dass gleich drei Menschen, die sie gut kannte, mit der Adelsfamilie Dorset zu tun hatten.

Behutsam legte er die Stickarbeit auf ihren Arbeitstisch zurück. »Ich konnte zum Glück mit Berber zusammenbleiben. Mein Herr, der Earl, brauchte ein Pferd, und das deines Vaters stand zufällig zum Verkauf. Alles ganz einfach, wie du siehst. Im Moment bin ich mit Master James Lacey unterwegs.«

»Ah, verstehe – deshalb hast du am Hof Lady Jane gesehen.« Mit einer Handbewegung forderte sie ihn auf, sich zu setzen. »Wie viel Zeit hast du?«

»Genügend. Mein Herr sitzt mit Master Raleigh und dessen Freunden zusammen. Sie planen eine Seereise.«

Milly warf eine Schaufel Kohlen ins Feuer, damit Diego nicht fror. Sie erinnerte sich noch gut daran, dass er die englischen Winter nicht mochte. »Oh? Und wohin soll die Reise gehen?«

»Nach Amerika.« Diegos skeptische Miene sprach Bände. »Die Engländer sind ein seltsames Volk. Sie wollen das Land in Besitz nehmen. Reicht ihnen ihr Land hier denn nicht?«

Milly, die ihm gegenübersaß, schüttelte den Kopf. »Ach, Diego, wir Engländer sind geradezu bescheiden im Vergleich zu den Spaniern und Portugiesen mit ihren vielen Besitzungen in Übersee. Wir müssen zusehen, dass wir mit ihnen mithalten können.«

»Aber warum glauben sie, diese Länder gehören ihnen?« Diego schien sich ernsthaft zu wundern. »Sie fahren auf die andere Seite der Welt, stehlen alles Gold und Silber und streiten sich um die neuen Gebiete wie ein Rudel Hunde um einen Knochen. Warum können wir nicht alle bleiben, wo wir sind, und uns zufriedengeben mit dem, was wir haben?«

Milly zuckte mit den Schultern. »Das weiß ich nicht, aber offenbar liegt es in der menschlichen Natur, immer *noch* mehr zu wollen. Ich bin eigentlich ganz ähnlich. Ich denke auch immer einen Schritt weiter – ein erfolgreiches Geschäft, Freunde, Glück, eines Tages eine Familie ...«

Milly blickte kurz auf, und ihre Blicke trafen sich. Hastig schlug sie die Augen nieder, ehe sie fortfuhr: »Ich will mir mein eigenes kleines Nähimperium aufbauen. Willst du nicht auch mehr haben als das, was du hast?«

Diego antwortete nicht sofort. Stattdessen blickte er ihr in die Augen und ließ seinen Blick dann hinunter zu den Händen wandern, die in ihrem Schoß lagen. Er räusperte sich. »Doch, ich wünsche mir auch mehr, habe aber Angst, darum zu bitten.«

Milly fragte sich, was er ihr damit sagen wollte – und irgendwie fürchtete sie sich auch ein bisschen vor der Antwort. Sie hatte schon früher das Gefühl gehabt, dass er mehr in ihr sah als nur die Tochter seines Herrn. War er vielleicht sogar ein bisschen in sie verliebt? Von ihrer Stellung in der Gesellschaft her waren sie meilenweit voneinander entfernt gewesen, doch nun, da Milly sich ihren Lebensunterhalt selbst verdienen musste, waren sie einander fast ebenbürtig.

»Du und Angst haben?«, sagte sie errötend. Insgeheim ärgerte sie sich, dass man es ihr als Rothaariger mit ihrer hellen Haut immer sofort ansah, wenn sie verlegen wurde.

»Oh doch.«

Ein lautes Klopfen an der Tür ließ die beiden aufschrecken. Christopher Turner platzte ins Zimmer und wirkte mächtig aufgeregt.

»Mein Juwel der Themse, Ihr müsst mir helfen!«, rief er theatralisch aus. »Ich muss ein Gedicht schreiben, doch die Muse weigert sich, mich zu küssen. Ich bin völlig verzweifelt und dürste nach Inspirationen wie ein Mann in einer grenzenlosen Wüste nach Wasser.« Erst da sah er, dass Milly einen Besucher hatte. Er stutzte nur kurz und begrüßte Diego dann eifrig. »Junger Mann, zu Ihren Diensten. Verzeiht mein unhöfliches Eindringen. Wenn Ihr mich ertragt, verspreche ich, Euch nicht zu langweilen.«

Diego sprang auf. Er fühlte sich wie eine Katze, über die man einen Kübel kaltes Wasser geschüttet hatte. »Sir?«

Milly stellte die beiden einander vor. »Kit, das ist ein alter Freund von mir, Diego, der … einst meinem Vater gedient hat. Diego, das ist Christopher Turner – kurz Kit genannt –, der seines Zeichens Schauspieler, mein Nachbar und guter Kunde ist.«

»Und in wessen Diensten steht Ihr nun, dunkler Herr aus dem Morgenlande?«, erkundigte sich Christopher auf seine forsche Art.

Diego ging nicht auf den neckischen Ton ein. Mit großem Ernst antwortete er: »Ich gehöre zum Gefolge des Earl von Dorset, Sir.«

Christopher erstarrte, und sein Überschwang war plötzlich mit Raureif überzogen wie eine Fensterscheibe an einem Januarmorgen. »Ach ja? Dann verdient Ihr mein Mitleid.«

»Mein Herr ist höchst großzügig und edelmütig«, antwortete Diego ungerührt. »Ich brauche Euer Mitleid nicht.«

»Dann nehme ich es umgehend zurück.« Christopher schnippte mit den Fingern. »Seht Ihr? Schon ist es wieder weg.«

Diego wandte dem Schauspieler den Rücken zu. »Milly«, sagte er förmlich, »ich möchte mich verabschieden.«

»Oh, ich dachte, du kannst etwas länger bleiben«, protestierte sie.

»Ich werde ein andermal wiederkommen. Wie ich sehe, hast du Dringlicheres zu tun.«

Sie versuchte zu lächeln, doch die Harmonie von vorhin war verflogen. »Du irrst dich. Master Turner kann warten, nicht wahr, Kit?«

Der Schauspieler blieb stumm und musterte Diego nur herablassend.

»Kit?«, hakte Milly nach.

»Auf Euch warte ich doch immer gern, meine Liebe«, sagte er schließlich mit übertriebener Herzlichkeit und hoffte, Diego würde denken, dass seine Beziehung zu Milly wesentlich intimer war, als es den Tatsachen entsprach.

»Milly, dann wünsche ich dir noch einen schönen Tag.« Nach einer knappen Verbeugung eilte Diego aus dem Raum.

Empört warf Milly ein Kissen nach Christopher. »Verflixt, Ihr seid ein abscheulicher Mensch! Ihr habt ihn vertrieben!«

Unbeeindruckt ließ sich der Schauspieler auf den Stuhl fallen, den Diego soeben frei gemacht hatte. »Es führt zu nichts Gutem, wenn man sich mit den Dorsets oder einem ihrer Diener einlässt, meine Liebe. Ich spreche aus bitterer Erfahrung. Ihr könnt froh sein, wenn er sich nicht mehr blicken lässt.«

»Ihr seid ein unerträglicher Schuft! Ich bin nicht Eure Liebe – und lasse es nicht zu, dass Ihr Euch als Hüter meiner Freundschaften aufspielt.«

Christopher schlug sich an die Stirn. »Das ist es! Eine herrliche Szene: die zornige junge Maid, ein Hüter, der über ihre Liebschaften wacht – ich sehe das Sonett bereits vor mir.« Er sprang auf und bedeckte ihre Hand mit Küssen. »Danke, besten Dank, meine süße Milly! Ihr habt mir mein nächstes Einkommen gesichert!«

Milly merkte, dass man Christopher einfach nicht lange böse sein konnte. Er hatte große, manchmal irrationale Vorurteile gegen alles, was mit der Familie seines Vaters zusammenhing, war aber im Grunde seines Herzens ein netter Kerl.

»Oh, dann freue ich mich, dass ich Euch helfen konnte«, sagte sie sarkastisch. »Es hat sich also gelohnt, einen meiner besten Freunde wegen ein paar Pennys zu verjagen!«

»Mein Herz und mein Geldbeutel gehören Euch, mein Liebchen!«, rief Christopher, als er zur Tür eilte.

»Zu schade, dass beides meist leer ist!«, rief sie ihm nach.

»Ausgezeichnet!« Christophers Lachen hallte durch das Treppenhaus. »Auch dieses Bild werde ich benutzen, oh meine Muse mit dem goldenen Faden!«

Als Diego durch die Straßen der Stadt zum Durham House zurückging, achtete er diesmal nicht auf die Blicke der bleichen Londoner, die seine dunkle Haut stets auf sich lenkte. Milly Porter war schon immer sein heimlicher Schwarm gewesen. Der ungewöhnliche Kupferton ihrer weichen Haare, die sie als Kind offen getragen hatte, hatte ihm gefallen, ihr unbekümmertes, heiteres Wesen, ihre süßen Lippen, die förmlich um einen Kuss zu betteln schienen. Dank der glutvollen Blicke der englischen Mädchen wusste er, dass sie ihn nicht unattraktiv fanden, doch Milly war nie seinem Charme erlegen und hatte ihm immer zu verstehen gegeben, dass sie in ihm nur einen guten Freund sah.

Doch andererseits waren sie noch sehr jung gewesen, als sie sich trennten, dreizehn oder vierzehn. Und woher hätte sie auch wissen sollen, dass die selbst gebastelten kleinen Geschenke, die er ihr schickte, in der Tradition seines Landes Liebesgaben waren? Als er sie heute besuchte, hatte er gehofft, dass sie inzwischen alt genug war, um zu erkennen, was er für sie empfand – doch diese Hoffnung hatte dieser lächerliche, schlaksige, schnatternde Affe in seiner viel zu grellen Kleidung zerstört.

Als Diego nun gedankenverloren durch die Straßen ging, stolperte plötzlich ein Betrunkener rückwärts aus einer Schänke. Er stieß Diego auf die Straße, direkt vor ein heranrollendes Fuhrwerk. Dieser warf sich geschickt zur Seite und erhob sich eilends, als er plötzlich von der Peitsche des Fuhrmanns getroffen wurde.

»Verfluchter Ausländer! Willste sterben?«, bellte der ungehobelte Mensch.

Diego wünschte ihn in die Hölle der Christenmenschen und versuchte, den Straßendreck von seiner Livree zu klopfen, während er seinen Weg fortsetzte. Wie er die Londoner hasste! Mit einer einzigen Ausnahme – Milly.

6. Kapitel

»Tochter!«

Jane, die bereits auf den Stufen war, die zum Fluss hinunterführten, musste wohl oder übel stehen bleiben. Sie hatte mit einem Boot zu Milly fahren wollen. Es war ihr freier Tag, und sie wusste bereits von Henry, dass ihr Vater am Hof war. Aber bisher hatte sie es geschafft, ihm aus dem Weg zu gehen. Schicksalsergeben drehte sie sich nun um und knickste. »Vater, wie geht es Euch?« *Benehmen wir uns wie zivilisierte Menschen,* sagte sie sich und gab ihren Dienstboten zu verstehen, auf sie zu warten.

Thaddeus Perceval, Lord Wetherby, stand auf der obersten Stufe, die Arme in die Hüften gestemmt, und blickte auf sie herab. Er war ein untersetzter Mann mit derben Manieren und kurz geschorenen weißgoldenen Haaren. Er hatte tief eingegrabene Falten an den Mundwinkeln und strenge blaue Augen, die eine Spur heller waren als die von Jane. Da er auf Äußerlichkeiten keinen Wert legte, auch nicht, wenn er an den Hof kam, trug er nur seinen rostfarbenen Wappenrock, ein schmutzig graues Wams und eine Kniehose, die seit einem Jahrzehnt außer Mode war – man sah ihm auf den ersten Blick an, dass er vom Lande kam.

»Mir geht's gut. Und bei meiner Abreise waren auch David und deine Tante wohlauf«, antwortete er barsch.

Jane spielte an dem cremefarbenen Seidenfutter ihrer langen Ärmel herum. »Freut mich zu hören.«

Ihr Vater deutete auf das Boot am Fuße der Stufen. »Wo wolltest du hin, Jane?«

Sie wollte ihrem Vater auf keinen Fall verraten, dass sie immer noch Kontakt mit Milly Porter hatte. Er hatte ihr klipp und klar gesagt, dass sie jede Verbindung mit *diesem verräterischen Pack* einzustellen hatte. Dass sich ein Mann, den der Earl von Wetherby zuvor als ausgezeichneten Soldaten und Jäger gerühmt hatte, eines so schweren Verbrechens wie Verrat schuldig gemacht hatte, empfand Thaddeus fast als eine Art persönliche Beleidigung.

»Ich wollte in die Gasse der Goldschmiede gehen«, schwindelte Jane.

»Was, bist du neuerdings so reich, dass du Geld für solchen Luxus ausgeben kannst, Tochter?«

Jane lächelte nur schmallippig, denn ihr war klar, dass sie auf diese Frage besser keine Antwort gab.

»Nun, ich denke, dieser kleine Ausflug kann warten, wenn man seinen alten Vater nach fast einem Jahr wiedersieht.« Er winkte sie die Stufen hinauf.

Jane hatte keine andere Wahl, als ihm zu gehorchen und es hinter sich zu bringen. Sein spröder Begrüßungskuss hätte glauben machen können, dass zwischen ihnen alles zum Besten stand – zumindest aus seiner Sicht. War er so dumm, dass er vergessen hatte, wie zerstritten sie das letzte Mal auseinandergegangen waren? Ihr Vater hatte geschäumt vor Wut, weil Jonas ihm einen Ehevertrag abgerungen hatte, der festlegte, dass Jane im Falle ihrer Witwenschaft allein über ihre Mitgift verfügen konnte. Somit besaß ihr Vater nun zum Glück keine Macht mehr über sie und konnte nicht mehr als den üblichen Respekt und die Ehrerbietung erwarten, zu denen Kinder ihren Eltern gegenüber nun mal verpflichtet waren. Sie wussten beide, dass sie mit gesellschaftlicher Ächtung rechnen müsste, wenn sie sich ihrem Vater offen widersetzte.

Darauf lasse ich es ankommen, dachte Jane und wappnete sich für seine Vorwürfe. *Ich lasse mich nicht länger von ihm schikanieren.*

»Hat Henry bereits mit dir gesprochen?«, fragte ihr Vater, während er sie in den Palast zurückbrachte, wo sie sich auf eine Bank in einer Nische in der Nähe der großen Halle setzten.

Sehnsüchtig blickte Jane zum Fenster hinaus auf den kleinen Garten mit Kieswegen und Buchsbaumhecken, wusste aber, dass es für sie im Moment kein Entrinnen gab. »Ja, Sir.«

»Feiner Kerl, mein Henry.«

Jane blieb ganz ruhig und beobachtete einen Gärtner, der die Wege sorgfältig ebnete.

»Er hat einen neuen Gemahl für dich gefunden, den zweitgeborenen Sohn eines französischen Herzogs – ein anständiger Mann und eine gute Partie. Schiffe und Weinberge, großer Grundbesitz in der Nähe von Bordeaux. Da der älteste Sohn etwas kränklich ist, könnte er durchaus der Haupterbe werden.«

»Ist das gut für mich oder für Euch?«, fragte Jane leise und zupfte nervös an ihren Ärmeln.

Thaddeus grinste, weil ihm die Ironie ihrer Frage entging. »Für uns beide. Er wird uns helfen, den französischen Markt für unsere Tuchproduktion zu erschließen.«

Jane überlegte krampfhaft, wie sie sich gegen diese Einmischung in ihr Leben wehren könnte, doch außer einem unverblümten Nein fiel ihr nichts ein.

»Bedauere, Sir, aber ich denke so schnell nach Jonas' Tod nicht an eine neue Heirat.«

»Gütiger Himmel, Mädchen, aber das ist doch schon Monate her! Ich kann mir nicht vorstellen, dass ein junges Ding wie du die Blüte ihrer Jugend als weinende Witwe vergeuden will. Mit dem alten Marquis hast du eine ausgezeichnete Partie gemacht – wesentlich besser, als ich es von dir erwartet hätte, nach dem, was vorgefallen war –, aber kein Mensch erwartet von dir, dass du länger als einen Monat um ihn trauerst.«

Jane hätte gegen seine zynische Meinung über sie protestieren können, aber was hätte es genutzt? Wie hätte er ihr Gefühle zutrauen sollen, zu denen er selbst nicht fähig war? »Nichtsdestotrotz, Sir, muss ich Euer gewiss gut gemeintes Angebot ablehnen.«

Thaddeus sprang auf, ließ seine Maske als besorgter Vater fallen und fiel in seine gewohnte Rolle als zorniger Erzeuger zurück. Er boxte mit der Faust in seine Handfläche. »Henry hat mich gewarnt, dass du noch immer so stur bist wie früher! Du weißt nicht, was du für ein Glück hast, Mädchen, dass du in großem Wohlstand aufgewachsen bist. Es ist Zeit, dass du dich erkenntlich zeigst, indem du mir ein *einziges* Mal gehorchst, verdammt noch mal!«

Jane schloss die Augen und dachte an ihr Gold, das an einem sicheren Ort verwahrt war und einen Schutzwall gegen die väterlichen Angriffe darstellte. Er konnte sie beschimpfen, solange er wollte – seine bösen Worte würden an diesem Schutzwall abprallen.

»Da es bei der Heirat, die ihr geplant habt, um *mich* geht, Sir, sollten auch meine Wünsche berücksichtigt werden.«

»Pah! Du bist ein böses, ungehorsames Weibsbild! Was hast du vor? Willst du dich hinter deinem Witwenstatus verschanzen, dir ein paar Liebhaber nehmen und mit einem lockeren Lebenswandel Schande über deine Familie bringen?«

Wie er auf die Idee kam, dass sie ein lasterhaftes Leben zu führen gedachte, war Jane ein Rätsel. Sie lebte hier am Hof fast wie eine Heilige!

»Keineswegs, Sir. Ich will nur der Königin dienen.«

Thaddeus sah aus, als würde ihm gleich die Hand ausrutschen. »Henry hat mir erzählt, dass die Leute schon über dich tuscheln – lautstarke Auseinandersetzungen mit Liebhabern auf der Tanzfläche, Schlägereien auf geheiligtem Boden … Ich könnte dich wegen deines anstößigen Lebenswandels einsperren lassen! Deine Stiefsöhne behaupten, du wärst eine Hexe, die ihren Vater bezirzt hat, um sie anschließend um ihr Erbe zu betrügen!«

Jane konnte nicht länger still sitzen. Sie sprang auf und baute sich vor dem Mann auf, der sie ihr Leben lang schikaniert hatte. »Und Ihr glaubt ihnen mehr als mir – Eurem eigenen Fleisch und Blut!? Ich warne Euch, Sir. Solltet Ihr auf die Idee kommen, sie bei ihren verrückten Ansprüchen zu unterstützen, riskiert Ihr, jeden Penny zu verlieren, den ich besitze. Sie sind entschlossen, mir alles abzunehmen – auch die Mitgift, die Ihr Jonas gegeben habt. Gönnt Ihr das Geld wirklich eher den Patons als Eurer leiblichen Tochter?«

Damit schien sie ins Schwarze getroffen zu haben, denn Thaddeus zögerte mit seiner Antwort.

»Jane, ich möchte nur eine gehorsame, pflichtbewusste Tochter, die ihr Vermögen von ihrem Vater verwalten lässt und einen Mann meiner Wahl heiratet. Wie solltest du – ein Mädchen von gerade mal achtzehn Jahren – wissen, was das Beste für dich ist?«

»Jonas hat mir zugetraut, dass ich meine eigenen Entscheidungen treffen kann.«

»Dein Ehemann war schon alt und senil. Wie hätte er das beurteilen können?«

Sie drehten sich nur im Kreis – das musste aufhören. Jane knickste.

»Entschuldigt mich, Sir, aber ich muss für Ihre Majestät einen Botengang machen.« Sie rauschte an ihrem Vater vorbei, doch ihr Rocksaum blieb an einer Schnalle seines Schuhs hängen. Um sich nicht bücken zu müssen, riss sie sich ungeduldig mit einem Ruck los.

»Wir sind noch nicht fertig, Jane!«, rief ihr Vater ihr warnend nach. Trotzig reckte Jane das Kinn und ging wortlos davon.

»Wenn die Winde günstig sind, dürften die *Dorothy* und die *Bark Raleigh* die Überfahrt in knapp zwei Monaten schaffen.« Raleigh klopfte auf die Landkarte, die auf dem Tisch ausgebreitet war. »Wichtig ist, dass wir genügend Proviant an Bord haben, bis wir in der Karibik sind. Ich will nicht, dass unsere Begeisterung erlischt, weil uns das gesalzene Schweinefleisch oder das frische Wasser ausgehen.«

James stand ein Stück hinter den anderen, die sich um die Seekarten geschart hatten. Die meisten der Gentlemen trugen bei diesem Treffen dicke, pelzbesetzte Mäntel, in denen sie wie eine Horde von Waldbewohnern aussahen. Sein Blick schweifte zum Fenster, hinter dem man die Themse und unzählige Boote sah, die zwischen dem nördlichen und dem südlichen Ufer hin- und herfuhren. In Raleighs rundem Arbeitszimmer mochte es zwar kalt sein, aber es bot einen der besten Ausblicke der Stadt auf das Sumpfland von Lambeth und die dahinter liegenden Wiesen und Felder.

Dr. Dee, der königliche Hofastrologe, schlug die zu weiten Ärmel seines schwarzen Gewandes um und blätterte hastig ein dickes Buch mit vielen winzigen Kritzeleien durch. Sein langer weißer Bart bewegte sich auf und ab wie der Schnabel eines Reihers.

»Ende April wäre die günstigste Zeit für den Beginn eines Unternehmens – besonders der Siebenundzwanzigste, sagen die Sterne«, verkündete er mit seiner näselnden Stimme.

Wer hätte ihm widersprechen sollen? Dr. Dee hatte sogar den Krönungstag der Königin festgelegt, und seine Vorhersage ihrer langen und glorreichen Regierungszeit schien voll und ganz zuzutreffen – das heißt, sofern sie Spanien auch weiterhin davon abhalten konnten, ihr kleines protestantisches Königreich am Rande von Europa zu vernichten. James fröstelte. Durch die Ritzen an den Flügelfenstern wehte eine kühle Brise vom Fluss herauf, die ihn erneut an die kalten Niederlande denken ließ.

»Lacey, hört Ihr noch zu?« Raleighs Stimme riss ihn aus seinen düsteren Erinnerungen.

»Stets zu Diensten, Sir.« James stieß sich von der Wand ab und trat zu den Männern am Tisch.

»Beabsichtigt Ihr nach wie vor mitzufahren?«

»Ich kann es kaum erwarten«, antwortete James trocken.

»Was für Ausrüstungsgegenstände werdet Ihr für die Landvermessung zu Verteidigungszwecken benötigen?«

James versuchte, die nötige Begeisterung aufzubringen, als er antwortete: »Ein paar gute Männer, die beim Messen helfen. Und jemanden, der fähig ist, die Ergebnisse aufzuschreiben – am besten einen Kartografen.«

»Ich schicke einen Mann mit, der Erfahrung im Zeichnen hat – ich habe ihn schon geprüft und war sehr zufrieden mit seiner Arbeit.«

»Das wird dann genügen. Ich nehme nicht an, dass wir gleich damit anfangen werden, das Gebiet, das wir für eine Kolonie auswählen, zu befestigen?«

»Nein, nein, ich will nicht dieselben Fehler machen wie bei den anderen Expeditionen.«

Wie Euer verstorbener Halbbruder sie machte, fügte James im Geiste hinzu.

»Die Vorbereitungen sind das A und O«, fuhr Raleigh fort. »Eure Aufgabe ist es, herauszufinden, was wir alles brauchen werden. Danach werden wir unsere Siedler hinschicken, die eine wehrhafte Kolonie aufbauen sollen. Steht diese, schicken wir auch Bauern und Handwerker hinüber, Männer mit ihren Frauen, um in Amerika richtig Fuß zu fassen.«

»Dann habe ich alles, was ich benötige.« Eigentlich hatte er in diesen Tagen nur einen einzigen Wunsch: andere von der Last seiner Gesellschaft zu erlösen.

»Ihr nehmt einen Diener mit?«

»Ja.«

Raleigh machte sich eine Notiz auf seiner Besatzungsliste. »Ich bringe Euch auf der *Bark Raleigh* unter. Ich war persönlich an ihrem Entwurf beteiligt, wisst Ihr!«

»Da fühle ich mich gleich viel sicherer, Sir.«

Diesmal entging Raleigh die Ironie nicht. Er blickte zu James hoch und grinste, was seinem hübschen Gesicht etwas Koboldhaft-Verschlagenes verlieh. »Das glaub ich gern. Hab mein Leben auf ihr schon etliche Male riskiert und kann behaupten, dass sie für einen rechtschaffenen Seemann ein gutes Heim ist.«

James zog spöttisch eine Augenbraue hoch und merkte, dass ihm der Mann gar nicht so unsympathisch war. »Und seid Ihr rechtschaffen?«

Raleigh lachte. »Manchmal. Auf See immer. Ich bin klug genug, diese Herrin nicht zu hintergehen.«

Die Versammlung löste sich auf, und James kehrte in sein Gästezimmer zurück, wo er Diego beim Säubern seiner Beinkleider vorfand. Sie sahen aus, als hätte er sich in sämtlichen Kloaken Londons gewälzt.

»Was ist *dir* denn zugestoßen?«

»Ein Betrunkener und ein Kutschengaul sind mir zugestoßen, Sir.« Mit einem Stück Seife schlug Diego auf die Hose ein.

»Für diese Aufgabe gibt es Wäscherinnen«, gab James zu bedenken, der merkte, dass sein Diener stocksauer war, was höchst selten vorkam.

Diego verdrehte die Augen. »Für Euch vielleicht – ich werde nur beschimpft, wenn ich etwas von ihnen will.«

James kratzte sich am Kopf. »Warum? Was hast du ihnen getan?«

Diego bedachte ihn mit einem Blick, als hielte er ihn für geistig zurückgeblieben. »Gar nichts, Mylord. Vielleicht ist es Euch noch nicht aufgefallen, aber die Londoner mögen mich nicht.«

James zog sein Lederwams aus, weil er sich fürs Abendessen umkleiden wollte. »Dann sind sie dumm. Du bist ein liebenswerter Mensch, Diego.«

»Ich könnte so charmant wie unser Gastgeber sein, Mylord, aber trotzdem würden sie mich verachten. Die einzigen anderen Kerle, die so dunkelhäutig sind wie ich, sind entweder die Teufel an den Kirchenwänden oder Bösewichte in Theaterstücken.«

James hielt beim Aufhaken seines Wamses mitten in der Bewegung inne. Dass Diego über seine Gefühle sprach, war in all den Jahren, die sie schon zusammen waren, höchst selten vorgekommen. Er selbst hatte sich so an die dunkle Haut seines Dieners gewöhnt, dass er ganz vergessen hatte, dass Diego darunter leiden könnte. Ehrlich gesagt hatte er anfangs auch gewisse Vorurteile gehabt und erst nach näherer Bekanntschaft gelernt, *unter* die Haut zu blicken. Er trat zu Diego und nahm ihm die seifige Hose aus den Händen.

»Wie ich schon sagte, sie sind eben dumm.« Er ging zur Tür und rief in den Korridor: »Hallo, hier!«

Eine Magd kam die Stufen herausgeeilt und machte einen Knicks. »Mylord?«

»Sieh zu, dass die Livree meines Dieners umgehend gewaschen wird. Und dass mir ja nicht zu Ohren kommt, dass eine von euch Dienerinnen ihn verächtlich behandelt – sei es durch ein Wort oder einen schiefen Blick. Habe ich mich klar genug ausgedrückt?«

Die Magd blickte eingeschüchtert auf Diego. »Ay, Mylord.«

James drückte ihr Diegos Beinkleider in die Arme und machte die Tür wieder zu.

»Danke, Master«, sagte Diego leise, aber immer noch etwas verstimmt.

»Junge, du brauchst dich nicht zu bedanken. Ich verlange nur, was dir zusteht. Wer dich nicht ernst nimmt, beleidigt auch mich!«

Diego musste unwillkürlich grinsen und war erleichtert, dass James nicht ganz uneigennützig gehandelt hatte. »Und das können und wollen wir nicht zulassen, nicht wahr, mein stolzer und mächtiger Gebieter?«

»Nein, wir mächtigen Gebieter können das nicht zulassen. Aber sag, hab ich selbst noch eine saubere Hose zum Anziehen?«

Diego holte eine geflickte blaue Hose aus James' Schrankkoffer. Sie bot keinen erfreulichen Anblick.

»Na ja, wenigstens wird sie von einem hübschen Mann getragen, das dürfte die Ladys gnädig stimmen«, sagte Diego tröstend.

James schnaubte nur und hoffte, dass Diego recht hatte. Ihm gefiel der Gedanke, dass Jane seine Beine bewundern könnte – aber was nützte ihm das? Sie und er hatten eine Art Waffenstillstand geschlossen, und er würde diese kurze Zeit der Freundschaft genießen. Er war es ihr und allen, die ihn kannten, schuldig, so schnell wie möglich aus ihrem Leben zu verschwinden. Er war ein fauliger Apfel und Jane eine Rose, mit deren makelloser Schönheit er nicht in Berührung kommen durfte.

An diesem Abend dinierte die Königin nur mit einer kleinen Schar Auserwählter und hatte ihren Hofdamen gegenüber erklärt, dass Bankette während der Fastenzeit reine Zeitvergeudung seien. Niemand könne ein mehrstündiges Mahl genießen, für das die Köche verzweifelt versucht hätten, Fisch und helles Fleisch einigermaßen schmackhaft zuzubereiten, wenn alle nach einem saftigen Reh- oder Rinderbraten oder einem Spanferkel lechzten.

Jane saß an einem Ende der Tafel, ließ sich ihr Hühnchen mit Mandeln schmecken und stellte fest, dass sie sehr gut ohne Rind-, Lamm- und Rehfleisch leben könnte, auch wenn die Königin anderer Meinung war. Das behielt sie allerdings für sich, denn sie hatte gleich zu Beginn ihres Dienstes am Hof gelernt, dass sich die Monarchin nur von ganz wenigen Personen etwas sagen ließ: von Raleigh und von Lord Burghley, ihrem persönlichen Berater, sowie von Mistress Parry – aber gewiss nicht von einer verwitweten, jungen Marquise. Wer die Königin verärgerte, musste bisweilen sogar mit einer Ohrfeige rechnen, wurde gemunkelt. Während Jane kaute, fragte sie sich, ob sie die Mahlzeit nicht vielleicht auch deshalb genoss, weil sie in angenehmer Gesellschaft war. Das Schicksal hatte es gut mit ihr gemeint und sie neben James platziert … und weit weg von diesem Schuft Raleigh.

»Ich hatte noch gar keine Gelegenheit, Mylord, Euch zu fragen, wie es Lady Ellie geht … ich meine natürlich Lady Dorset?«, fragte sie schüchtern, während ihr Blick auf dem kleinen Grübchen an James' Kinn ruhte, das trotz des adrett gestutzten Barts zu sehen war. Wieso stellte sie sich vor, dass sie es mit ihrer Fingerspitze berührte?

»Sie hat dem Earl vor Kurzem einen Sohn und Erben geboren und ist gesund und munter«, antwortete James. Er rieb über die Stelle, die sie angestarrt hatte, als hätte er ihren Blick gespürt.

»Oh, das ist ja eine wunderbare Neuigkeit.« Jane lächelte auf ihren Teller hinunter, der im Glanz der vielen Kerzen auf silbernen Haltern entlang der Tafel schimmerte.

James musterte sie von der Seite. »Das meint Ihr ehrlich, nicht wahr?«

»Warum nicht? Ellie ist … war meine Freundin.«

»Ich dachte, Ihr hättet etwas gegen sie und meinen Bruder?«

Jane errötete. »Aber nein, da täuscht Ihr Euch.«

»Aber er sagte mir, Ihr hättet ihm damals wegen Ellie einen Korb gegeben.« James tunkte ein Stück Brotkruste in die Soße auf seinem Teller.

»Wenn ich mich richtig an unser Gespräch damals erinnere, habe ich nichts in dieser Richtung gesagt.«

James begriff auf Anhieb. »Ihr habt es ihn aber glauben lassen?«

»Nun ja, kann sein. Es ergab sich danach leider keine Gelegenheit mehr, es richtigzustellen.« Sie lächelte ihn verlegen an.

»Master Lacey, mein Cousin hat mir erzählt, dass Ihr bei Hauptmann Raleighs nächstem Projekt mit von der Partie sein werdet«, mischte sich da die Lady, die auf der anderen Seite von James saß, in ihr Gespräch. Gleichzeitig gab sie Jane mit einem finsteren Blick zu verstehen, dass sie den hübschen jungen Edelmann lange genug in Beschlag genommen hatte.

Höflich, wie er war, wandte sich James der Fragestellerin zu und erklärte ihr in aller Kürze, was vorhin in Durham House besprochen worden war. Jane lauschte aufmerksam und erschrak, dass James die Absicht hatte, an der Expedition teilzunehmen.

Sobald James die Fragen der aufdringlichen Lady beantwortet hatte, wandte er sich wieder Jane zu.

»Ihr wolltet mir gerade etwas erklären, wie ich glaube.«

Die Nachricht, dass er eine lebensgefährliche Seereise ins Unbekannte – ans andere Ende der Welt – unternehmen wollte, hatte Jane so bestürzt, dass sie zuerst gar nicht begriff, was er meinte.

»Ihr nehmt an Walter Raleighs Expedition teil?« Sie umklammerte ihr Messer so fest, dass ihre Fingerknöchel weiß hervortraten. »Warum?«

James betrachtete ihre Hand. »Bereitet Euch das Sorgen?«

»Ja. Wer weiß, ob Ihr jemals zurückkehrt? Warum lasst Ihr Euch auf so ein verrücktes Abenteuer ein?«

»Ich bin ein zweitgeborener Sohn, Mylady. Da ist es unwichtig, was ich tue.«

»Es ist ganz und gar nicht unwichtig!« Jane wurde richtig zornig. War ihm sein eigenes Leben so wenig wert, dass er es gedankenlos aufs Spiel setzte?

»Mylady, macht Euch keine Sorgen um mich. Das bin ich nicht wert.« Er lächelte sie an, als wäre damit alles gesagt. »Aber jetzt würde ich gern hören, warum Ihr meinen Bruder damals nicht heiraten wolltet. Ich habe lange deswegen gerätselt und wäre Euch sehr dankbar, wenn Ihr mir die Lösung verraten würdet.«

Jane war ernsthaft versucht, ihn zu ohrfeigen, weil er so nachlässig mit seinem Leben umging, doch es war weder der richtige Zeitpunkt noch der richtige Ort für so etwas.

»Ich wollte ihn nicht heiraten, weil ich wusste, dass er in Wirklichkeit Ellie liebte.« Jane griff nach ihrem Becher und trank einen Schluck, um den Augenblick hinauszuzögern, wenn sie ihn anschauen musste. »Ellie brauchte ihn mehr als ich.«

»Und warum habt Ihr ihm das nicht so deutlich gesagt?«

»Hätte der Earl seine Pflicht gegenüber der Frau, der er die Ehe versprochen hatte, mit dem vereinbaren können, was er seiner einzig wahren Liebe schuldete? Ich hatte Angst, dass er eine einmal geschlossene Verlobung niemals aus eigenen Stücken lösen würde. Und das hätte drei Menschen auf einmal ins Unglück gestürzt.«

James starrte sie an, als sähe er sie zum ersten Mal. »Ihr habt es für Will und Ellie getan?«

Sie lachte leise. »Zum Teil auch für mich, wie ich gestehen muss. Oder würdet Ihr eine Frau heiraten wollen, die in Wirklichkeit einen Eurer besten Freunde liebt?«

»Aber wir dachten … ich glaubte, dass Ihr …«

»Jaja, ich weiß. Ihr habt mich für eine kaltherzige Ziege gehalten. Merkwürdig, dass so viele Menschen das von mir denken.« Sie beugte sich zu ihm und flüsterte ihm ins Ohr: »Was mache ich nur falsch?«

Ihr Lächeln verriet ihm, dass sie nur einen Scherz gemacht hatte.

Er ging auf ihren neckischen Ton ein. »Zum einen seht Ihr einfach zu perfekt aus. Perfektion macht misstrauisch – wir anderen vermuten instinktiv, dass wir selbst etwas falsch gemacht haben, und das kann sehr irritierend sein.«

»Ich bin alles andere als perfekt.« *Wenn er wüsste!*, dachte Jane. Sie hatte sich ihren leichtsinnigen einmaligen Ausrutscher mit Raleigh vor zwei Jahren nie verziehen. Nicht nur, weil sie es im Nachhinein unmoralisch fand, sondern auch, weil es einfach dumm gewesen war – und in vieler Hinsicht war Dummheit die schlimmste aller Sünden.

»Na schön, dann nennt mir etwas, was beweist, dass Ihr *nicht* perfekt seid!«

»Was zum Beispiel?«

»Schnarcht Ihr?«

Sie runzelte die Stirn und tat so, als müsste sie angestrengt überlegen. »Ich weiß nicht – das müsst Ihr meine Zofe fragen!«

»Habt Ihr vielleicht eine Unart wie … die Fingerknöchel knacken lassen?«

»Das habe ich mein Lebtag noch nie getan!«

»Ich fürchte, so werdet Ihr dieses Streitgespräch nicht gewinnen, Mylady!«

»Verstehe. Dann hört auf, mich zu verwirren! Ich gestehe freiwillig. Aber es ist etwas sehr Peinliches, und ich fürchte, Ihr werdet mich fortan mit ganz anderen Augen sehen.«

»Sprecht es aus!«

»Ich kann nicht singen«, flüsterte Jane ihm ins Ohr.

»Im Ernst?«

»Keinen einzigen Ton! Selbst Eselgeschrei klingt melodischer.«

»Ausgezeichnet, ich glaube Euch.« Er schlug auf den Tisch. »Gut, Ihr seid also von Eurem Sockel gestürzt und liegt nun ausgestreckt mit uns normalen Sterblichen im Straßenstaub.«

Jane lachte. »Dort war ich schon immer, Sir. *Ihr* habt mich für perfekt gehalten. Jonas hat mich immer –« Sie verstummte, aus Angst, das spielerische Geplänkel zwischen ihnen abgewürgt zu haben, weil sie ihren verstorbenen Ehemann erwähnt hatte.

»Fahrt fort, Mylady.«

Jane spielte mit dem Ehering an ihrem Finger. »Er hat mich immer seinen kleinen Vogel genannt. Das war natürlich als Witz gemeint, weil ich eher wie eine Ente als wie eine Nachtigall klinge.«

»Vermisst Ihr ihn?«

»Jeden Tag. Er … er war der freundlichste Mensch, den ich kannte.«

James wischte sich ein paar Brotkrümel vom Ärmel.

»Habt Ihr ihn geliebt?«

»Ja.«

Nachdem er sich vergewissert hatte, dass sie nicht belauscht wurden, räusperte er sich. »Dann sollte ich Euch vielleicht sagen, dass Eure Stiefsöhne herumposaunen, dass Ihr niemals voll und ganz seine Frau gewesen seid.«

Herrje – das war so ziemlich das letzte Thema auf Gottes Erde, das sie mit James Lacey besprechen wollte.

Seine Wangen erröteten, denn es war ihm nicht minder peinlich als ihr. »Ich sehe, ich habe Euch in Verlegenheit gebracht. Verzeiht!«

Jane fasste sich wieder. »Nein, ich möchte, dass Ihr wisst, Sir, dass Jonas und ich wunderbare Freunde und Gefährten füreinander waren. Ich habe ihn respektiert, und er hat mich liebevoll umsorgt. Unsere Ehe entsprach vielleicht nicht ganz den traditionellen Vorstellungen, doch wir waren uns liebevoller zugetan als viele andere Paare, die ich kenne.«

»Das glaube ich Euch.« Behutsam berührte James ihre Hand. »Ihr habt seine Zuneigung sicher verdient. Er hatte großes Glück, dieser Mann.«

»Nein, wenn jemand Glück hatte, dann ich. Er hat mich vor sehr viel mehr gerettet, als ich Euch sagen kann.«

Er schenkte ihr ein strahlendes Lächeln, das sie umso mehr entzückte, da sein Gesicht in letzter Zeit immer so traurig gewirkt hatte. »Ich werde mir erlauben, bei meiner Meinung zu bleiben, Mylady.«

7. Kapitel

Diego war etwas nervös, als er zum zweiten Mal an Millys Haustür klopfte. Er wusste nicht, ob er zu dieser Stunde noch willkommen war. Aus den umliegenden Häusern drangen die Geräusche von Menschen beim Abendessen, Gelächter, ein Kleinkind in einem der oberen Räume weinte. Eine Katze stolzierte über die Straße – ein dunkler Schatten in der Nacht, mit dem Glühen des Teufels in den Augen. Diego berührte sein Amulett. Eine verrückte Idee, sich allein hierher zu wagen, aber es zog ihn wie magisch zu Milly.

»Ja?« Ein barscher alter Mann mit Haaren wie Drahtborsten spähte durch den Türspalt.

»Ich bin gekommen, um Eure Herrin zu sehen.«

»Wer seid Ihr? Kann Euch nicht sehen – tretet ins Licht!«

Diego hielt seine Laterne ein Stück höher, damit ihr Schein auf sein Gesicht fiel. Die Augen des Alten wurden groß. »Sagt ihr, Diego sei hier.«

Murrend schlurfte der Alte davon. Diego stand mit eingezogenem Kopf auf der Türschwelle. Es war kein schönes Gefühl, um diese späte Stunde allein auf der Straße zu stehen. Tagsüber konnte man sich in Cheapside sicher fühlen, doch in Gassen wie dieser trieben sich nach Einbruch der Dunkelheit Taschendiebe und noch schlimmere Gestalten herum. Er verspürte fast dieselben Ängste wie früher in den dunklen Schluchten des Dschungels, fern seines Heimatdorfes – Orte, vor denen sein Vater ihn immer gewarnt hatte. Dort gab es Schlinggewächse, die sich einem um die Füße wickelten. Schlangen glitten umher, und Wildkatzen waren auf Streifzug.

»He da, mein Hübscher!«, rief da eine Frau, die aus Richtung Norden auf ihn zukam. Sie hob ihren Rock, um ihre Knöchel und ihren roten Petticoat zu zeigen. Ihre strähnigen gelbblonden Haare hingen wie kleine, sich windende Schlangen unordentlich unter ihrer Haube hervor, und die Schnüre ihres Mieders waren gelockert, als würde sie es gleich abstreifen wie ein Reptil seine Haut. »Ist dir vielleicht nach netter Gesellschaft?«

»Danke, Madam, nein«, erwiderte Diego mit einem höflichen Lächeln. Während seiner Zeit in der Armee hatte er in den Niederlanden einige der Frauen kennengelernt, die mit den Soldaten herumzogen – meist waren es Wäscherinnen, die sich auf weniger ehrenwerte Weise ein Zubrot verdienten –, und er hatte mitbekommen, dass sie oft keine andere Möglichkeit hatten, sich ihren Lebensunterhalt zu verdienen. In seiner Heimat war es unvorstellbar, dass Mädchen und Frauen in eine solche Notlage gerieten, doch hier galt es fast als normal. London war eine merkwürdige Stadt.

»Schade, du siehst recht appetitlich aus. Ich hatte noch nie 'nen Mohr«, entgegnete die Hure keck, ohne sich seine ablehnende Haltung zu Herzen zu nehmen.

»Bedauere, verehrte Dame, aber auch heute Abend werdet Ihr diese Erfahrung nicht machen.«

Ein dürrer, langer Kerl kam mit langen Schritten vom anderen Ende der Gasse herbeigestapft. Sein vorspringendes Kinn sah aus wie der Bug einer Fregatte.

»Was gibt's, Mary? Schlepp deinen Arsch nach Cheapside und sieh zu, dass du dir ein paar Kröten verdienst!«

Bei seinem Anblick verdrehte Mary die Augen. »Schon gut, schon gut, Jed, bin ja schon weg.« Sie wandte sich noch einmal zu Diego, lachte ihn an und zeigte dabei all ihre Zahnlücken. »Gute Nacht, Sir.«

Jetzt erst sah der Mann Diego auf der Türschwelle stehen. »Diese verfluchten Ausländer!« Er spuckte ihm vor die Füße. »Wolltest wohl 'ne Gratisnummer haben, hä?«

»Nein«, antwortete Diego barsch und hoffte, der Kerl würde seiner Wege gehen und ihn in Ruhe lassen. Vor Millys Haustür wollte er keinen Ärger haben.

Doch der Mann musterte ihn abschätzig und überlegte sich offenbar, wie er ihn am besten in eine Schlägerei verwickeln könnte, damit er an seinen Geldbeutel kommen konnte. »Lass ja deine dreckigen Pfoten von unseren Mädels, verstanden?«

Zwei drahtig aussehende Kerle, gefolgt von zwei weiteren leichten Mädchen, kamen näher.

»Was gibt's, Jed?«, rief einer von ihnen schon von Weitem. Diego erschrak, als er sah, dass dieser Neuankömmling den Körperbau eines Nashorns hatte. Er kannte zwar ein paar Tricks und Kniffe, um mit einem einzelnen Angreifer fertigzuwerden, doch gegen diese Übermacht war er im Ernstfall machtlos.

»Der Schwarze hier hat unsere Mary belästigt«, knurrte Jed.

»Hat er nicht!«, protestierte Mary.

»Schnauze!« Jed gab ihr eine so heftige Ohrfeige, dass sie rückwärts gegen die Hauswand taumelte.

»Verdammte Hölle, Jed, warum schlägste mich dauernd?«, kreischte sie und hielt sich die brennende Wange. »Willste mich umbringen?«

»Lasst sie in Ruhe!«, rief Diego und stellte sich schützend zwischen die Frau und die erhobene Faust des Mannes.

»Lass deine dreckigen Finger von ihr, du schwarzer Teufel!«, kreischte eine der anderen Frauen und warf sich auf Diego.

Diego begriff, dass es ein großer Fehler gewesen war, die Türschwelle zu verlassen: Jetzt stand er inmitten einer feindseligen Bande, und seine einzige Verbündete kauerte auf dem Boden und hielt sich den Kopf, den sie sich an der Hauswand angeschlagen hatte.

»Geh gefälligst wieder dorthin zurück, wo du hergekommen bist!«, bellte das Nashorn, drängte sich an der Frau vorbei und versuchte, Diego einen Kinnhaken zu verpassen.

Diego wollte ausweichen, doch da sprang ihn der dürre Mann von hinten an. Von der Wucht wurde Diego auf die Pflastersteine geworfen. Er bekam einige heftige Schläge ab, während das Nashorn seinen rechten Arm auf den Boden drückte und eine der Frauen Diegos Beine festhielt. Grobe Hände zerrten an seiner Kleidung und suchten nach Geld. Diego versuchte, die Frau wegzuschieben und sich zusammenzurollen, um Kopf und Oberkörper vor dem zu schützen, was unweigerlich kommen würde.

Es dauerte eine Weile, bis sich der alte Uriah nach oben in Millys Salon geschleppt hatte, um ihr den Besucher zu melden. Die plötzlichen Geräusche eines Handgemenges vor dem Haus machten seine Worte jedoch überflüssig. Als Milly das Fenster aufriss, sah sie, wie die drei Schläger und ihre Flittchen über Diego herfielen. Erschrocken lehnte sich Milly hinaus.

»Aufhören! Lasst ihn in Ruhe!«, schrie sie nach unten. »Uriah, tu etwas!«

Der alte Diener beugte sich über ihre Schulter. »Aber Herrin, was soll ich machen? Sie sind zu dritt!«

»Bei allen Heiligen, steh nicht tatenlos herum! Hol die Stadtwache, die Nachbarn – ist mir egal, aber so hilf ihm doch!« In ihrer Verzweiflung nahm sie den Krug von ihrem Waschgestell und schüttete das Wasser über die kämpfende Horde, als wollte sie ein paar raufende Hunde trennen. »Hilfe! Zu Hilfe!«, schrie sie gellend.

In der ganzen Nachbarschaft wurden Fensterläden aufgerissen, Köpfe tauchten auf.

»Mistress Porter, was gibt's?«, rief ihr Nachbar, der Schneider Rich, der noch die Serviette vom Abendessen umgebunden hatte.

Milly deutete hektisch nach unten. »Mein Freund ... sie bringen ihn um ... helft ihm, bitte!«

Der Schneider zog den Kopf wieder ein und rief nach seinen Lehrburschen. Gleich darauf wurde seine Ladentür aufgerissen, und vier junge Männer stürmten heraus, die sich offenbar über eine kleine Balgerei freuten. Milly versuchte zu erkennen, wie es Diego ging, doch er steckte inmitten des kämpfenden Knäuels. Zu ihrer großen Erleichterung trat da Christopher Turner mit zwei Freunden im Schlepptau aus seiner nahe gelegenen Unterkunft. Sie kamen eilends näher, als sie sahen, was los war.

»Gott sei Dank, Kit! Es ist Diego … er ist irgendwo da drin! Rettet ihn!«

Christopher legte grüßend die Finger an die Schläfe, um ihr zu signalisieren, dass er verstanden hatte. Dann warf er einer der Frauen augenzwinkernd seinen roten Umhang zu und versprach ihr eine Belohnung, wenn sie gut darauf aufpasste. Und schon stürzte er sich mitten ins Scharmützel. Da erst konnte Milly einen Blick auf Diego erhaschen, der sich offenbar wieder aufgerappelt hatte und mit einem Hünen von Mann kämpfte. Christopher, der voraussah, wie dieser ungleiche Kampf enden würde, packte Diego von hinten am Kragen und zog ihn rückwärts, während Diego wacker weiter um sich schlug, nach links, nach rechts und geradeaus, weil er im Eifer des Gefechts nicht mehr erkennen konnte, wer Freund und wer Feind war. Milly rannte die Treppe hinunter und riss ihre Haustür auf, gerade als Christopher Diego resolut darauf zuschob. Diego stolperte in Millys Arme. Im Austausch gegen einen Halfpenny riss Christopher seinen roten Umhang wieder an sich, war mit einem Satz ebenfalls im Inneren des Hauses und knallte die Tür hinter sich zu.

»Gütiger Himmel! Was kann ich tun, damit sie aufhören?«, stöhnte Milly, die sich nun Sorgen um Master Richs Lehrburschen und Christophers Freunde machte.

»Denen geht bald die Kraft aus, meine Liebe«, erklärte Christopher. »Keine Bange.«

Und tatsächlich – nach ein paar gegenseitigen Beschimpfungen und derben Flüchen flaute die Kampfeslust ab, und als sich die gegnerischen Parteien schließlich trennten, hatte jede das Gefühl, es der anderen so richtig gezeigt zu haben.

Diego war auf alle viere gesunken, und aus seiner Nase tropfte Blut auf Millys Fußboden. Er sah aus wie ein in die Enge getriebenes wildes Tier, das von den Nachwirkungen eines Kampfes um Leben und Tod am ganzen Leib zitterte. Milly kauerte sich neben ihn.

»Oh, Diego, du bist verletzt!« Behutsam strich sie ihm die dichten, gekräuselten Haare aus der Stirn.

Er ging in die Hocke. Seine Livree war ruiniert, sein Gesicht geschwollen. Er wich ihrem Blick aus. »Nicht der Rede wert. Mach dir keine Sorgen.«

Doch Milly war bereits auf halbem Weg zu der kleinen Küche, um ein feuchtes Tuch gegen sein Nasenbluten zu holen. »Sag mir nicht, dass ich mir keine Sorgen machen muss, Diego. Ich hab gerade mit eigenen Augen gesehen, wie diese hirnlosen Bluthunde über dich hergefallen sind. Wenn sie eine Bärenhatz machen wollen, sollten sie nach Bankside gehen.«

»Wie hat das überhaupt angefangen?«, fragte Christopher und lehnte sich an den Mustertisch, passte aber auf, dass er die teuren Stoffe, die bereits für den nächsten Morgen dalagen, nicht zerknitterte. Er überkreuzte die Füße und inspizierte seine Fingernägel. »Eine Schlägerei beginnt nicht grundlos.«

Diego richtete sich steifbeinig auf und umklammerte den feuchten Lappen, den Milly ihm für seine Nase gegeben hatte. »Ihnen hat mein Gesicht nicht gefallen, Sir. Das war den Kerlen Grund genug.«

Christopher griff in Millys Nähkorb und spielte mit einer Schere herum. »Tut mir leid zu hören, doch Ihr solltet begreifen, junger Mann, dass es für Mistress Porters Ruf nicht gut ist, wenn ihr am

Abend vor ihrer Tür steht. Ein wahrer Freund würde sie in Ruhe lassen und …«

»Ach was!«, fiel Milly ihm ins Wort. »Warum sollte Diego mich nicht besuchen kommen? Ich habe Uriah und meine Lehrmädchen, und das garantiert, dass in meinem Haus Zucht und Ordnung herrschen – also redet keinen Unfug! Und was ist mit Euch? Euch hat eine späte Stunde auch nie davon abgehalten, auf einen Plausch oder einen Teller Suppe bei mir vorbeizuschauen, oder?«

»Ich bin kein Fremder, Milly. Ich bin ein Nachbar«, sagte Christopher nachsichtig und in einem Tonfall, als würde er einem begriffsstutzigen Kind erklären, dass zwei und zwei vier ergibt. »Es wird sich herumsprechen, dass Master Diego hier war, die Leute werden sich die Mäuler zerreißen, und Eure Beziehung wird von den größten Lästermäulern von Cheapside in den Dreck gezogen werden. Das ist nicht förderlich für Eure Geschäfte. Ihr seid neu hier – und steht sozusagen noch auf dem Prüfstand.«

»Wenn es so ist, gehe ich besser«, sagte Diego betrübt.

Doch Milly dachte nicht daran, ihren alten Freund von einem forschen Schauspieler wegschicken zu lassen, der sich als ihr Beschützer aufspielen wollte.

»Nein, wirst du nicht.« Sie bohrte ihm einen Zeigefinger in die Brust. »Du kommst jetzt nach oben und isst mit mir zu Abend. Du bleibst, bis ich deine Wunden versorgt habe. Henny und der alte Uriah kommen mit hinauf, sodass es hinterher keine üble Nachrede gibt – Gott weiß, dass sie gern tratschen, sollen sie diesmal etwas Positives herumerzählen.«

Diego betupfte sich die Nase, die aufgehört hatte zu bluten. »Bist du dir sicher, Milly?«

»Ja, komm mit!«

Nach einem trotzigen Blick auf Christopher führte sie Diego zur Treppe. »Geh schon mal vor – ich komme nach, sobald ich die Gemüsesuppe aufgewärmt habe. Ich schwöre, du wankst wie ein Trunkenbold! Wahrscheinlich siehst du alles doppelt.« Sie wandte sich an den Schauspieler. »Ihr dürft natürlich auch gern bleiben, Christopher. Und danke für Eure Hilfe vorhin auf der Straße.« Sie deutete zur Haustür.

»Ihr macht einen Fehler, Milly. Aus einer Freundschaft mit *ihm* kann nichts Gutes erwachsen«, sagte Christopher warnend. »Sobald sein Master Lacey pfeift, ist er über alle Berge, und Ihr könnt zusehen, wie Ihr die Scherben allein zusammenkehrt.«

Milly richtete sich zu ihrer vollen Größe auf, war aber dennoch fast zwei Kopf kleiner als der Schauspieler und fauchte wie ein aufgebrachtes Huhn, das es wagte, den Fuchs anzugackern: »Ihr wollt nicht bleiben, verstehe. Dann gute Nacht!«

Ihre Empörung ließ ihn rückwärts bis zur Haustür zurückweichen. »Milly, hört mir zu! Nehmt Vernunft an, bevor es zu spät ist –«

»Gute Nacht, Master Turner.« Und die Tür fiel zu.

James verließ den Palast mit einem Gefühl, als hätte er gerade entdeckt, dass die Erde ihre normale Himmelsbahn verlassen hatte, um fortan um den Mond zu kreisen. Als er mit großen Schritten von Whitehall zum Durham House ging, nur in Begleitung eines Botenjungen mit einer Fackel, hatte er mehr als genügend Zeit nachzudenken; was er während der letzten achtzehn Monate über Jane gedacht hatte, war falsch gewesen. Nur ihrer Freundin wegen hatte sie auf ein Leben als Gräfin verzichtet. Er hatte auf Anhieb gespürt, dass sie die Wahrheit sagte – und nachdem er ihre Erklärung gehört hatte, war er felsenfest davon überzeugt, dass es wahr sein musste. Wie hatte er nur so töricht sein können, so lange schlecht von ihr zu denken? Hätte er doch nur ein Gespräch mit ihr gesucht, gleich nachdem sie Will eine Abfuhr erteilt hatte, dann hätte er auch *ihre* Version der Geschichte gehört, und vielleicht wäre alles ganz anders gekommen. Sie hätte den alten Marquis nicht geheiratet und er …

Und ich wäre vermutlich nicht in die Niederlande gegangen, sagte sich James. Er hatte sich nur in einem Anfall von Trotz zu diesem Feldzug gemeldet, weil er in seiner Wut auf Jane, die perfekte Edeldame, nach einer Alternative zum höfischen Leben gesucht hatte.

Doch die Teilnahme an diesem Feldzug war sein Ruin gewesen, und seit seiner Rückkehr sah er sich nur noch als Außenseiter. Äußerlich war er noch derselbe, doch seine Seele lag in Scherben. Hätte der frühere König Heinrich nicht alle katholischen Klöster schließen lassen, hätte James ernsthaft erwogen, sich in eines zurückzuziehen, damit die Welt Ruhe vor ihm hatte.

Er gab dem Botenjungen ein Trinkgeld und weckte den Wächter vom Durham House auf, der ihn mit einem respektvollen »Guten Abend, Mylord« eintreten ließ. Polternd hastete er die Stufen zu seinem Zimmer hinauf, wo er als Erstes seine eng sitzende Halskrause lockerte. Nadeln fielen auf den Boden, doch er machte sich nicht die Mühe, sie aufzuheben – in seiner Kammer brannte nur eine einzelne Kerze auf dem Sims des ungeheizten Kamins. Diego hatte um einen freien Abend gebeten, weil er jemanden besuchen wollte. James fluchte, weil er vergessen hatte, den Mägden aufzutragen, vor seiner Rückkehr den Kamin anzuheizen. Er warf seinen Umhang auf die Bank neben der Tür und bückte sich nach dem Anzündholz.

Es hatte gerade Feuer gefangen, und eine gefräßige Flamme schoss nach oben, als James vom Fenster her plötzlich eine Stimme hörte.

»Wurde langsam Zeit, Mylord. Ich musste ganz schön frieren, während ich hier auf Euch gewartet habe.«

James sprang blitzartig auf, zückte seinen Dolch und sein Rapier. Er kannte den Eindringling nicht und hatte auch nicht den Wunsch, ihn näher kennenzulernen.

»Hinaus!«, befahl er.

Der junge Mann saß auf dem Fenstersims. Ein Bein angezogen, das andere war auf den Boden gestellt. Er stützte den Kopf auf den Ellbogen, der auf dem Knie ruhte – und bot ein Bild von Trägheit und Überlegenheit. James blickte sich um, weil er fest damit rechnete, dass ein Komplize des Kerls hinter ihm stand. Das musste ein Einbrecher sein oder gar mehrere. James war politisch nicht so wichtig, als dass ihn jemand ermorden wollte.

»Ich bin allein, Mylord«, sagte der Fremde, als hätte er James' Gedanken gelesen. »Ganz allein.«

»Hinaus mit Euch!«

Der Fremde richtete sich langsam auf und trat einen Schritt aus dem Halbdunkel. Er war ungefähr in James' Alter, recht groß und glatt rasiert. Eine Perle steckte in einem Ohrläppchen, und er hatte einen schwarzen Lockenschopf. Die dunklen Augen ließen James seltsamerweise an seinen Bruder Tobias, den kleinen Lausebengel, denken.

»Mylord, ich würde Euch gern um Verzeihung bitten, doch ich weiß, dass ein Lacey niemals etwas vergisst, was er als Kränkung empfindet.« Er machte eine Verbeugung. »Mein Name ist Christopher Turner.« Dann schwieg er, als würde er mit einer Reaktion rechnen.

»Na und? Warum stellt Ihr Euch vor? Ich lege keinen Wert auf die Bekanntschaft mit Dieben und Vagabunden, die mich berauben wollen. Legt alles wieder zurück und seht zu, dass Ihr Bastard von hier verschwindet!«

»Bastard?« Christopher lachte bitter. »Ihr kennt mich also doch? Denn das bin ich – dank Eures geschätzten Herrn Vater.«

»Lasst meinen Vater gefälligst aus dem Spiel!« James begriff nicht, was diesen Fremden in sein Zimmer gelockt hatte, doch gewalttätig wirkte er nicht – eher entspannt und wesentlich gelassener als er. Er ließ seine Waffen sinken, legte sie aber nicht weg; die Spitze des Rapiers berührte den Fußboden.

»Christopher Turner«, wiederholte der Fremde. »Sagt Euch das nichts?«

Argwöhnisch trat James einen Schritt näher zum Kamin, in dem inzwischen ein fröhliches Feuer prasselte. Er schob seinen Dolch in die Scheide zurück, während er mit seiner freien Hand ein paar Scheite ins Feuer legte.

»Ich fürchte, ich muss Euch enttäuschen. Ich glaube nicht, diesen Namen schon einmal gehört zu haben, obwohl Ihr es offenbar von mir erwartet.«

»Na, das schlägt dem Fass den Boden aus!« Christopher lachte voller Selbstironie. »Hier stehe ich, zu einer rührseligen Wiedervereinigung bereit, und Ihr wisst nicht mal, dass es mich überhaupt gibt. Ein schöner Dämpfer! Aber gut, beginnen wir noch einmal von vorn.« Er richtete sich auf und machte eine tiefe, formvollendete Verbeugung. »Mylord, darf ich mich vorstellen? Christopher Turner, kein Dieb, nur ein Vagabund, der sich im Rahmen der königlichen Gesetze bewegt. Theaterschauspieler, Londoner Bürger und Verfasser mittelmäßiger Sonette.«

James schnaubte und kam zu dem Schluss, dass der nächtliche Besucher eigentlich ganz amüsant war, wenn man davon absah, dass er heimlich und ungebeten in James' Zimmer eingedrungen war. Raleighs Haus war allgemein bekannt als Treffpunkt von Gentlemen und ihrem Gefolge; es war für den Schauspieler gewiss ein Leichtes gewesen, den Wächter an der Tür zu überreden, ihn einzulassen. Am Hof wimmelte es von Reime schmiedenden Herren, die gegen Geld ihre Schreibkünste feilboten.

»Allmächtiger, ein Dichter! Das hat mir heute Abend gerade noch gefehlt! Ihr seid im falschen Raum gelandet – wenn Ihr einen Förderer Eurer Verse sucht, müsst Ihr Euch an Raleigh wenden. Dass ich einer Lady jemals ein Gedicht schicken möchte, ist so unwahrscheinlich, wie dass ich mich freiwillig dafür melde, abgeführt und erschossen zu werden!« Er schob nun auch sein Rapier in die Scheide und lehnte sich an den Kamin. Sich in der Gegenwart des Fremden zu setzen, traute er sich nicht.

»Aber das Wichtigste habe ich noch nicht erwähnt, Mylord. Meine Mutter war Judith Turner.« Der Schauspieler machte eine Pause, erntete aber nur eine hochgezogene Augenbraue. »Sie ... ich sage es nur ungern, aber sie war die Geliebte Eures Vaters. Ich bin folglich Euer Bruder ... Halbbruder.«

James fiel aus allen Wolken. Natürlich hatte er seinen Vater nie für einen Heiligen gehalten, doch dass er einen unehelichen Sohn gezeugt hatte, war ihm neu. Allerdings war ihm gleich eine gewisse Ähnlichkeit mit Tobias aufgefallen, noch bevor der Mann den Mund geöffnet hatte, sodass James gewillt war, ihm zu glauben.

»Ich … ähm, ich freue mich, Eure Bekanntschaft zu machen, Sir«, sagte er steif und fragte sich, was unter diesen Umständen wohl die richtige Antwort gewesen wäre.

»Nein, stimmt nicht.« Der Schauspieler tat so, als mache es ihm nichts aus, welche Peinlichkeit seine Existenz für die Familie Lacey bedeutete.

James fragte sich verzweifelt, wie er mit diesem Familienzuwachs umgehen sollte – er hasste unerfreuliche Szenen, und es sah ganz so aus, als würde es zu einer kommen. Der vernachlässigte Bastardsohn, der seinem ehelich geborenen Bruder gegenübertrat, vermutlich mit einer ganzen Reihe von Forderungen, die James nicht erfüllen konnte. »Warum habt Ihr Euch nicht schon früher bei uns gemeldet?«

»Ah, ein Teil Eurer Familie kennt mich bestimmt, Sir. Bis zum Tod Eures Vaters erhielt ich regelmäßig eine kleine Summe, geschickt durch den Verwalter, einen gewissen Turville, wenn ich mich recht erinnere. Damit sollte ich eine Ausbildung erhalten, doch diese Geldquelle ist leider versiegt, als ich ungefähr zehn war. Ab da war ich gezwungen, auf der Bühne zu stehen, um mir meinen Lebensunterhalt zu verdienen.« Sein betont lässiger Ton täuschte James nicht darüber hinweg, dass ihn die vielen Jahre der Vergessenheit bitter gemacht hatten.

»Eure Mutter?«

»Tot, Mylord, seit zehn Jahren schon.«

»Mein Beileid.« James wandte sich ab, um die Kerzen anzuzünden, die links und rechts auf dem Kaminsims standen. Das gab ihm einen Augenblick Zeit, diese Neuigkeit zu verdauen. Er wusste nicht recht, was er diesem neuen Bruder gegenüber empfinden sollte, der ihm auch noch altersmäßig sehr nahestand, wenn es stimmte, dass Turner beim Tod des alten Earl zehn gewesen war. Wie würde seine Mutter reagieren, wenn sie erfuhr, dass ihr Gemahl eine Geliebte gehabt hatte? Wäre sie empört? Die verwitwete Gräfin Dorset war keine Närrin. Es war durchaus möglich, dass sie es längst wusste. Nein. Diesen Gedanken verwarf James sofort wieder; sie würde es niemals zulassen, dass die Unterhaltszahlungen an ein Kind ihres Mannes auf einen Schlag eingestellt wurden – sie war viel zu weichherzig, um einen kleinen Jungen für die Verfehlung seines Erzeugers büßen zu lassen. Nein, seine Mutter wusste definitiv nichts von der Existenz dieses jungen Mannes.

»Warum seid Ihr ausgerechnet heute Abend zu mir gekommen, Master Turner?«, erkundigte sich James und deutete auf den Stuhl gegenüber. »Ich weiß, dass ich auch für meinen älteren Bruder spreche, wenn ich sage, dass wir Euch unterstützen werden, so gut es uns möglich ist.«

Christopher lehnte das Angebot ab, sich zu setzen. »Ich bleibe lieber stehen, Sir. Seid versichert, dass ich nicht gekommen bin, um Geld von Euch zu erbetteln oder um zu erzwingen, dass ich von Eurer Familie anerkannt werde – dieser Zeitpunkt ist weiß Gott vorbei, und es ist am besten, wenn wir alles so belassen, wie es ist.«

»Was wollt Ihr dann?«

Christopher rieb sich den Nacken – eine Geste, die James von sich selbst nur zu gut kannte, wie er sich irritiert eingestehen musste. »Ich wollte Euch nur bitten, Euren Diener etwas straffer an die Kandare zu nehmen.«

»Meinen Diener? Ihr sprecht von Diego?«

»Richtig, so heißt er. Er ist hinter einer Freundin von mir her, und ich will, dass das aufhört.«

James' Brustkorb zog sich zusammen. »Warum?«

»Sie ist eine entzückende junge Frau, wagemutig und talentiert. Sie hat etwas Besseres verdient.«

»Es stört Euch, dass er ein Mohr ist?«

»Es stört mich, dass er in Euren Diensten steht.«

James wurde zornig, und als er sich erinnerte, wie schlecht Diego auf der Straße und auch von den Mägden unter diesem Dach behandelt worden war, schwand jede Form von Nachsicht mit diesem vernachlässigten Verwandten. »Diego ist ein treu ergebener Diener und ein guter Mann. Jede Frau kann sich geehrt fühlen, wenn er ihr den Hof macht. Mich dünkt, Sir, dass Ihr das Mädchen für Euch selbst haben wollt. Deshalb solltet Ihr sie lieber umwerben, statt Eurem Rivalen in den Rücken zu fallen, indem Ihr zu seinem Herrn gerannt kommt.«

Christophers Empörung stand der von James in nichts nach. »Ihr versteht nicht. Ihr wisst nicht, was es für uns anderen Sterblichen bedeutet, sich mit einem Lacey einzulassen! Ich wette, dass Ihr nicht lange in London bleibt. Ihr zerstört Leben und segelt selbst unverletzt weiter, nach dem Motto: Nach uns die Sintflut. Das will ich Milly Porter ersparen. Er wird ihr Geschäft ruinieren – und auch sie selbst!«

»Ihr treibt es in Eurem Groll gegen meine Familie zu weit, Master Turner! Nun, da Ihr wisst, dass wir nichts von Eurer Existenz ahnten, hätte ich eigentlich erwartet, dass Ihr etwas Verständnis dafür aufbringt, dass wir uns nie um Euch gekümmert haben.«

»Nicht alle waren unwissend, Sir. Die letzte Zahlung kam zwei Monate nach dem Tod unseres Vaters; folglich muss zumindest Euer Bruder Bescheid wissen.«

»Aber er war erst vierzehn, als unser Vater starb! Nein, unser Verwalter, Turville, muss es wissen, nicht aber der Earl, und ich werde Turville danach fragen, glaubt mir!« James fuhr sich vor Verzweiflung mit allen zehn Fingern durch die Haare. »Doch was Diego betrifft: Wenn er das Mädchen liebt, dann wünsche ich ihm alles Gute. Ich habe nicht die Absicht, mich einzumischen.«

Empört schüttelte Christopher den Kopf und kräuselte die Lippen. »Typisch Lacey. Man wäscht seine Hände in Unschuld, um ja keine Verantwortung auf sich nehmen zu müssen.«

»Da täuscht Ihr Euch aber gewaltig! Ihr kennt weder mich noch meinen Bruder und habt folglich kein Recht, über unsere Beweggründe zu urteilen.« James war zornig. Neu gefundener Halbbruder hin oder her, dieser Mann zeigte nicht den geringsten Respekt vor ihm, dem sozial Höhergestellten, und behandelte ihn eher wie einen Diener als wie einen Edelmann. Das hatte er sich jetzt lange genug gefallen lassen. »Falls Ihr, wenn Ihr Euch wieder beruhigt habt, meinen Bruder, den Earl, kennenlernen wollt, wird er Euch sicher willkommen heißen. Aber seid gewarnt: Stellt Euch dem Glück meines Dieners nicht in den Weg – er gehört zu unserem Haushalt und ist somit ein Teil der Familie. Ich werde seine Rechte verteidigen, so nachdrücklich ich kann.«

Christopher lachte verbittert. »Seht Ihr? Einerseits versprecht

Ihr, mich wie ein Familienmitglied zu behandeln, auf der anderen Seite stellt Ihr die Rechte Eures Dieners über die meinen.«

»Seid nicht kindisch, Sir.« James fand Christophers Einwand überzogen – typisch Schauspieler, mit einem Hang zu Theatralik. Wie konnte Christopher von ihm erwarten, dass er Diego, der ihm seit Jahren treu diente, in den Rücken fiel, nur um einem Halbbruder, den er kaum kannte, einen Gefallen zu tun?

Christopher zog energisch an den Kordeln am Kragen seines knallroten Umhangs, was seine Erregung verriet, obwohl seine betont lässige Körperhaltung etwas anderes ausdrücken sollte. »Vielleicht schenkt Ihr meinen Warnungen mehr Gewicht, wenn Ihr hört, was Eurem Mohr heute Abend zugestoßen ist.«

James erschrak. »Wovon sprecht Ihr?«

»Seine Anwesenheit führte zu einer Schlägerei vor Mistress Porters Haus.«

»Ist er verletzt?«

Christopher zuckte mit den Schultern. »Nur leicht – keinesfalls lebensgefährlich.«

»Ist das wahr? Ist er noch dort? Wie konntet Ihr ihn allein lassen?« James zeigte in Richtung der Stadt, während er schon nach seinem Umhang griff.

Christopher beobachtete ihn spöttisch. »Er ist in Mistress Porters Haus. Sie wollte seine Wunden versorgen.«

Wie auf ein Stichwort hin klopfte es da an der Tür. James riss sie auf und sah einen von Raleighs Männern vor sich.

»Ja?«

»Eine Nachricht aus der Stadt, Sir. Eurem Diener ist ein Malheur passiert, und nach Aussage einer Augenzeugin ist er noch etwas benommen, weil er eine Kopfwunde davontrug. Der Bote lässt fragen, ob Ihr die Ausgangserlaubnis Eures Dieners verlängern könnt, bis er sich etwas erholt hat. Die Person, die sich seiner angenommen hat, hält es nicht für ratsam, dass er sich heute Abend noch auf den Nachhauseweg macht.«

James wandte sich an seinen Besucher. »Den Boten kann nur Mistress Porter geschickt haben, richtig?«

Christopher lehnte lässig an der Fensterbank, die Arme verschränkt. »Ja, es sähe ihr ähnlich.«

James wandte sich wieder an den Diener. »Sag dem Boten, ich werde meinen Diener morgen früh persönlich abholen, um mich bei seiner Retterin zu bedanken.«

Der Diener verbeugte sich und ging davon, um die Nachricht zu überbringen.

Während dieser kurzen Unterbrechung hatten sich die beiden Hitzköpfe etwas abgekühlt. James schloss die Tür. Weil er nicht wusste, was er mit seinem Halbbruder anfangen sollte, ging er wieder zum Kamin, um den Abstand zwischen ihnen zu wahren. Was für ein seltsamer Abend! Zuerst hatte Jane ihn mit ihren Enthüllungen verwirrt, dann hatte er erfahren, dass er einen neuen Verwandten hatte, und nun noch, dass seinem Diener etwas zugestoßen war. Was für ein Pech für seinen kratzbürstigen Halbbruder, dass er ausgerechnet an ihn geraten war – Will hätte Christopher freundlich, aber entschlossen auf seinen Platz verwiesen, Catherine hätte ihn schwesterlich umarmt, Tobias hätte einen Scherz gemacht und Sarah ihn mit ihrem Charme umgarnt. James dagegen hatte ihm nichts zu bieten, erfolglos und hartherzig, wie die Monate im Krieg ihn gemacht hatten. Aber zumindest wollte er ihm die Hand zum Frieden reichen.

Und wenn er schon mit nichts anderem aufwarten konnte, dann sollte er wenigstens praktisch sein.

»Wie sieht es aus, Sir? Braucht Ihr eine Unterkunft für diese Nacht?«, erkundigte er sich. »Ich kann meinen Gastgeber um ein Zimmer bitten, falls Ihr so spät nicht mehr durch die Straßen gehen wollt.«

Christopher erhob sich und zupfte seinen Umhang zurecht. »Das waren vermutlich Abschiedsworte. Der ungebetene Besucher verlässt die Bühne. Gehabt Euch wohl und adieu!«

Ratlos rieb sich James das Kinn. Konnte er diesem Fremden denn gar nichts recht machen? »Es war ehrlich gemeint. Ich möchte Euch nicht fortschicken, so kurz nach unserer ersten Begegnung. Wir mögen zwar unterschiedlicher Meinung sein, was für Mistress Porter gut ist und was nicht, aber das muss uns nicht daran hindern, uns als Brüder besser kennenzulernen.«

Christopher verbeugte sich. »Doch, tut es. Letzten Endes geht es doch darum, was für sie gut ist – was die Laceys auf die ihnen typische Art ignorieren und sie so ins Unglück stürzen. Da mach ich nicht mit. Ich darf mich verabschieden, Sir!«

James begriff, dass es hoffnungslos war. Christopher wollte seine ehelich geborenen Brüder unbedingt als Spiegelbilder ihres Vaters sehen, der von seinem unehelichen Sohn nichts wissen wollte. Er würde sich nach dieser kurzen Begegnung nicht vom Gegenteil überzeugen lassen, und James hielt sich in seiner derzeitigen Verfassung nicht für fähig, die Kluft zwischen ihnen zu überbrücken.

»Dann lebt wohl, Master Turner. Ich werde meiner Familie von

Euch erzählen und mich erkundigen, was aus Euren Unterhaltszahlungen geworden ist.«

»Dann bin ich mal gespannt. Gute Nacht.« Christopher ging zur Tür, wo er wieder eine seiner theatralischen Verbeugungen machte, mehr spöttisch als respektvoll. »Besten Dank noch übrigens, dass Ihr mich nicht mit Eurer Waffe durchbohrt habt.«

»Oh, dafür ergibt sich gewiss ein andermal die Gelegenheit, Bruder«, brummte James. »Wir beide haben offenbar ein Talent dafür, uns gegenseitig in Wut zu versetzen.«

Christophers Lachen hallte im Korridor wider, als er die Treppe hinuntereilte und verschwand.

8. Kapitel

Auf Wunsch ihrer Freundin kam Jane am nächsten Morgen noch vor Öffnung des Ladens zu Milly Porter. Die kurze Nachricht, die Milly ihr mitten in der Nacht geschickt hatte, klang sehr mysteriös. Darin stand etwas von einem unangenehmen Zwischenfall und einem lieben Freund, der in der Patsche saß. Und dass sie sich allein nicht mehr zu helfen wisse. Jane fühlte sich geschmeichelt, dass sie gebraucht wurde. Sie hatte sich an diesem Morgen freigenommen und sich von einem Diener zu Millys Haus begleiten lassen.

Sie wartete gerade darauf, dass der Diener ihr beim Absteigen half, als James Lacey plötzlich neben ihr stand und eine Hand ausstreckte, um ihr aus dem Sattel zu helfen.

»Lady Rievaulx.«

Was hatte er hier in Cheapside vor demselben Haus zu suchen wie sie?

»Sir.« Jane nahm die angebotene Hand an, glitt aus dem Sattel und direkt in seine Arme. Als sich ihre Körper kurz berührten, lief ihr ein Schauder über den Rücken, wie wenn man nach einem frostigen Ritt eine warme Stube betritt.

»Welche Überraschung, Euch hier zu sehen!«, fuhr James fort. Nicht nur, dass er ihr die Worte aus dem Mund nahm – er ließ auch ihre Hand nicht los. Seine schwarzen Lederhandschuhe waren weich vom vielen Tragen und fast so anschmiegsam wie Haut. »Seid Ihr hier, um einzukaufen?«

Seine lächelnden braunen Augen brachten Jane so aus der Fassung, dass sie nur den Kopf schütteln konnte. Doch sie fasste sich rasch wieder und sagte hastig: »Nein, Sir. Ich will eine Freundin besuchen.«

Überrascht zog er eine Augenbraue hoch. »Hier?«

»Wie Ihr seht, Sir.«

»Dann erlaubt Ihr?« Er wandte sich zur Haustür und klopfte.

Ein älterer Mann öffnete ihnen.

»Mylady, Mylord, bitte tretet doch ein! Meine Herrin wird alsbald herunterkommen.« Der Portier winkte sie in die Nähstube. Zwei Stühle mit Lederkissen standen am Fenster, dazwischen ein kleines Tischchen mit Erfrischungen. Milly hatte sie offenbar erwartet, ließ sich nun aber Zeit. Jane glaubte zu wissen, was Milly geplant hatte – wie hätte ihre liebe Freundin auch ahnen können, dass James und sie sich schon beim gestrigen Abendessen ausgesprochen hatten?

»Lady Rievaulx, so nehmt doch Platz!«, sagte James mit einem vertraulichen Augenzwinkern.

»Danke.« Jane ordnete ihr weinrotes Reitkleid, sodass die Falten nach dem Ritt wieder ordentlich fielen. Bestimmt war ihr Petticoat schmutzig geworden. Dabei wollte sie doch unbedingt einen guten Eindruck auf James machen! »Warum so förmlich, Sir? Gestern Abend habt Ihr mich doch noch Lady Jane genannt.«

»Richtig, als selbige lernte ich Euch kennen, und es ist schwer, mit alten Gewohnheiten zu brechen. Doch nach dem gestrigen

Abend möchte ich wiedergutmachen, dass ich Euch gegenüber in der Vergangenheit zu wenig Respekt entgegenbrachte.« Er setzte sich ebenfalls und streckte seine langen Beine in der dunklen, eng sitzenden Hose aus, an der im Gegensatz zu ihrem Kleid kein Stäubchen zu sehen war. »Ich weiß jetzt, dass Ihr eine ehrenwerte Lady seid, die den hohen Rang, den Eure Heirat Euch einbrachte, voll und ganz verdient hat.«

Lächelnd goss sie zwei Gläser Dünnbier ein und verspürte ein Kribbeln, als hätte sie in Käse gebissen, der eine Spur zu würzig war. Nun, da alle Missverständnisse aus der Welt geschafft waren, konnten sie hoffentlich wieder freundschaftlich miteinander umgehen. Durfte sie vielleicht sogar auf mehr hoffen? Jane musterte ihr Gegenüber verstohlen und ertappte ihn seinerseits dabei, dass er ihr Gesicht studierte. »Mich Jane zu nennen, wäre also ein Affront für meine Ehre? Wie betrüblich – ich hielt es eher für einen Beweis unserer Freundschaft.«

»Das ist es auch – ich meine, ich hoffe, Ihr seht es so.«

»Dann tut es bitte auch weiterhin, wenn wir unter uns sind. Es gibt nämlich noch eine Lady Rievaulx, die Gattin meines Stiefsohns, ein richtiger alter Drachen. Immer wenn Ihr mich so anredet, muss ich an sie denken.«

»Ich dagegen denke wahrlich nicht an einen alten Drachen, wenn ich Euch sehe – weit davon entfernt.« Er nahm das Glas entgegen, das sie ihm anbot, und prostete ihr zu.

Jane nahm das Kompliment mit einem Nicken zur Kenntnis. »Und was die Anrede *Witwe des Marquis von Rievaulx* betrifft – wenn ich diese höre, fühle ich mich, als stünde ich selbst schon mit einem Bein im Grab, auch wenn sie korrekt ist.«

»Wie wahr, Ihr seid schließlich noch keine zwanzig Jahre alt!«

»Achtzehn, Sir. Genau wie Ihr.« Sie hoffte insgeheim, dass diese Gemeinsamkeit sie irgendwie verband.

»Gut, dann bleiben wir bei Lady Jane. Und wie wollt Ihr *mich* nennen?« Er schlug ganz kurz die Augen nieder, als er sie unter seinen langen Wimpern anschaute, und sie spürte, dass er gleich einen Scherz machen würde.

»Was schlagt Ihr vor? Wie nennen Euch Eure Freunde?«

»Tölpel? Schwachkopf? Idiot? Das ist nur eine kleine Auswahl der Namen, mit denen meine Brüder mich bedenken.«

»Oh, so etwas würde ich nie sagen.«

Er verbeugte sich dankend.

»Ich würde es höchstens denken.«

Er lachte schallend. »Mylady, Ihr seid unschlagbar.« Er nahm ihre Hand und strich mit dem Daumen zärtlich über ihre Finger. »Nennt mich bitte Jamie, wenn es Euch nicht zu vertraulich ist.«

»Wenn wir unter uns sind, gut.«

»Ja, gern.«

Nach einer unruhigen Nacht auf einer Pritsche in Uriahs kleiner Kammer – bei der Schnauze des Nilkrokodils, konnte dieser Mann schnarchen! – schlüpfte Diego in sein geflicktes Wams, um umgehend zu seinem Herrn zu eilen. Doch Milly hinderte ihn daran. Sie stand vor der Tür, das Ohr an das Holz gedrückt, um zu belauschen, was in ihrem Atelier gesprochen wurde. »Milly?«

»Psst!« Sie wedelte abwehrend mit einer Hand.

»Was machst du da? Mein Herr ist gekommen, um mich abzuholen. Ich sah ihn vorhin zu Pferd eintreffen.«

»Warte!«

Er schlang seine Hände um ihre Taille, um sie zur Seite zu schieben. »Er hat nicht viel Geduld.«

Er nahm seine Hände nicht weg, als Milly sich lächelnd zu ihm umdrehte. Ihr Gesicht glühte vor Stolz über ihren Einfallsreichtum. »Heute hat er viel Geduld – mehr noch, er wird dir dankbar sein für jede Minute, die du später kommst.«

Diego konnte der Versuchung, sie einfach an sich zu ziehen, kaum widerstehen, als sie sich nun so nahe waren. Einfach seine Lippen auf die ihren pressen … Doch er beherrschte sich und tippte ihr nur auf die Nase.

»Was führst du da im Schilde, Mistress Porter?«

Sie grinste spitzbübisch und fuhr sich mit der Zungenspitze über die Lippen – wie ein Kätzchen, das Milch aufschleckte. »Ich … ähm, ich habe Lady Jane gebeten, mich heute früh zu besuchen.«

»Ach ja, ich sah sie vorhin ebenfalls absitzen. Willst du sie nicht begrüßen?«

»Und alles vermasseln?« Milly schüttelte den Kopf, und eine einzelne Haarsträhne fiel ihr ins Auge. Sie pustete sie weg. »Verflixt, ich bin nicht einmal ordentlich frisiert heute früh – und du bist schuld daran!« Diego hätte zwar gern erfahren, was sie vermasseln würde, doch er fühlte sich auch verpflichtet zu fragen, wieso *er* für den Zustand ihrer wunderschönen rötlichen Haare verantwortlich war. »Und wieso bin ich schuld daran?«

Verlegen schob sie die Locke unter ihre Haube zurück. »Ich war die halbe Nacht wach, um die Risse in deiner Livree zu stopfen. Deshalb blieb mir heute Morgen nicht die Zeit, meine Haare zu flechten, bevor Lady Jane eintraf.«

»Ach nein, du trägst die Haare unter der Haube da offen?« Er konnte der Versuchung nicht widerstehen. Mit einer flinken Bewegung riss er ihr die Haube vom Kopf, und ihre herrlichen rotblonden Haare fielen ihr über die Schultern. Sie quiekte und wollte ihre Haube wieder an sich reißen, doch er hielt mit einem leisen Lachen ihre Hände fest und drückte sie mit dem Rücken an die Tür.

»Ich fürchte, du wirst noch einmal ganz von vorn anfangen müssen.« Er senkte den Kopf, um einen Kuss auf ihren Kopf zu drücken und mit den Lippen ihre weichen, seidigen Haare zu streifen.

Beide verstummten, als ihnen schlagartig klar wurde, dass das kein neckisches Spiel mehr war, sondern alle Anzeichen einer Verführung aufwies – ein starkes Verlangen nach dem anderen, das beide gleichzeitig verspürten. Ängstlich hielt Diego die Luft an. Würde sie ihn zurückweisen? Das sollte sie tun! Man bedenke, was gestern Abend passiert war! Er würde ihr nur Probleme machen, und überhaupt … Doch sie stieß ihn nicht weg.

»Ich fand deine Haare schon immer wunderschön«, sagte er leise. »Sie erinnern mich an den Sonnenuntergang über dem Meer bei meinem Dorf – wenn die Sonnenscheibe am Horizont versinkt und den ganzen Himmel mit geschmolzenem Feuer überflutet.« Behutsam streichelte er ihre Handgelenke. Sein Herz setzte einen Schlag lang aus, als seine Finger an ihrem linken Arm auf ein Armband stießen, das er einmal für sie gemacht hatte. Er rieb es sachte an der weichen Innenseite ihres Handgelenks und merkte, wie ihr der Atem stockte.

»Du … du magst meine Haare?«, fragte sie zaghaft.

»Nein, Milly, ich *liebe* sie.« *Und ich liebe dich,* fügte er im Stillen hinzu.

Wie nicht anders zu erwarten, errötete Milly unter seinem Blick. »Oh, ähm … danke. Ich … ich weiß, dass ich keine Schönheit bin, und deshalb ist es ein sehr liebes Kompliment.«

Zärtlich strich er ihr die Haare aus dem Gesicht. »Für mich warst du immer schön, innerlich und äußerlich, vom Scheitel bis zu deinen Zehenspitzen.« Es half nichts, er *musste* sie küssen, und wenn es das Letzte war, das er tat. Er senkte den Kopf und legte seine Lippen behutsam auf die ihren. Es fühlte sich noch schöner an als in seinen kühnsten Träumen – ihr Mund war warm und weich und nachgiebig wie die Blütenblätter einer Orchidee. Er hatte in seinem Leben so wenig wirklich Schönes erlebt, dass er den Zauber dieses Kusses für alle Ewigkeit in seinem Herzen aufbewahren wollte. Als sich ihre Lippen voneinander lösten, drückte er seine Stirn an die ihre. »Verzeih mir«, flüsterte er.

Milly ließ die Augen geschlossen und betastete vorsichtig ihren Mund. Diego wurde wütend auf sich – er war ihr zu nahegetreten! Wie hatte er sich diese Freiheit herausnehmen können, ausgerechnet bei ihr, seiner Freundin aus Kindertagen?

»Bitte verzeih mir, Milly. Es wird nicht wieder vorkommen.«

Überrascht riss sie die Augen auf und blinzelte ihn an. »Nein? Wieso? Kann ich so schlecht küssen?«

Was war denn das? Sie war ihm nicht böse?

Diego zog sie wieder an sich, einen Arm nach wie vor um ihre Taille geschlungen, während er seine andere Hand um ihren Hinterkopf legte. »Oh, Milly, du küsst ganz wundervoll. Ich dachte nur, ich hätte dich gekränkt.«

Sie rümpfte die Nase, sodass ihre zarten Sommersprossen in den Fältchen verschwanden. »Ich wäre höchstens gekränkt, wenn du mich nie mehr küssen würdest, denn dann müsste ich ja annehmen, dass ich es nicht kann.«

Er lächelte, doch seine Antwort klang sehr ernst. »Das können wir nicht zulassen, oder?«

»Nein, können wir nicht.«

Er küsste sie erneut, und wieder war es ein langer, intensiver Kuss, in dem alle Zärtlichkeit lag, die er für den hitzigen Rotschopf in seinen Armen empfand. Als sie sich nach einer Weile voneinander lösten, fragte er atemlos: »War es ein angenehmer Zeitvertreib, um die Wartezeit zu überbrücken?«

Sie schmiegte den Kopf an seine Brust und zeichnete mit dem Zeigefinger eine Stelle an seiner Livree nach, die sie geflickt hatte. »Ich bin mir sicher, dass dir dein Herr sehr dankbar sein wird.«

Als James ein zweites Gläschen für Lady Jane und sich selbst einschenkte, fragte er sich, ob er nicht endlich nach Diego sehen sollte. Mistress Porter brauchte furchtbar lange, bis sie endlich kam, um ihre Gäste zu begrüßen. Hoffentlich bedeutete das nicht, dass Diegos Wunden schlimmer waren, als ihm berichtet worden war! James wollte nicht tatenlos hier sitzen und mit Jane plaudern, während ein anderer litt.

»Sir …«, begann Jane, korrigierte sich aber gleich wieder. »Jamie, Ihr wirkt beunruhigt.«

Er schmunzelte bei dieser vertraulichen Anrede. »Es ist wegen meines Dieners – Diego. Er wurde gestern Abend vor diesem Haus überfallen. Deshalb bin ich hier – um ihn abzuholen und heil nach Hause zu bringen. Meint Ihr, ich sollte nicht endlich nach ihm sehen?«

Ein seltsamer Ausdruck huschte über Janes Gesicht – ironische

Belustigung, hätte er gesagt, wenn das Thema nicht so ernst gewesen wäre.

»Nein, ich denke, das ist nicht nötig. Milly hat den Überfall in ihrem Schreiben an mich erwähnt und auch, dass ihr Freund weitgehend unbeschadet davonkam. Aber wenn sie uns noch länger hier warten lässt, werde ich sie holen.«

Es folgte ein Schweigen, das James etwas peinlich war. Er nutzte die Chance, ihr Gesicht zu studieren, als sie nicht vorhandene Staubkörner von ihrem Schoß wischte. Er war versucht, ihr zu sagen, dass sie sich seinetwegen keine Sorgen um ihr Aussehen zu machen brauchte, da er sie einfach perfekt fand – sogar zu perfekt, ehrlich gesagt. Mit ein paar Bröseln auf dem Rock und nicht ganz so gepflegt hätte sie auf ihn nicht so unnahbar gewirkt. Wie gern hätte er seine Finger über die sanfte Wölbung ihres Halses gleiten lassen, hätte die dicken goldblonden Zöpfe gelöst, die sie in Schnecken aufgewickelt hatte und auf denen ein keckes Filzhütchen mit einer ausgefallenen Feder saß. Ihre Haut sah aus wie blasse Seide, nur ihre Wangen waren leicht gerötet. Sie sah zum Anbeißen aus – und er wünschte, er hätte das Recht dazu.

»Jamie, Ihr passt ja gar nicht auf!« Jane musterte ihn amüsiert.

»Doch, schon, ich habe nur nicht zugehört. Verzeihung!«

Ihre Röte vertiefte sich. »Ich hatte gefragt, wie es um Eure Reisepläne steht. Besteht die Hoffnung, dass man Euch doch noch überreden kann, auf festem Boden zu bleiben?« Sie senkte den Blick. »Gibt es niemanden, der Euch davon abhalten könnte?«

»Eure Besorgnis ehrt mich, Mylady, aber sie ist unnötig.« Je schneller er fortginge, desto besser für alle. Er wollte nicht, dass Jane sich irgendwelche Hoffnungen machte – sein oberflächlicher

Charme konnte nicht lange über seine vielen negativen Seiten hinwegtäuschen.

»Das sagtet Ihr bereits. Ihr scheint Euch für sehr entbehrlich zu halten, nun, da Euer Bruder einen Erben hat.«

James spielte mit Stoffresten in dem Korb, der neben ihm auf der Bank stand. »Das könnte teilweise zutreffen. Ich habe verstanden, dass Ihr Euch Sorgen macht, wirklich, aber ich bin es nicht wert … Und ich will Euch auch sagen, warum mein Bruder es zulässt, dass ich das Risiko auf mich nehme: Will schickt mich zum einen auf diese Expedition, weil er hofft, dass die Familie einen finanziellen Vorteil daraus zieht, und zum anderen, damit ich mein altes Selbst wiederfinde. Er glaubt, diese Reise sei eine bittere Arznei, die ich nehmen muss, um wieder zu gesunden.«

Jane runzelte die Stirn. »Ihr seid … krank?«

James schnitt eine spöttische Grimasse. »Ja, im Herzen, Mylady.«

Sie schluckte und schaute zum Fenster hinaus. »Oh, verstehe. Ihr wurdet von einer Dame abgewiesen.«

Er lächelte. »Ihr denkt bei dem Wort Herz schnell an Liebe, dabei hatte ich eher das Gemüt im Sinn.«

»Ach, sind das zwei unterschiedliche Dinge?«

Er fragte sich, warum er ihr so viel von sich erzählte. Vermutlich aus Angst, dass sie sich in ihn verliebte – was sie gewiss nicht täte, wenn sie die Wahrheit kennen würde. Er war es ihr schuldig, sie einen kurzen Blick auf das Hässliche in seinem Inneren werfen zu lassen, damit sie sich keinen Illusionen hingab.

»Nach Eurem Besuch bei uns in Lacey Hall, Mylady, war ich mit der Armee in den Niederlanden.«

Sie stutzte bei diesem plötzlichen Themenwechsel, da sie natürlich nicht wissen konnte, wie viel dieser Feldzug mit seiner Gemütsverfassung zu tun hatte. »Ach ja? Gratuliere, ich weiß, dass Ihr schon immer eine militärische Karriere angestrebt habt.«

Er lächelte grimmig. »Das habe ich, nicht wahr? Wie arrogant ich war! Oh ja, ich verstehe ganz passabel zu kämpfen, wenn es sein muss, doch leider hatte ich nicht bedacht, dass ich für die Realität eines Krieges viel zu weich besaitet bin. Ich bin sehr ernüchtert zurückgekehrt, glaubt mir, Madam.«

Behutsam legte sie ihre Hand über die seine. »Jane, Ihr wisst doch noch!«

»Jane.« Herrje, wieso hatte er sie zu dieser Vertraulichkeit ermuntert. Sie bei ihrem Vornamen nennen zu dürfen, war ein Geschenk, das er nicht verdient hatte.

»Es ist keine Schande zuzugeben, dass man kein Blutvergießen sehen kann oder dass es einen erschüttert, wenn man töten musste. Schlimmer wäre es, nichts dabei zu empfinden!«

Er ballte unter ihrer Hand eine Faust. »Ich sollte ein viel dickeres Fell haben! Ich fand es unerträglich, dazustehen und andere leiden sehen zu müssen, doch genau dazu war ich verdammt. Ihr seht einen Feigling vor Euch … und einen Versager.«

»Wieso? Habt Ihr Eure Pflichten vernachlässigt?«, fragte sie forsch, hielt seine Faust aber weiterhin umschlossen. Erstaunlich, dass sie ihre Hand nicht wegzog, nachdem sie sein Geständnis gehört hatte, dachte er.

»Nein, ich tat meinem Hauptmann gegenüber stets meine Pflicht.«

»Und trotzdem habt Ihr das Gefühl, versagt zu haben?«

Er schloss die Augen und spürte nur die Wärme ihrer Hand auf seiner. »Ich sah dort so viele schlimme Sachen – alles war ganz anders, als ich erwartet hatte. Mit Ehre hatte das nichts zu tun.« Er räusperte sich, doch dann sprudelten die Worte nur so aus seinem Mund. »Ich erinnere mich an ein Dorf, ein Massaker, Kinder, Frauen, alte Menschen – sie alle wurden niedergemetzelt ... ganz ohne Grund.«

»Ihr wart dabei?«

»Ich musste es vom Waldrand aus beobachten.«

»Verstehe.« Und er spürte, dass sie ihn wirklich verstand. »Waren es viele Soldaten? Einer? Fünf?«

»Ungefähr fünfzig, würde ich sagen.«

»Oh, und jetzt denkt Ihr, ein einzelner englischer Gentleman hätte auf eigene Faust das ganze Dorf retten können?«

Er schüttelte den Kopf. »Nein, nein, nicht wirklich. Aber ich habe es ja nicht mal versucht.«

»Und das könnt Ihr Euch jetzt nicht verzeihen? Jaja, nun begreife ich, dass Euch das zu einem Feigling macht.«

Obwohl sie nur seinen eigenen Ausdruck wiederholte, traf es ihn wie ein Schock. Er war es gewohnt, dass alle – sein Bruder, andere Offiziere und selbst sein Diener – ihm versicherten, ihn träfe keine Schuld.

»Ihr haltet mich für einen Feigling?« Wenn sie ihn verurteilte, würde er wissen, dass sein Selbsthass voll und ganz gerechtfertigt war.

Janes blaue Augen funkelten ihn an. »Nicht, weil Ihr tatenlos zugesehen habt, nein, deshalb nicht. Euch blieb nichts anderes übrig. Nein, Ihr seid ein Feigling, weil Ihr nicht zu Eurer Ohnmacht von damals steht und Euch mit den Folgen abfindet. Was Ihr getan habt, war richtig. Was die spanischen Soldaten taten, war falsch. Jetzt könnt Ihr nur noch eines tun: Zeugnis über diese Gräueltaten ablegen und Euch dafür einsetzen, dass anderen Dörfern ein ähnliches Schicksal erspart bleibt.«

James wusste, dass alles, was Jane sagte, vernünftig war, doch er sah die Sache nun mal anders. Er konnte sich nicht so leicht verzeihen. Stattdessen versuchte er, einen Scherz zu machen. »Gütiger Himmel, Madam, Ihr macht mir Angst – Ihr seid eine Amazone wie unsere Königin.« Er griff nach seinem Glas und ärgerte sich darüber, dass seine Hand merklich zitterte.

Jane berührte seinen Arm, um ihn zu beruhigen.

»Ich bin mir sicher, Jamie, dass man die Wahrheit sehr viel leichter erkennt, wenn man genügend Abstand hat. Und nein, ich halte Euch *nicht* für einen Feigling – das habe ich nur gesagt, um Euch zu schockieren, damit Ihr mir zuhört. Ihr seid verletzt, nicht äußerlich, sondern im Herzen, wie Ihr selbst sagtet. Ich würde … ich würde Euch gern helfen, wieder heil zu werden, Ihr müsst es nur zulassen.«

James erstarrte. »Ich bin kein Fall für mildtätige Nächstenliebe, Madam.«

»Ich heiße Jane. Und ich mache dieses Angebot nicht aus Nächstenliebe; es sei denn, Ihr meint *caritas*.« Sie senkte den Blick. »Oder Liebe …«

Sie machte ihm ein Angebot, das er so wenig verdient hatte, dass ihm fast die Tränen kamen. In seiner Verlegenheit konnte er nur wieder einen Scherz machen.

»Ich sehe, Ihr sprecht Latein, Lady Jane, noch ein Punkt, den Ihr mit unserer Monarchin gemeinsam habt. Aber wo bleibt eigentlich mein Diener? Sosehr ich Eure Gesellschaft schätze, Madam – aber ich habe einen anstrengenden Tag vor mir.«

James erhob sich hastig und eilte zu der Tür, die ins Treppenhaus führte. Als er sie aufriss, taumelten Milly und Diego eng umschlungen ins Zimmer.

James wäre seinem Diener fast um den Hals gefallen, so froh war er darüber, dass dieser ihn aus seiner Verlegenheit rettete. Er stand da, die Daumen in den Gürtel gesteckt, und sah, wie sich das Pärchen verlegen aufrichtete.

»Wie ich sehe, lässt du dich durch zarte, weibliche Hände von deinen Verletzungen heilen, Diego!«

Eines musste er seinem Diener lassen: Er reagierte in dieser peinlichen Situation erstaunlich gelassen. Er ließ nicht einmal die Hand der jungen Frau los, sondern zog sie mit sich, als er einen Schritt auf James zumachte.

»Mylord, darf ich Euch Mistress Porter vorstellen?«

Das arme Mädchen errötete, was sich gar nicht mit ihrer auffälligen Haarfarbe vertrug. Sie knickste artig.

»Master Lacey.«

»Sie ist meine Verlobte.«

»Was bin ich?«, quiekste Milly.

»*Was* ist sie?«, rief Jane im gleichen Moment aus. »Ist das wahr, Milly?«

Diego machte eine galante Verbeugung in ihre Richtung. »Ich habe Eure Freundin seit Jahren umworben, Lady Jane. Sie hat meine Geschenke stets angenommen und trägt sie.« Zum Beweis hielt er Millys Handgelenk mit dem geflochtenen Armband hoch. »In meinem Heimatland bedeutet das, dass wir einander versprochen sind. Jetzt muss ich nur noch mit ihrem Vater aushandeln, wie viele Rinder ich für sie bezahlen muss.«

James merkte, dass Diego wieder einmal einen seiner Anfälle hatte, bei denen er versuchte, der Welt, in der er lebte, die Sitten und Gebräuche jener Welt aufzudrängen, die zu verlassen er als Junge gezwungen worden war.

»Ähm, Diego, deine Angebetete muss zustimmen, weißt du. Und ich weiß nicht, was ihr Vater mit deinen Rindern anfangen sollte – es sei denn, er wäre Bauer.« Die letzten Worte waren an Milly gerichtet.

»Er ist Soldat, Sir.« Sie biss sich auf die Unterlippe, und man sah ihr an, dass sie nicht recht wusste, wie sie auf diesen unkonventionellen Antrag reagieren sollte.

Von wegen Antrag, dachte James, *wohl eher eine Forderung.*

Jane trat vor und nahm Diegos Hand von Millys Handgelenk. »Euer Diener ist ein ungewöhnlicher Mann, Master Lacey. Er taucht urplötzlich auf und will Milly heiraten, nur weil wir Zeugen eines Kusses wurden. Das ist doch nicht nötig, oder? Ich kann die Szene aus meinem Gedächtnis streichen, falls Ihr das auch tut.«

»Selbstverständlich. Ich habe nichts gesehen.« James wandte sich wieder an seinen Diener. »Diego, komm mit. Du kannst später zurückkommen, nachdem die Mistress Gelegenheit hatte, über dein Angebot nachzudenken. Und ich will alles über gestern Abend hören. Dein Abenteuer hat einen interessanten Besucher zu mir geführt, und ich will unbedingt erfahren, wie das alles kam.«

Diego starrte Milly noch immer an, als sei sie die einzige Oase in einer Wüste, doch er nickte. »Ich komme, Mylord.«

James schnippte mit den Fingern. »Ich meinte jetzt, sofort, Diego, nicht im nächsten Jahrtausend!«

»Ja, Sir, sofort.«

Als James sah, dass Diego sich nicht rührte, wandte er sich mit einem leisen Fluch zur Ladentür. Er rief dem Jungen draußen auf der Straße zu, ihm sein Pferd zu bringen.

»Du wirst zu Fuß gehen müssen«, rief James seinem Diener über die Schulter hinweg zu. Dann drehte er sich noch einmal um und sagte höflich: »Meine Damen.« Nach einer knappen Verbeugung trat James ins Freie und war heilfroh, den Schauplatz so vieler emotionaler Verwirrungen, nicht zuletzt auch seiner eigenen, hinter sich lassen zu können.

9. Kapitel

Jane sah ihre Freundin dem dunkelhäutigen Diener ein paar Worte ins Ohr flüstern, bevor dieser sich endlich bequemte, seinem Herrn nachzulaufen. Als Milly, die ihn zur Tür gebracht hatte, zu Jane zurückkehrte, zog diese fragend eine Augenbraue hoch.

»Und?« Milly hielt sich die Wangen. »Wie rot bin ich?«

»Wie eine Erdbeere.«

»Ach herrje! Und dein James hat mich so gesehen! Ich werde ihm nie mehr unter die Augen treten können.«

Jane hakte sich bei Milly unter. »An deiner Stelle würde es mir größere Sorgen machen, dass er dich mit seinem Diener auf dem Fußboden liegen sah. Wie konnte es denn *dazu* kommen?«

Da öffnete sich die Ladentür, und zwei Frauen traten ein, jede mit ihrem Einkaufskorb am Arm und neugierig blitzenden Augen. Es war nicht zu übersehen, dass sie zu erfahren hofften, was das rege Ein und Aus während der letzten zwölf Stunden zu bedeuten hatte. Milly war sofort ganz die seriöse Geschäftsfrau.

»Meine Ladys, guten Morgen. Ich werde sofort meine Angestellte schicken, denn ich selbst muss mit der Marquise zur Anprobe nach oben gehen.«

Die beiden Klatschbasen knicksten leicht und begannen, miteinander zu tuscheln, höchst erfreut darüber, dass sie sich – obschon nur für kurze Zeit – mit einer so ranghohen Adligen im selben Raum aufhalten durften.

Milly schob Jane in den oberen Salon, ehe sie in die Küche eilte, um Henny von ihrem Frühstück wegzuholen. Millys leise Anweisungen waren bis ins Treppenhaus zu hören.

»Zwei Kundinnen sind unten im Laden. Halte sie eine Weile hin. Aber kein Wort über das, was hier vorgefallen ist, verstanden?«

Henny kicherte. »Werdet Ihr wirklich heiraten, Mistress? Uriah und ich haben alles gehört.«

Milly schlug sich an die Stirn. »Gütiger Gott, steh mir bei! Ich kann im Moment nicht darüber reden, also tu, was ich gesagt habe! Und kein Wort zu NIEMANDEN!«

Jane schmunzelte. Eher würde der Mensch zum Mond reisen, als dass Henny den Mund hielt! Tja, mit ihrer Knutscherei an der Tür hatte sich ihre arme Freundin wahrlich in die Nesseln gesetzt. Und Jane wusste aus eigener Erfahrung, dass die Mitmenschen einen lieber darin liegen sahen, als dass sie einem eine Hand reichten, um einem herauszuhelfen. Oh ja, dachte sie traurig, wer den Schaden hat, braucht für den Spott nicht zu sorgen!

Wehmütig stellte sich Jane ans Fenster und blickte James nach, der gerade davonritt, während Diego neben ihm herrannte. Dass James ihr diese harsche Abfuhr erteilt hatte, war schmerzlich. War ihre Liebe zu ihm wirklich so abwegig, dass er glaubte, sie mit einem Scherz abtun zu müssen? Hatte sie sich getäuscht, als sie zu spüren glaubte, dass zwischen ihnen mehr als nur Freundschaft war? Hatte sie sich vorhin bis auf die Knochen blamiert? Sie rieb sich die Arme. Milly war eigentlich zu beneiden: *Ihr* Geliebter hatte keinen Augenblick gezögert und sofort um ihre Hand angehalten, ungeachtet aller Hindernisse, die einer so unkonventionellen Verbindung im Wege standen.

»Jane, redest du noch mit mir?«, hörte sie Millys Stimme hinter sich.

Lächelnd drehte sich Jane um. »Aber natürlich.«

»Bist du überrascht?«

»Oh ja, das bin ich. Ich kenne den jungen Mann von früher in Lacey Hall, aber woher kennst *du* ihn? Ich habe nicht den Eindruck, dass dieser Kuss das Ergebnis einer wenige Stunden alten Bekanntschaft war, oder?«

Milly wich ihrem fragenden Blick aus. »Sein Name ist Diego. Ich kenne ihn seit Jahren. Er hat früher meinem Vater gedient, und wir waren eng befreundet, als wir noch beim Earl von Leicester wohnten.«

»Und warum hast du mir nie von ihm erzählt? Wir waren damals doch auch schon befreundet.«

Milly spielte mit einem Stoffrest herum, der über einer Stuhllehne hing. »Ja, du hast recht. Aber er war nur ein Stallbursche und ich eine Tochter aus gutem Hause. Und wir waren alle noch so jung. Du wärst sicher entsetzt gewesen.«

Das traf zu. Damals hätte Jane wirklich gedacht, dass es unter der Würde ihrer Schulfreundin war, mit einem Stallburschen anzubändeln. Die Zeit hatte sie etwas toleranter werden lassen, aber nicht *so* tolerant, als dass sie sich über alle gesellschaftlichen Erwartungen hinweggesetzt hätte. Und zu alldem kam der junge Mann auch noch aus Afrika!

»Er ist … na ja, etwas anders als wir, Milly.«

Ihre Freundin lachte. »Ach ja? Lass mich raten, was du meinst?

Etwa die Tatsache, dass er dunkelhäutig ist und mich gegen eine Rinderherde eintauschen will?«

»Ich habe nichts gegen ihn persönlich. Er sieht gut aus, auch wenn er vielleicht etwas kurz geraten ist.« Letzteres war als Scherz gemeint. Diego wirkte nur dann klein, wenn er direkt neben James stand.

Milly errötete. »Nicht für mich.«

»Stimmt, neben dir muss er sich wie ein Riese vorkommen. Kein Wunder, dass er dich liebt.«

Milly stöhnte und ließ sich auf einen Stuhl fallen. »Meinst du, er liebt mich wirklich?«

»Bestimmt. Aber es wird für euch beide nicht leicht sein, das ist dir sicher klar. Vom Rang her seid ihr euch zwar etwas nähergekommen, aber man sieht ihm nun mal schon von Weitem an, dass er ein Ausländer ist. Deshalb wird es vielen nicht gefallen, dass ihr ein Paar seid – weil sie es für widernatürlich halten.«

»Du auch?«

Jane legte die Handflächen aneinander und setzte sich auf die Bank unter dem Fenster. Was dachte sie? Das hellhäutige Mädchen und den dunklen Junge vorhin in dieser engen Umarmung zu sehen, war schockierend, aber auch seltsam schön gewesen. Es war etwas Neues für sie, doch sie würde sich im Laufe der Zeit daran gewöhnen. Was war ein Mann schon anderes als sein Herz? Der wahre Wert eines Menschen verbarg sich in seinem Inneren, wie sie bei Jonas erkannt hatte. Es fiel ihr zwar noch etwas schwer, sich vorzustellen, dass ein afrikanischer Diener und eine junge Engländerin heirateten, aber sie war es ihrer Freundin schuldig, zu ihr zu stehen, was immer diese auch tat.

»Ich werde Master Diego nicht nach seiner Herkunft, sondern nach seinen inneren Werten beurteilen, sobald ich ihn besser kenne«, versprach Jane. »Ich habe gesehen, dass er bis über beide Ohren in dich verliebt ist, und das spricht schon mal für ihn.«

»Oh, danke, danke.« Milly stieß einen Seufzer der Erleichterung aus, und ihre Anspannung ließ etwas nach.

»Wirst du Ja sagen?«

»Ich würde es gern tun, aber es gibt etliche Hindernisse. Meinen Vater zum Beispiel.«

»Trotz der Rinder? Die müssten ihm seine Zustimmung doch etwas leichter machen.« Janes Mundwinkel zuckten verräterisch.

Milly warf ihr ein Wollknäuel an den Kopf. »Diego besitzt keine Rinder.« Sie runzelte die Stirn. »Glaube ich zumindest. Schließlich ist er ein Diener.«

»Aber wenn er der Richtige für dich ist, dann musst du um eure Liebe kämpfen und deinen Vater überzeugen. Meine Unterstützung hast du jedenfalls.«

»Und das Wort einer verwitweten Marquise von Rievaulx hat großes Gewicht, richtig?«

»Das kannst du laut sagen!«, stimmte Jane ihr schmunzelnd zu.

Whitehall, Westminster

James ging mit Diego in die Fechthalle des Whitehall Palace, weil er das Gefühl hatte, dass es ihnen beiden guttäte, ihr überhitztes Gemüt durch sportliche Betätigung abzukühlen. Da die Fechthalle ein weiß getünchter, kahler Raum war, dessen einzige Zier die Säulen waren, die das Dach stützten, hallte es im Inneren wider von Schreien und Säbeln, die klirrend aneinanderprallten. James zog seine Oberbekleidung aus und wählte zwei Rapiere und Fechtdolche aus, damit sie im italienischen Stil fechten konnten.

»Auf, du liebeskranker Gockel, mal sehen, ob wir dich wieder zur Vernunft bringen«, sagte er zu Diego und warf ihm zwei Lederpolster zu.

Mit einem Grinsen schnallte sich Diego die Schutzkleidung um und griff nach seinen Waffen. Das zweihändige Fechten hatten sein Herr und er zusammen während ihrer Zeit in den Niederlanden gelernt. Der Diener konnte es durchaus mit seinem Herrn aufnehmen, denn er besaß eine Geschicklichkeit, mit der er James' größere Reichweite ausgleichen konnte.

Es bedurfte keiner weiteren Worte, als sie die üblichen Aufwärmübungen aus Angreifen und Verteidigen durchgingen. Sie waren hoch konzentriert bei der Sache; ihre Sohlen quietschten auf den Holzbrettern, und ihre Klingen schlugen in einem klirrenden Rhythmus aufeinander. Um sie herum kämpften andere Kombattanten, stießen spitze Schreie aus, ächzten oder stöhnten. James und Diego bewegten sich wie zwei perfekt aufeinander abgestimmte Tänzer, wie unter einer lautlosen Glaskuppel, die die Welt um sie herum vergessen hatten.

Als sie mit ihren Aufwärmübungen fertig waren, stellte James zu seiner Überraschung fest, dass sie Zuschauer angelockt hatten. Janes Bruder, Sir Henry Perceval, rief als Erster »Bravo« und begann zu applaudieren. Ein Stück hinter ihm standen die drei Paton-Brüder und starrten finster herüber.

»Dein Herr hat dir viel beigebracht«, sagte Sir Henry großspurig und klopfte Diego auf den Rücken.

James nahm sich vor, Diego sein triumphierendes Grinsen später heimzuzahlen. »Wir haben zusammen gelernt, bei einem italienischen Gentleman in Antwerpen.«

»Verzeihung, Master Lacey.« Percevals Entschuldigung klang nicht sehr aufrichtig. »Dann muss ich Euch bitten, mir Euren Kontrahenten eines Morgens mal auszuleihen. Meine *Duello*-Künste lassen sehr zu wünschen übrig. Das gute, englische Breitschwert ist mehr mein Stil.«

»An den alten Fechtstilen ist nichts auszusetzen«, gab ein schnauzbärtiger, rotgesichtiger Gentleman zu bedenken und beäugte argwöhnisch die in Italien hergestellten Waffen.

»Ich lerne immer gern dazu. Man kann nie wissen, womit einen ein Gegner überrascht.«

»In diesem Fall stelle ich Euch Diego gern zur Verfügung«, entgegnete James mit demselben gekünstelten Lächeln. »Nur heute geht es bedauerlicherweise nicht, da wir schon etwas vorhaben.«

»Verstehe.« Perceval nickte ihm zum Abschied zu und ging mit seinen Begleitern zu den Patons, um sich mit ihnen zu unterhalten. Angesichts der unerfreulichen Beziehung zwischen Jane und ihren Stiefsöhnen fragte sich James unwillkürlich, was sie wohl zu besprechen hatten.

»Danke, mein glorreicher Gebieter, genau das habe ich mir schon immer gewünscht: eine Stunde mit diesem Kakadu!«, murmelte Diego, während er die Fechtwaffen wieder an ihrem Platz verstaute.

»Sei nicht albern, Mann, ich hatte doch nur deine Interessen im Auge. Wenn du dieses rothaarige Mädchen wirklich heiraten willst, brauchst du noch andere Einkünfte als nur deinen Dienersold.« Mit einem Leinentuch rieb James sich den Schweiß aus dem Gesicht. »Perceval wird dich bezahlen – ebenso wie jeder andere Gentleman, der dich als Übungspartner haben möchte. Wenn du deine Karten geschickt ausspielst, kannst du dir dadurch ein ordentliches Zubrot verdienen.«

»Ihr würdet mir erlauben, das Geld zu behalten?«

»Natürlich. Ich bin doch kein Unmensch, Diego.«

Diegos Miene hellte sich auf. »Dann kann ich Euch ja verraten, oh großzügiger und großmütiger Gebieter, dass ich das hin und wieder schon getan habe – aber natürlich nur dann, wenn Ihr meine Dienste nicht brauchtet.«

James verdrehte die Augen. Wie hatte ihm das entgehen können? »Aha, verstehe. Und was genau hast du gemacht? Solange es nichts Verbotenes war, habe ich nichts dagegen.«

»Ich habe Reitstunden gegeben. Deshalb konnte ich schon etwas Geld auf die Seite legen.«

James lachte. Diego war in Armeekreisen berühmt für seine Reitkünste. »Du schlauer Fuchs! Reicht es schon für die Rinderherde, von der du gesprochen hast?«

»Ja, ich kann den Brautpreis bezahlen, jedenfalls solange er nicht höher als zwanzig Pfund ist.«

James warf Diego sein Tuch zu. »Potzblitz, Mann, dann bist du reicher als ich. Was mache ich nur falsch?«

Diego lachte. »Ihr müsst Euch nur eine reiche Braut suchen, Master, dann würdet Ihr über zwanzig Pfund die Nase rümpfen.«

»Du bist nicht auf den Kopf gefallen, wie ich sehe. Der Nähsalon deiner Lady ist sicher ein kleines Vermögen wert.«

»Falls sie mich nimmt ...«

»Ich habe mit eigenen Augen gesehen, dass sie sich an dich klammerte wie ein Efeu an eine Steinmauer.«

»Das bedeutet nicht, dass sie mich auch heiraten wird. Es gehört viel Mut dazu, einen Ausländer zu heiraten, besonders einen wie mich.« James war froh, dass sein Diener inzwischen wieder so klar denken konnte, dass er einsah, dass eine Heirat etliche Probleme mit sich bringen würde. Das ersparte es *ihm*, Diego einen Dämpfer zu verpassen, und er konnte in der weitaus angenehmeren Rolle eines Mutmachers bleiben.

»Wenn sie über Dinge wie deine soziale Stellung und deine Hautfarbe hinwegsehen kann, ist sie ein kluges Mädchen, und ihr beide verdient es, miteinander glücklich zu werden. Die Familie Lacey wird hinter euch stehen und ihren Einfluss geltend machen, falls es irgendwelche Einwände gibt.« James dachte kurz an Christopher Turner, der gewiss versuchen würde, Diego alle möglichen Steine in den Weg zu legen. »Egal, wer dagegen ist – ob Freunde oder Familie: Sowohl der Earl als auch ich stehen hinter dir und werden deinen ausgezeichneten Charakter bezeugen.«

»Das ist sehr großzügig, Meister.« Diego schien nicht so recht zu wissen, was er von diesen überschwänglichen Worten halten sollte. »Ich danke Euch. Denn wenn Milly meinen Antrag annimmt, werden wir jede Unterstützung brauchen. Allein schon dadurch, dass ich gestern Abend vor ihrer Tür wartete, habe ich bei einigen Bürgern der Stadt Ärgernis erregt. Ich wage gar nicht erst daran zu denken, was es für Folgen hat, wenn bekannt wird, dass wir heiraten wollen.«

»Diese Bürger, wer waren sie?«

»Drei Zuhälter und ihre Dirnen.«

James lachte. »Oh weh, was können der Earl von Dorset und ich tun, um gegen den Einfluss solch herausragender Persönlichkeiten Londons anzukommen? Ich fürchte, die Lage ist hoffnungslos!«

Mit einem traurigen Lächeln schüttelte Diego den Kopf. »Sie sind nicht die Einzigen, die einen Ausländer als Kreatur des Teufels betrachten.«

»Dann müssen wir zusehen, dass sie glauben, dich habe ein Engel geschickt. War nicht einer der Jünger unseres Heilands ein Äthiopier? Und auch die Königin von Saba muss dunkelhäutig gewesen sein, gilt aber nach wie vor als Inbegriff von Schönheit.«

»Eben noch Soldat, nun Theologe – Ihr seid ein wahres Wunder, oh gelehrter und weiser Lord.«

»Und du, Diego, bist ein vorlauter Frechdachs und ein echter Glückspilz, weil du eine so bezaubernde Braut hast!«

»Ich weiß, Sir.«

»Ich hoffe, dass du unserer Familie auch im Falle einer Heirat treu bleibst und ihr *beide* nach Lacey Hall kommt.«

»Ich danke Euch, Mylord. Dann müssen wir ja nur noch die Lady selbst überreden.«

Jane wartete vor dem königlichen Schlafgemach, während Blanche Parry und die anderen Damen des inneren Zirkels der Monarchin halfen, sich für die Audienz an diesem Nachmittag umzuziehen, zu der ausländische Besucher erwartet wurden. Janes Rolle als Neuzugang unter den Hofdamen bestand darin, jede wichtige Nachricht zu überbringen – damit ja kein männliches Wesen – und sei es auch nur der niederste Botenjunge – einen Blick auf die Königin erhaschen konnte, wenn sie nicht ihre Rüstung in Form eines atemberaubenden Gewands, einer kunstvoll frisierten Perücke und Schichten von Schminke im Gesicht hatte.

Während Jane an der Tür zum Allerheiligsten stand und in die Flammen schaute, die im Kamin flackerten, wuchs ihr Stolz auf ihre eigenwillige Herrin. Nach Aussage von Mistress Parry war Elisabeth mit ihren langen, Tudor-roten Haaren eine wahre Schönheit gewesen, als sie mit Anfang zwanzig den Thron bestiegen hatte, aber auch jetzt, als reife Frau, wusste sie ihre weiblichen Reize noch immer geschickt einzusetzen. Sie regierte ihren Hofstaat mit sanfter und doch eiserner Hand und ließ sich von den Männern an ihrem Hof nicht über den Tisch ziehen.

Eine kurze, laute Unterhaltung an der Tür zum Audienzsaal lenkte Janes Aufmerksamkeit auf sich. Dann trat der Wächter zur Seite und ließ Walter Raleigh eintreten. Die drei anderen Hofdamen, die mit ihrem Stickrahmen am Kamin saßen, erhoben sich und zupften verstohlen an ihren Kleidern herum, um einen guten Eindruck auf den Günstling der Königin zu machen. Jane stand stoisch und reglos da und verbot es sich, ihren mit Perlen besetzten Kopfputz zurechtzurücken, obwohl es sie in den Fingern juckte.

»Meine Damen, guten Morgen!«, rief Raleigh fröhlich. Er sah prachtvoll aus in seinem blassgrünen Samtwams und mit den farblich passenden Strümpfen; seine Oberbekleidung war mit Zickzackabschlüssen und etlichen Schlitzen verziert, durch die der goldene Futterstoff schimmerte. Er sah aus wie eine Narzisse kurz vor dem Erblühen. »Wie ich höre, ist Eure Herrin anwesend!«

»Jawohl, Sir«, säuselte Lady Mary Burnett mit einem koketten Augenaufschlag und starrte ihn dann mit ihren großen braunen

Augen an wie eine liebeskranke Kuh, die unversehens vor einem Preisbullen steht. »Sie lässt Euch bitten, hier auf sie zu warten.«

Lächelnd erwiderte Raleigh ihren Blick. »Es wird mir ein Vergnügen sein«, sagte er mit sonorer Stimme, beugte sich herab und küsste ihre Hand.

Eine mädchenhafte Röte überzog ihre Wangen, sie setzte sich wieder und nahm ihre Näharbeit von dem Hocker, der direkt neben ihr stand. Raleigh übersah die dezente Aufforderung, sich neben sie zu setzen, und stolzierte durch den Raum. Spöttisch inspizierte er die Wandbehänge und schüttelte vor der Szene von Adam und Eva im Garten Eden missbilligend den Kopf. Jane spürte, dass er ganz genau wusste, dass sie an der Tür zum königlichen Gemach stand und Wache hielt, weil er angestrengt so tat, als hätte er sie nicht gesehen.

Und tatsächlich – als er beim Abschreiten des Raums bei ihr ankam, tat er sehr überrascht.

»Ah, Lady Rievaulx, ich hatte schon gehört, dass Ihr am Hof seid.« Er verbeugte sich. »Gratuliere zu Eurer Ernennung.«

»Sir.« Huldvoll neigte Jane den Kopf, denn ihr Rang erlaubte ihr diese kühle Form der Begrüßung. Es fiel ihr schwer, nicht daran zu denken, dass ihre letzte private Unterhaltung an jenem denkwürdigen Nachmittag stattfand, als sie ihm ihre Unschuld schenkte, weil sie törichterweise geglaubt hatte, er liebe sie.

Sein Gesicht wurde sehr ernst. »Ich möchte Euch noch mein Beileid zum Tod Eures Gemahls, des Marquis, aussprechen. Er war ein guter Mensch.« Er machte Anstalten, ihre Hand zu nehmen, um sie tröstend zu drücken, doch Jane legte sie rasch auf den Rücken.

»Ich danke für Eure Anteilnahme, Sir.«

Raleigh trat noch einen Schritt näher zu ihr, als wollte er einen Wandteppich direkt hinter ihrem Kopf begutachten, nahm ihren Ellenbogen, um auf eine Einzelheit zu deuten, die offenbar sein Interesse geweckt hatte. Er senkte die Stimme.

»Warum so formell, meine Liebe? Ich dachte, wir stünden uns etwas näher.«

Jane blickte sich besorgt um und sah, dass alle drei Ladys am Kamin interessiert herüberschauten.

»Ich bereue jenen Zwischenfall«, fauchte Jane leise, »und möchte Euch als Gentleman bitten, ihn niemals mehr zu erwähnen.«

Raleigh streichelte die Innenseite ihres Arms durch den weißen Satinstoff hindurch und ließ das weiche Material sachte auf und ab gleiten. »Ich persönlich bereue gar nichts, Liebste. Ihr wart entzückend in Eurer Leidenschaft – so echt und ungezügelt. Sehnt Ihr Euch nicht auch nach einer Wiederholung? Als Witwe steht es Euch zu, und niemand würde es Euch verübeln.«

Niemand, außer ich mir selbst, dachte Jane. Am liebsten hätte sie ihm ins Gesicht geschleudert, dass ihre Leidenschaft vielleicht echt gewesen sein mochte, die seine aber ganz gewiss nicht. Er wusste, dass sie danach mit einem Heiratsantrag gerechnet hatte. Aber was hätte es genutzt? Raleigh war zu gerissen, um sich von einem weiblichen Wesen ködern zu lassen, das ihm keinen hochrangigen sozialen Status eingebracht hätte – und rücksichtslos genug, um jede Anschuldigung, dass er sie verführt hatte, für sich zu nutzen. Da war es besser, nicht auf seine Schmeicheleien einzugehen – was zudem ein herber Schlag für seine männliche Eitelkeit war.

»Offen gestanden, Sir, habe ich in der Zwischenzeit einiges an Erfahrung gesammelt«, schwindelte Jane und fuhr in einem rauchig-einladenden Flüstern fort: »Und ich werde in Zukunft zweifellos noch mehr sammeln.« Sie machte eine kurze Pause und sah die Hoffnung in seinen Augen aufblitzen, erneut in ihren Armen zu liegen. Sie lächelte ihn kühl an. »Aber nicht mit Euch. Ich danke Euch, dass Ihr mich in die Geheimnisse von Venus eingeführt habt, doch ehrlich gesagt gelüstet es mich inzwischen nach Liebhabern mit größerem Können und größerer Raffinesse.«

Sie hätte fast laut aufgelacht, als er wütend die Zähne aufeinanderbiss und ein Muskel an seinem Kinn zuckte. Er nahm seine Hand von ihrem Arm, als hätte er sich verbrannt. »Verstehe.«

Sie sah ihm an, dass ihm die Frage auf der Zunge lag, wer zu der Legion von Liebhabern gehörte, die ihn im Bett überboten hatten. Ha, sollte er sich ruhig den Kopf zerbrechen! Wann immer er sie in Zukunft sah, würden sein Selbstvertrauen und noch etwas anderes vor Komplexen schrumpfen.

»Gut, Sir«, entgegnete Jane keck.

Die Tür zum Schlafgemach wurde aufgerissen, und sie fuhren herum. Elisabeth stürmte heraus, zog ein elegantes Paar weiße Ziegenlederhandschuhe über ihre beringten Finger und schob die Schlitze hin und her, bis die Edelsteine herausschauten und bewundert werden konnten.

»Master Raleigh, wieder mal hinter einer meiner Hofdamen her, wie ich sehe«, sagte die Königin gespielt heiter, aber mit einem vorwurfsvollen Blick.

»Ich fürchte, Euer Majestät, ich habe die arme Lady Rievaulx mit meiner Meinung über die flämische Webkunst nur gelangweilt«, beeilte sich Raleigh zu sagen. »Eure Eva sieht aus, als bekäme sie nur selten etwas zu essen.« Er deutete auf die Figur auf dem Wandteppich, deren Oberweite tatsächlich zu wünschen übrig ließ. »Und Adam müsste dringend zu einem Barbier.«

Die Königin beäugte das Paar auf dem Wandteppich naserümpfend. »Ihr habt recht, Raleigh. Das ist mir bisher entgangen. Aber wir können es uns nicht leisten, Geld für neue Wandteppiche auszugeben, solange Englands Schatztruhen weiterhin fast leer sind.«

Raleigh griff das Stichwort auf. »Dann lasst mich Euch einen anderen Wandteppich für diesen Raum hier schenken! Ich habe einen, der Euch sicherlich gefallen wird – Salomon, der den Tempel für den Herrn baut, genau wie Ihr, Madam, Eure Nation aufbaut.«

Die Königin lächelte geschmeichelt. »Ich nehme Euer Angebot gerne an.«

Sie schwebte weiter. Raleigh blieb noch einen Augenblick bei Jane stehen, um ihr etwas zuzuflüstern.

»Seht Ihr, was Ihr mich gerade gekostet habt?«

Jane biss sich auf die Lippen, um nicht laut zu lachen. »Ihr habt mich angesprochen, Sir, nicht umgekehrt! Ihr habt eine eifersüchtige Geliebte.«

Er räusperte sich, als ihm das Komische an dieser Situation aufging. »Stimmt. Ihr seid nicht mehr das naive Mädchen, das ich in Yorkshire kennenlernte, nicht wahr, Lady Rievaulx?«

»Nein, das bin ich nicht mehr. Und Ihr, Sir, hattet ungeachtet all Eurer anderen Fehler immer ein gutes Urteilsvermögen.«

Damit entlockte sie ihm ein Lachen. »Gut gemacht, fürwahr, ein Kompliment verbunden mit einer Beleidigung. Willkommen bei Hofe, Mylady!«

10. Kapitel

Von ihrem Platz neben dem Thron in der zugigen großen Halle aus beobachtete Jane die kleine Parade von ausländischen Würdenträgern, die zu einer Audienz bei Elisabeth gekommen waren. So viele kostbare Stoffe, Edelsteine und Pelze sah man nur selten an einem Ort versammelt. Selbst ihr eigener Vater hatte irgendwo ein neues schwarzes Seidenwams aufgetrieben, um der Grafschaft Wetherby durch seine Aufmachung keine Schande zu machen.

»Euer Majestät, darf ich Euch Clément Montfleury vorstellen, Sohn des Herzogs de Valère, aus der Region Bordeaux in Frankreich?« Janes Vater kniete als Bittsteller vor der Königin und hoffte auf ein Zeichen königlicher Gunst. Sein Haupt, das er so selten vor jemandem beugte, war gesenkt, sodass man sehen konnte, dass sich seine grau melierten Haare am Hinterkopf lichteten.

Auf das Nicken der Königin hin trat sein Protegé vor, leichtfüßig wie ein Moriskentänzer, und schwenkte ein Seidentüchlein, um seine Verbeugung zu unterstreichen. Auch er sank auf die Knie und wartete untertänig auf das königliche Zeichen, sich wieder erheben zu dürfen. Jane schnappte entgeistert nach Luft. Ihr Vater musste einen Scherz gemacht haben, als er sagte, dass er sie mit diesem Lackaffen verheiraten wolle, der maximal einen Meter fünfzig groß war und unglaublich weibisch wirkte. Jane hätte gewettet, dass ihr vom Parfüm seines übertrieben gepflegten schwarzen Barts übel werden würde, falls ihr dieser Mann zu nahe käme.

Die Königin, die sich nicht vor einer Zwangsheirat mit diesem Mann fürchten musste, fand ihn offenbar recht amüsant. Wer Elisabeth genau kannte, sah ihre Mundwinkel zucken.

»Seigneur Clément, willkommen bei Hofe.« Sie streckte ihre Hand aus, zum Zeichen, dass er sich erheben und ihren Siegelring küssen durfte, was der französische Adlige auch tat – nicht ohne plötzlich schrill und nervös loszukichern, was er aber rasch wieder unterdrückte. Elisabeth zog amüsiert eine Augenbraue hoch.

»Ich hoffe, Eure Familie erfreute sich bester Gesundheit, als Ihr sie verließet, Sir?«, fragte sie in fließendem Französisch. »Ich habe Euren Vater einmal getroffen, wie mich deucht, vor ungefähr zehn Jahren.«

»Er betrachtet es als … als große Ehre, Euer Majestät.« Cléments Stimme klang etwas piepsig. »Er spricht sehr oft von Euch und betet für das Glück Eures Reiches.«

Janes Augen schweiften zu ihrem Bruder, der am Rand der Halle stand. Mit kühlem, berechnendem Blick beobachtete er die Vorstellung des Franzosen, versuchte, die Stimmung der Königin zu ergründen und auch, was es für den sozialen Aufstieg seiner Familie bedeutete. Er musste Janes Blick gespürt haben, denn er drehte ihr den Kopf zu und lächelte sie an, mit einem Nicken in Richtung des Franzosen. Jane reagierte mit einem finsteren Blick und einem leichten Kopfschütteln.

»Und was hat Euch nach England geführt, *Monsieur*?«, erkundigte sich die Königin höflich, diesmal in ihrer Muttersprache, um auch Lord Wetherby in das Gespräch einzubinden.

»Lord Clément und ich sind Geschäftspartner, Euer Majestät, was sich, wie wir hoffen, für beide Länder als sehr vorteilhaft erweisen wird.« Auf ein Nicken der Königin hin erhob sich auch Janes Vater von den Knien. »Außerdem kam er auch auf mein Betreiben hin, um meine Tochter, die verwitwete Marquise Rievaulx, kennenzulernen. Mit Eurer hochgütigsten Erlaubnis, Majestät, planen wir ein Band zwischen unseren beiden Familien zu knüpfen.«

Jane spürte, dass sich die Aufmerksamkeit des ganzen Hofes mit einem Schlag auf sie richtete. Sie bemühte sich redlich, sich nichts anmerken zu lassen und ein fröhliches Gesicht zu machen, um ihren Gegnern nicht noch mehr Munition in die Hand zu geben.

Die Königin winkte Jane nach vorn. »Lady Rievaulx, Ihr wisst von der geplanten Verbindung?«

Jane trat näher und kniete sich seitlich neben die Königin. »Mein Vater hat mir vor einigen Tagen davon berichtet, Euer Majestät, doch ich sagte ihm, dass ich noch um meinen verstorbenen Gatten trauere.«

Elisabeth winkte sie wieder weg. »Ich werde diese Angelegenheit überdenken, Lord Wetherby, Seigneur Clément, und meine Antwort übermitteln lassen. Aber ich sage gleich, dass ich meine neueste Hofdame nur ungern wieder verliere, noch ehe ich mich an ihre Anwesenheit in meinem Haushalt gewöhnt habe.«

Jane musste einen Seufzer der Erleichterung unterdrücken; wenn Elisabeth Ausflüchte machte – wie es ihre Art war, wenn sie keine Entscheidung treffen wollte –, ging dieser Kelch vielleicht an ihr vorüber und es bliebe ihr erspart, dem Franzosen persönlich einen Korb geben zu müssen.

Die Königin entließ die beiden Bittsteller und blickte zur nächsten Gruppe, die darauf wartete, vortreten zu dürfen. Mit Schrecken sah Jane die drei Paton-Brüder näher kommen und niederknien. Herrje, heute musste ihr Pechtag sein!

»Mylord Marquis.« Die Königin begrüßte Richard mit einem knappen, kühlen Nicken. Ihr Sekretär beugte sich zu ihr und flüsterte ihr ins Ohr, weshalb die Patons um eine Audienz gebeten hatten. »Ich habe Euren Brief erhalten, in dem Ihr die Witwenansprüche Eurer Stiefmutter anfechtet. Ist das nicht ein Fall für das Gericht? Mit welcher Absicht kommt Ihr damit zu mir?«

Nach einem gehässigen Blick auf Jane sagte Richard: »Da unsere Stiefmutter nunmehr in Eurem Haushalt dient, empfinden wir es als unser Recht, Euer Majestät davon in Kenntnis zu setzen, in welch prekäre Lage sie unsere Familie gebracht hat.«

»Verstehe, sehr rücksichtsvoll.« Mit einem amüsierten Lächeln winkte Elisabeth Jane erneut näher. »Wie es scheint, seid Ihr heute sehr gefragt, Lady Rievaulx.«

Jane fand es weniger amüsant. »Fürwahr, Madam.«

»Und doch habe ich von Eurer Seite noch nichts von dieser Auseinandersetzung gehört, wie ich es von einer Person aus meinem Hofstaat eigentlich erwartet hätte. Warum das?«

Der eigentliche Grund war, wie Jane kurz dachte, dass sie die Königin kaum kannte und folglich nicht wissen konnte, wie diese die Sache sehen würde. Doch wenn sie geahnt hätte, dass die Patons sich so rasch an die Herrscherin wenden würden, wäre sie ihnen natürlich zuvorgekommen. Doch diese Argumente hätten ihr sicher nicht die Sympathie der Königin eingebracht. Jugendliche Naivität und Unerfahrenheit waren vermutlich die beste Taktik.

Jane schlug sittsam die Augen nieder und betrachtete ihren Ehering, in der Hoffnung, dass Richard sich bei seinem Anblick gehörig ärgern würde. »Ich bin erst vor Kurzem Witwe geworden, Madam, und kenne mich mit dem Gesetz nicht aus. Ich habe nur die Wünsche befolgt, die mein Gatte auf seinem Sterbebett äußerte, und nicht bedacht, dass jemand daran Anstoß nehmen könnte.«

»Aber diese Männer tun es«, gab Elisabeth zu bedenken und blickte auf Richard Paton.

»Und ob!«, fauchte der Marquis. »Traurigerweise müssen wir annehmen, dass mein Vater während seiner letzten Lebensmonate den Verstand verlor und diese intrigante junge Frau geheiratet hat, bevor wir ihn daran hindern konnten. Dabei konnte er ihr nicht einmal beischlafen – sein Arzt schwört, dass er dazu nicht mehr in der Lage war –, und folglich behaupte ich, dass sie niemals wirklich seine Frau war!«

Jane starrte peinlich berührt auf den Fußboden und wünschte, die Erde würde sich öffnen und sie verschlingen – oder noch besser: Richard verschlingen und in der Hölle wieder ausspucken.

Elisabeth runzelte die Stirn. »Das ist kein Thema, das öffentlich diskutiert werden sollte, Mylord Marquis, und Euer Ton ist ungehörig. Sollte die Ehe nicht vollzogen worden sein, müsst Ihr die Kirchenbehörden konsultieren. Ich möchte jedenfalls nichts mehr davon hören!«

Die Königin entließ ihn mit einer unwilligen Handbewegung, doch es war schon zu spät. Das bisher nur geflüsterte Gerücht war laut und deutlich vor dem ganzen Hof ausgesprochen worden. Jane fühlte sich bis auf die Knochen blamiert. Die meisten Anwesenden versuchten zwar, sich nichts anmerken zu lassen, doch Jane wusste, dass sie nur darauf warteten, sich später in den Korridoren und Vorzimmern die Mäuler zu zerreißen und ihren guten Ruf für immer zu zerstören.

Sobald es Jane möglich war, sich zurückzuziehen, flüchtete sie sich in ihr Zimmer. Die anderen Hofdamen waren sicher zu höflich, um sie auf ihren jungfräulichen Witwenstatus – oder den französischen Bewerber – anzusprechen, aber sie lachten sich bestimmt ins Fäustchen und freuten sich über den Skandal, sobald sie selbst die Bühne verlassen hatte. Bei diesem Gedanken schäumte Jane vor Wut.

Kaum war sie in ihrem Zimmer, griff sie nach dem erstbesten Gegenstand und warf ihn an die Wand. Der Krug zerschellte, das Wasser spritzte in alle Richtungen.

»Er sei verdammt, verdammt, verdammt!« Jane ballte die Hände zu Fäusten. Wen sie damit zur Hölle wünschte – Richard Paton oder ihren Vater –, wusste sie selbst nicht, vermutlich aber beide.

»Mylady, was ist passiert?« Ihre Zofe stand mit besorgter Miene in der Tür.

»Lass mich allein!«, befahl Jane, die allein sein wollte, bis sie sich wieder beruhigt hatte.

»Aber Mylady …«

»Hinaus!«

Die Zofe zog die Tür zu und lief davon.

Na großartig, das hatte sie gut gemacht! Nun hatte sie ihre Zofe vor den Kopf gestoßen, die sicher am ganzen Hof herumposaunen würde, wie sie auf die Szene im Audienzsaal reagiert hatte. Im Umgang mit der Dienerschaft war ihr aufbrausendes Naturell schon immer verhängnisvoll gewesen.

In ihrer Verzweiflung ließ sich Jane auf ihr Bett fallen, streifte die Schuhe von den Füßen und rollte sich zusammen. Die Stille in ihrem Zimmer rief ihr in Erinnerung, wie einsam sie seit Jonas' Tod war, da sie keine Freunde am Hof hatte.

Aber nein, das stimmt gar nicht, sagte sie sich, *einen* Menschen gab es, der zu ihr hielt. Sie blickte auf das leere Kissen neben ihr und stellte sich vor, James Lacey läge dort und tröstete sie. Er würde ihr einen Arm um die Schultern legen, ihren Kopf an seine Brust betten und ihr sagen, sie brauche sich keine Sorgen zu machen. Dieser weibische Zwerg von Franzose würde sich nicht zwischen sie stellen; die habgierigen Patons würden ihr weder ihre Mitgift noch den Ring oder ihre Witwenanrechte wegnehmen, solange er da war, um sie zu beschützen.

Eine schöne Fantasie, aber leider nur das – ein Hirngespinst, wie Jane sich eingestehen musste. James mochte zwar ein guter Freund sein, aber er schien nicht gewillt, in England zu bleiben, um ihr beizustehen.

Durham House, Westminster

Nach einer kläglichen Leistung im ersten Durchgang bereute James, dass er Raleighs Einladung zum Bogenschießturnier im weitläufigen Garten von Durham House angenommen hatte. Die anderen jungen Edelmänner, die an der Veranstaltung teilnahmen, hatten so hohe Wetten abgeschlossen, dass er mit seiner schmalen Geldbörse nicht mithalten konnte, und seine Leistungen auf dem

Schießplatz hatten ihm bei seinen Mitstreitern auch keine Lorbeeren eingebracht. Er hatte mehr Geschick im Umgang mit dem Schwert als mit Pfeil und Bogen, doch das würde kein echter Engländer freiwillig zugeben. Deshalb machte er hartnäckig weiter und ärgerte sich schwarz, dass sein Name ständig auf der unteren Hälfte der Tafel stand.

Raleigh klopfte ihm auf den Rücken. »Etwas eingerostet, hm, Lacey?« Er selbst hatte die Zielscheibe mit allen sechs Pfeilen aus seinem Köcher getroffen, einmal sogar mitten ins Schwarze. Im Moment war er Zweiter, gleich hinter Lord Clément Montfleury – der Franzose hatte sich zur Überraschung aller als Meisterschütze entpuppt. Trotz seiner zierlichen Gestalt war er drahtig und so kräftig, dass er selbst die größten Bogen spannen konnte.

»Sieht ganz so aus«, erwiderte James kühl. Groß und stark, wie er war, hatte er kein Problem damit, auch die Sehne des größten Langbogens zu spannen, doch seine Pfeile flogen alle zu weit nach links. Einer hatte die Zielscheibe peinlicherweise sogar komplett verfehlt und sich in den Weidezaun dahinter gebohrt.

Raleigh rieb sich die Hände. »Ich sollte Euch warnen: Die Königin wird kommen, um dem Sieger einen Preis zu überreichen und vermutlich selbst ein paar Pfeile abzuschießen – sie ist eine begeisterte Bogenschützin. Falls Ihr einen guten Eindruck auf sie machen wollt, solltet Ihr Euch etwas mehr anstrengen. Oder sollen wir zulassen, dass der Franzmann gewinnt? Denkt an die Schlacht von Azincourt im Jahre 1415 – damals haben die englischen Bogenschützen die französischen vernichtend geschlagen!«

»Weise Worte, Sir, aber ich fürchte, ich muss die Hoffnung auf einen Triumph Englands auf andere Schultern legen.«

»Soso.« Raleigh lachte und freute sich über James sichtliches Unbehagen.

Gegen Mittag traf die Königin mit ihrem Gefolge an den Stufen am Flussufer ein. James hielt sich im Hintergrund, während Raleigh die Herrscherin und ihre Hofdamen in den Garten führte, wo sie unter dem eigens aufgebauten Baldachin Platz nahmen. Ein weißes, mit goldenen Sternen bemaltes Segeltuch schützte die Herrscherin vor dem leichten Nieselregen. James sah auf den ersten Blick, dass auch Jane unter den Hofdamen war, gekleidet in einen eleganten, pelzverbrämten schwarzen Mantel über einem cremefarbenen Kleid. Sie sah wunderschön aus, wie eine grazile Lilie neben einer voll erblühten Rose – die Königin in Scharlachrot.

Auf Raleighs Zeichen hin kamen Diener mit Erfrischungen aus allen Richtungen gelaufen. Heißer Punsch in Zinnbechern war eine willkommene Stärkung an diesem kühlen Tag. James wärmte die Finger an seinem Becher und atmete den heißen, nach Nelken riechenden Dampf ein. Verborgen hinter der Tribüne der Königin spielten Musikanten eine Auswahl an lebhaften Volksmelodien, was eine festliche Stimmung verbreitete. Die Fastenzeit mochte zwar eine ruhige, ernste Zeit des Jahres sein, doch clever, wie Raleigh war, hatte er eine Möglichkeit gefunden, um die offizielle Düsternis der vorösterlichen Zeit zu umgehen. Kein Kirchenmann konnte Einspruch erheben, wenn gottesgläubige Männer sich in der Kunst des Bogenschießens übten.

Charles Blount, der Sohn von Lord Mountjoy, kam zu James geschlendert, um ihn zu begrüßen. Als Höfling, der von seinem verschwenderischen Vater bewusst knapp gehalten wurde, kannte er die Probleme, die sich ergaben, wenn man bei Hof mit wenig auskommen und doch den äußeren Schein wahren musste.

»Lacey. Nicht Eure Sportart, wie ich sehe.«

»Das ist offenkundig, nicht wahr?«

»Nun, nachdem ich von Eurem Können auf der Fechtbahn wahre Wunderdinge hörte, bin ich froh zu sehen, dass Ihr auch eine Achillesferse habt.«

»Nicht nur eine, wie ich gestehe.«

Die beiden Männer beobachteten das geschäftige Treiben um die Königin in freundschaftlichem Schweigen, und Blount fuhr mit dem Zeigefinger an der Sehne seines Bogens auf und ab, als würde er Harfe spielen.

»Eine erstaunliche junge Frau, diese Lady Rievaulx, findet Ihr nicht auch?«, merkte Blount an, der James' Blick gefolgt war. Jane hatte alle Erfrischungen abgelehnt und sich diskret an die Rückwand des Zelts zurückgezogen.

»In der Tat.« Mehr als erstaunlich, einfach traumhaft schön.

»Habt Ihr schon gehört, was gestern Abend vorgefallen ist?«

Ein paar Tropfen schwappten über den Rand von James' Becher. »Nein, ich war nicht am Hof.«

»Ah, dann habt Ihr das Neueste über sie gewiss noch nicht gehört. Zwei Neuigkeiten, um ganz genau zu sein.« Blount freute sich so, dass er James die skandalträchtigen Einzelheiten unterbreiten konnte, dass er gar nicht merkte, in welchen Aufruhr er seinen Gesprächspartner damit stürzte. »Ihr Vater will sie mit dem Franzosen dort vermählen.« Diskret deutete er auf Montfleury, der inmitten einer Schar junger Männer stand und sich in ihrer Bewunderung sonnte. »Wenn es diesen Pfau im Bett nach einer *Frau* gelüstet, bin ich der Papst von Rom! Aber vermutlich legt Wetherby keinen Wert auf Enkelkinder – zumindest keine ehelichen.«

James biss die Zähne zusammen und versuchte, ruhig zu bleiben, obwohl er am liebsten zu diesem Montfleury gestürmt wäre und seinen Bogen entzweigebrochen hätte.

»Und als wäre das nicht amüsant genug, haben die Patons bei der Königin Klage über sie geführt. Der Marquis ist damit herausgeplatzt, dass Lady Rievaulx angeblich noch Jungfrau ist – also nie die wahrhaftige Frau seines Vaters war – und ihr infolgedessen keine Witwenansprüche zustehen.« Blount lachte wie ein Mann von Welt. »Nun stehen wir natürlich alle Schlange, um sie von ihrer Jungfräulichkeit zu erlösen, damit ihren reizenden Stiefsöhnen der Wind aus den Segeln genommen ist – falls uns nicht längst ein anderer zuvorkam. Es sind nämlich auch Gerüchte im Umlauf, die besagen, dass sie früher einem bestimmten Mann gegenüber etwas zu entgegenkommend war.«

»Wen meint Ihr?«, fragte James mit zusammengebissenen Zähnen und verspürte den völlig unsinnigen Drang, jeden niederzuschlagen, der es wagte, Jane auch nur zu *berühren*.

»Oh, dass sie keine Jungfrau mehr ist, ist nur Gesindegerede – zweifellos verleumderisch. Euch hält man übrigens für einen der Spitzenreiter im Wettrennen um ihre Gunst, mein Freund.«

»Mich?« James machte einen Schritt zurück, ehrlich verblüfft über diese Aussage. »Warum denn das?«

»Eine hitzige Auseinandersetzung auf der Tanzfläche, ein vertrauliches Gespräch beim Bankett – Ihr und sie benehmt euch, als würdet ihr euch sehr gut kennen.«

»Ich kenne die Lady nicht in *dieser* Hinsicht, Sir«, erwiderte

James steif. »Und ich habe keinen Grund, ihre Tugend infrage zu stellen.«

»Schade.« Blount zwinkerte ihm zu. »Mit den *nicht* tugendhaften Frauen hat man sehr viel mehr Spaß.«

Nachdem sich die Königin von der Bootsfahrt erholt hatte, erhob sie sich und führte ihre Hofdamen zum Schießplatz. »Bringt die Jagdbogen! Meine Damen werden gegen den Sieger von Master Raleighs Turnier antreten.«

Elisabeths eigener Versuch fiel weniger gut aus als sonst, was sie dem feuchten Wetter zuschrieb. Ihre Hofdamen wussten nicht recht, ob sie die Königin gewinnen lassen oder selbst gut dastehen wollten, bis die Königin nach dem absichtlichen Fehlschuss einer Lady spöttisch sagte: »Meine Damen, vergesst alle Rücksicht. Ich bin nicht so zart besaitet, als dass ich es nicht verkraften könnte, wenn mich gelegentlich jemand übertrifft!«

Sofort verbesserten sich die Leistungen. James freute sich, als er sah, wie gut Jane mit Pfeil und Bogen umzugehen verstand. Sie entpuppte sich sogar als eine der Besten. Er gesellte sich zu den anderen Gentlemen, die den hübschen Damen nach jeder Runde ihre Pfeile zurückbrachten.

Mit einer galanten Verbeugung überreichte er Jane ihre mit roten Bändern gekennzeichneten Pfeile. »Ihr überrascht mich immer wieder, Mylady. Wo habt Ihr gelernt, so gut zu schießen?«

Jane legte einen Pfeil in ihren Bogen und hob ihn hoch, bis die Federn ihre Wange streiften. Dann spannte sie die Sehne, zielte und schoss. Der Pfeil traf mitten ins Schwarze. »Wenn man einen Bruder wie ich hat, Sir, will man ihn zumindest in *einigen* Dingen von seinem hohen Ross werfen.«

Jane wurde unter großem Jubel zur Siegerin der Damenwelt erklärt. Erst danach erfuhr sie, mit wem sie sich in der Endrunde messen würde – was zu etlichen Scherzen Anlass gab, dass auch Amors Pfeile hin und wieder danebentrafen. James sah Jane an, wie peinlich ihr diese Situation war – erneut würden sie und ihr unpassender Verehrer im Mittelpunkt der allgemeinen Aufmerksamkeit stehen. Sie wirkte sehr einsam und verlassen, als sie nun an der Fünfzig-Schritt-Marke stand und versuchte, so zu tun, als ginge sie das alles nichts an. Der Franzose dagegen schien entzückt über diesen Zufall und winkte ihr mit seinem albernen Taschentuch zu, offenbar in der irrigen Annahme, sie mit seinem Imponiergehabe beeindrucken zu können. James konnte es nicht länger mit ansehen. Er trat nach vorn und nahm Jane den Köcher von der Schulter.

»Wenn Ihr erlaubt, Mylady, werde ich Euch die Pfeile reichen.«

Jane war sichtlich erleichtert, dass sie nicht mehr allein neben Montfleury stand. »Danke.«

James zwinkerte ihr zu und flüsterte: »Zeigt's diesem französischen Gockel!«

Montfleury tauschte seinen kräftigeren Langbogen gegen einen Jagdbogen aus, wie auch Jane ihn hatte, und steckte sein Tüchlein weg. »*Ladies first,* meine Schöne.«

Jane legte an, wohl wissend, dass alle Augen auf sie gerichtet waren. Das Ergebnis war ein perfekter Treffer. Reglos stand sie da, während der Franzose skeptisch an der Sehne seines neuen Bogens herumzupfte, um deren Spannung zu testen. Als er dann schoss, landete sein Pfeil in einem der äußeren Ringe.

Diese Blamage konnte er natürlich nicht auf sich sitzen lassen.

»*Sacrebleu*! Ich bin diesen Bogen noch nicht gewöhnt!«

»Dann solltet Ihr den Schuss unbedingt wiederholen!« Jane lächelte ihn an. »Ihr braucht noch etwas mehr Übung.«

»*Mais non*, ich halte mich an die Regeln. Niemand soll behaupten können, ich, Clément Montfleury, würde schummeln.«

»Was für eine Art Mann ist er bloß?«, flüsterte James Jane zu, als er ihr den nächsten Pfeil reichte.

Sie hob ihren Bogen. »Ein Mann, der in sich selbst verliebt ist, würde ich sagen.« Ihr zweiter Pfeil landete gleich neben dem ersten, was ihr lauten Applaus eintrug. Montfleury steigerte sich enorm, und sein Pfeil landete immerhin in einem der inneren Kreise.

»Euer Vorsprung wird kleiner, Mylady.« Der Franzose zückte wieder sein Tüchlein und tupfte sich die Regentropfen von der Stirn. »Das Reh flieht, doch der Hirsch bleibt ihm auf den Fersen.«

»Ich fliehe nicht, Mylord, ich führe!« Jane schoss ihren Pfeil ab, der mit einem dumpfen Geräusch als dritter im Zentrum der Zielscheibe landete.

»Ich wette, Ihr stellt Euch sein Gesicht auf der Zielscheibe vor, richtig?« James reichte ihr den nächsten Pfeil.

»Nein, nicht sein Gesicht, Sir.« Jane lächelte kokett zu ihm hoch.

James merkte mit Schrecken, dass er sich gerade zum zweiten Mal in sie verliebt hatte: in diese kämpferische Amazone, die sich tapfer allem Hofklatsch stellte und die Prahlereien ihres Freiers einfach niederschoss. Als sie mit zehn Punkten zur Siegerin erklärt wurde, ertönte lauter Applaus – hatte sie doch wieder einmal bewiesen, dass England im Bogenschießen kaum zu überbieten war. Montfleury tat so, als würde ihm die Niederlage nichts ausmachen, doch James sah ihm an, dass er seiner zukünftigen Braut grollte. James hätte nicht stolzer auf sie sein können.

»Ihr seid wunderbar, Lady Jane.« Nachdem sie Bogen und Köcher einem Diener übergeben hatten, bot James ihr seinen Arm, um sie zur Königin zurück zu geleiten.

Jane schüttelte den Kopf. »Ich hatte nur Glück. Montfleury ist eigentlich ein sehr guter Bogenschütze – er hatte nur das Pech, dass er sich zuerst an den neuen Bogen gewöhnen musste.«

»Jeder Soldat oder Seemann wird Euch sagen, dass das Glück immer eine große Rolle spielt. Ich kenne Männer, die sich weigern, mit einem Kapitän zu segeln, den sie für einen Unglücksraben halten.«

Sie lachte. »Ich habe nicht die Absicht, im Auftrag der Königin durch die Weltgeschichte zu reisen, Jamie.«

»Schade, Ihr würdet eine gute Botschafterin abgeben – eine, die es selbst mit Francis Drake aufnehmen könnte.«

»Ich werde es mir merken – sollte mein Leben am Hof noch unerträglicher werden, muss ich mir eventuell eine neue Bestimmung suchen.«

Sie hatten den Baldachin fast erreicht. Diskret drückte James ihren Arm. »Ich habe von dem Gerede über Euch gehört, Mylady. Solltet Ihr Hilfe brauchen, bin ich jederzeit für Euch da.«

Jane bohrte eine ihrer Schuhspitzen in den Schlamm. »Aber Ihr wollt doch auf eine große Reise gehen. Da werdet Ihr nicht hier sein, um mich notfalls zu beschützen.«

Widerwillig ließ James ihren Arm los. »Ja, aber ich habe die feste Absicht, zurückzukehren. Ich muss etwas tun mit meinem Leben, Mylady. Ich kann nicht ewig ein nutzloser Niemand sein.«

»Ich sehe Euch nicht als Niemand.«

»Aber ich – das ist das Problem. In meiner jetzigen Verfassung kann ich niemandem etwas geben. Ich muss mir zuerst einen Platz erkämpfen.«

»Aber Ihr seid gut genug, wie Ihr seid. Ich brauche keine Rinderherde, die mir Euren Wert beweist.«

James erschrak. Glaubte sie etwa, er mache ihr den Hof? Er wusste nicht, wie er darauf reagieren sollte.

Jane errötete, weil sie merkte, dass sie übers Ziel hinausgeschossen war. »Ich sehe, dass ich Euch vor den Kopf gestoßen habe. Wir beide singen offenbar nicht dasselbe Lied, Master Lacey. Bitte verzeiht mir.«

Ihr Gespräch war zu vertraulich geworden. James brauchte etwas Zeit, um sich wieder zu fassen. Er hatte sich von ihrem Charme betören lassen und ihr Anlass zu falschen Hoffnungen gegeben. »Lady Jane, es braucht Euch nicht peinlich zu sein. Ich wünschte, ich könnte dasselbe Lied singen wie Ihr, doch zu vieles spricht dagegen. Es ist ganz normal zu denken, dass eine Freundschaft zwischen einem Mann und einer Frau zu mehr führen könnte.« Die Königin starrte zu ihnen herüber, die Stirn gerunzelt. »Darüber müssen wir in aller Ruhe reden – ich möchte, dass Ihr versteht, warum ich nicht der Richtige für Euch bin. Bitte, können wir uns später sehen? Nach dem Essen im Irrgarten?«

Jane lächelte tapfer und war gerührt, dass er offenbar Schuldgefühle hatte, weil er ihr Anlass zu Hoffnungen gegeben hatte. »Gut, bis dann, Sir.« Sie knickste kurz und eilte dann zur Gruppe um die Königin zurück, wo sie mit Glückwünschen und einem Preis empfangen wurde.

Während James die Preisübergabe beobachtete, hätte er sich am liebsten geohrfeigt. Mit seinem dummen Kommentar hatte er ihr den Moment des Triumphes und die Freude über ihren Sieg verdorben. Sie täuschte sich bestimmt, was die Gründe für seine Zurückweisung betraf. Sie begriff nicht, dass es nichts mit seinen Gefühlen für sie zu tun hatte, sondern nur damit, dass er sich nicht gut genug für sie fühlte. Er war ihrer nicht würdig. Was er über Glück und Unglück gesagt hatte, war sein Ernst gewesen: Er fühlte sich wie ein böser Fluch, der all jene traf, die mit ihm zu tun hatten, und wie könnte er sich einer so strahlenden, bezaubernden jungen Dame wie Jane aufdrängen? Wenn sie ihn heiratete, würde er ihren Glanz trüben und zu einem Parasiten werden, der von ihrem Vermögen lebte. Dann würde er auch den letzten Rest an Selbstachtung verlieren – von dem nach dem Feldzug in die Niederlande ohnehin kaum etwas übrig war.

11. Kapitel

Mit großer Sorgfalt kleidete sich Jane an diesem Abend für ihr Treffen mit James und ließ sich von ihrer Zofe, Margery, mit hundert Bürstenstrichen kämmen, sodass ihre Haare wie Seide über die Schultern fielen. Danach flocht Margery die langen Haare zu zwei dicken Zöpfen, die sie wie eine Krone um den Kopf wickelte und sie zum Schluss mit Janes Lieblingshaube aus schwarzem Samt schmückte. Jane war mit dem Ergebnis aber noch nicht ganz zufrieden. Sie zupfte eine Strähne heraus, die sich spielerisch an ihrer Wange hinunterringelte. Das dürfte ihm gefallen. Zum Schluss trug die Zofe noch einen Hauch von Schminke auf, um Janes Augen zu betonen.

»Ihr seht wunderschön aus, Mylady«, erklärte Margery, als sie beide in den Spiegel blickten.

»Du kannst gehen.« Jane wartete, bis das Mädchen gegangen war, ehe sie tief Luft holte, um Mut zu fassen. James' Reaktion auf ihr Geständnis beim Bogenschießturnier, dass sie ihn sich durchaus als Gemahl vorstellen konnte, hatte sie anfangs bestürzt. Sie war mehrere Stunden lang sehr niedergeschlagen gewesen, doch bei dem Gedanken an das abendliche Treffen hatte sich ihre Laune wieder aufgehellt. Um gut vorbereitet zu sein, übte sie mit einem Stuhl, der die Rolle von James übernahm. Sie erklärte ihm, dass ihr Geld ihr nichts nützte, weil sie sich damit kein Glück kaufen konnte. Sie wisse, dass sie nicht gut genug für ihn sei, da üble Verleumdungen über sie im Umlauf waren. Doch sie würde alles in ihrer Macht Stehende tun, um in seiner Achtung wieder zu steigen. Es sei durchaus möglich, dass er sie für nicht standesgemäß hielte, aber wollte er sie wirklich mit einem Mann wie Clément Montfleury verheiratet sehen? Und was die Patons betraf, so würde er sich als unschätzbares Bollwerk gegen ihre Intrigen erweisen, sodass er keineswegs nutzlos war – ganz im Gegenteil: Sie brauche ihn, um glücklich zu sein. Der Stuhl hatte ihr recht gegeben und es zugelassen, dass sie sich auf seinen Schoß setzte. So, nun musste sie nur noch das lebende Objekt überzeugen.

Der kleine Garten lag verlassen da, als Jane eintraf. Im Februar war es zu kalt, als dass sich jemand nach Einbruch der Dunkelheit noch ins Freie gewagt hätte, und Jane hatte die sauber gefegten Wege für sich. Sie zog ihren pelzverbrämten Umhang etwas enger und stülpte sich die Kapuze über den Kopf. Der Garten war auf allen Seiten von Gebäuden umgeben, überdachte Passagen führten vom Haupthaus zu den Privaträumen. Da Jane keinesfalls noch mehr Klatsch und Tratsch provozieren wollte, suchte sie nach einer Bank, die von den Fenstern aus nicht zu sehen war. In einer Ecke fand sie, was sie brauchte: eine Bank im Schutz dichter, immergrüner Hecken, so gut versteckt, dass man schon Adleraugen gebraucht hätte, um zu sehen, dass hier jemand saß. Jane hatte sich wohlweislich für eine rostfarbene Tunika und einen dunkelblauen Umhang entschieden und trug keinen Schmuck, sodass sie sich sicher sein konnte, dass sie im Schutz dieser Laube fast unsichtbar war.

Sie hörte James' Schritte, noch ehe sie ihn erblickte. Er ging ohne zu zögern in die Mitte des Gartens, stieg sogar über die niedrigen Sträucher hinweg, um sein Ziel schneller zu erreichen. Dort angekommen, stützte er die Hände auf die Hüften und blickte sich um – sichtlich enttäuscht, als er sie nicht gleich entdeckte. Jane gönnte sich das Vergnügen, ihn einige Augenblicke lang ungesehen zu beobachten, ehe sie sich seiner erbarmte.

»Hier drüben!«

Mit schmeichelhaftem Eifer sprang James über eine Einfassung. Er ergriff ihre Hand und hauchte einen zarten Kuss auf ihre Finger.

»Danke, dass Ihr gekommen seid, Mylady.«

Sie klopfte neben sich auf die Bank. »Bitte – ich habe Euch etwas zu sagen.«

James setzte sich, mit etlichen Zoll Abstand zwischen ihnen, wandte ihr aber die Knie zu. Jane begann sofort mit ihrer kleinen Ansprache, die sie mit dem Stuhl eingeübt hatte, und wagte es nicht, ihm in die Augen zu blicken, bis alles ausgesprochen war, was sie auf dem Herzen hatte.

»Wisst Ihr«, schloss sie tapfer, »deshalb sehe ich keinen Grund, der gegen eine … ähm, eine Beziehung zwischen uns spräche.«

Sie hob den Kopf und sah ihn traurig lächeln. Wortlos streckte er die Hand aus und streichelte ihre Wange, ehe seine Fingerspitze an ihrem Kinn verharrte. »Nein, Ihr könnt es nicht begreifen. Ihr seid zu gut, um mich so zu sehen, wie ich wirklich bin.«

»Da täuscht Ihr Euch. Ich habe Euer Wesen sofort erkannt, schon als ich Euch das erste Mal in Lacey Hall traf. Wir gehören zusammen, Jamie, begreift es doch.«

Er beugte sich vor und küsste ihre Lippen, so konzentriert und ernsthaft, als würde ihm das beweisen, dass er doch etwas wert war. Ihr Atem war warm und süß, ihr Mund gab unter dem Druck seiner Lippen nach. Als er sich wieder von ihr löste, sah er ihre geschlossenen Augen und ihren verzückten Gesichtsausdruck.

»Wenn ich mir etwas wünschen dürfte, Lady Jane, dann wäre es, der Mann zu sein, den Ihr verdient.«

Sie riss die Augen auf, und ihr eben noch glückliches Gesicht wurde zornig. »Aber das seid Ihr!«

»Nein, das bin ich leider nicht!«

»Hört auf, das dürft Ihr nicht sagen!« Sie schlang einen Arm um seinen Hals, zog ihn wieder zu sich und küsste ihn heftig und leidenschaftlich, in einem verzweifelten Wunsch, ihn auf diese Weise zu überzeugen. Etwas schien in seinem Inneren nachzugeben; die Wand, die er zwischen ihnen errichtet hatte, stürzte ein, und er ließ seinem Verlangen nach ihr freien Lauf. Seine Hand stahl sich unter ihren Umhang und umfasste ihre Taille, die andere legte sich zwischen ihre Schulterblätter, um sie an sich zu drücken. Diese Umarmung dauerte mehrere Minuten, wurde immer enger und leidenschaftlicher, bis keiner von ihnen noch daran dachte, warum sie hier waren und was ungeklärt zwischen ihnen lag. Als sie sich schließlich voneinander lösten und nach Luft rangen, starrten sie sich an, wie betäubt von dem Blitz der Leidenschaft, der sie getroffen und verbrannt hatte.

»Wer hätte das gedacht?«, murmelte James und knabberte an ihrem Ohr, weil er noch nicht von ihr ablassen konnte.

»Was gedacht?«, murmelte sie, während sie sich entzückt seinen Zärtlichkeiten hingab.

»Dass wir wie Schießpulver und Flamme sind, wenn wir zusammenkommen. Die perfekte Lady und der mit Fehlern behaftete Abenteurer.«

»Unsinn, ich bin nicht perfekt – weit davon entfernt. Ich habe in meinem Leben schon zu viele Fehler gemacht.« Jane wäre gern das Mädchen gewesen, für das er sie hielt – unberührt und rein. Hätte sie doch nur auf jemanden wie ihn gewartet, statt auf den erstbesten Süßholzraspler hereinzufallen, der ihren Weg kreuzte, dann hätte sie sich jetzt stärker gefühlt! Doch ihr Stolz verbot ihr, ihm diesen Fehltritt zu gestehen. Außerdem hatte sie Angst, er könne sie dann verachten.

»Eure Fehler können lediglich Maulwurfshügel sein im Vergleich zu den Gebirgsketten *meiner* Fehler.« James küsste sie zärtlich, als eine Art Abschiedskuss, denn sein Entschluss, sich jedes Glück zu versagen, bis er für seine Sünden gebüßt haben würde, gewann wieder die Oberhand. »Das darf nicht mehr vorkommen.«

Dieser Mann war zum Verzweifeln! Jane hätte am liebsten auf ihn eingeschlagen! Endlich waren sie sich nähergekommen, und schon machte er einen Rückzieher. »Und warum nicht?«, fragte sie ratlos.

»Aus all den Gründen, die ich bereits genannt habe – ich muss fort von hier – Ihr habt etwas Besseres verdient …«

»Ihr seid der Mann, den ich haben möchte – könnt Ihr das nicht akzeptieren?«

Er blieb ihr die Antwort schuldig und streichelte nur ihr Gesicht. »Ihr seid so wunderschön.«

Gereizt schlug Jane seine Hand weg. »Und Ihr seid widerlich stur!«

Er besaß die Frechheit zu lachen. »Gut so, mein Herzblatt, bietet mir Paroli!«

Jane riss eine Handvoll Efeublätter ab und schleuderte sie ihm ins Gesicht. »Warum könnt Ihr mich nicht einfach lieben?«

Ungerührt wischte er sich die Blätter von Kopf und Schultern, äußerlich ganz ruhig. »Dieses Vergnügen steht mir nicht zu.«

»Verflixt!« Jane zog ihren Umhang enger und sprang auf. »Ich verstehe Euch nicht! Ich habe Euch gesagt, was ich für Euch empfinde – und Ihr ... Ihr scheint mich auch genug zu mögen, um mich zu küssen ... und warum können wir dann nicht ein Paar sein? Es ist nur Euer Kopf, der Euch davon abhält. Es gibt keinen triftigen Grund, kein echtes Hindernis!«

Er wich ihrem Blick aus und ließ den Kopf hängen. Sein Schweigen war beredter als alles, was er hätte sagen können.

Janes Hoffnung – vorhin noch eine frische, saftige Frucht – verwandelte sich auf einen Schlag in einen verschrumpelten Winterapfel, der zu lange gelagert worden war. »Und das ist wirklich Euer Ernst, richtig?«

»Richtig.«

»Und ich ... ich kann Euch nicht umstimmen?«

Er blieb stumm.

»Verstehe.« Aus Angst vor einer weiteren Verletzung sprang Jane auf. Sie hatte alles auf eine Karte gesetzt und ihm ihre Gefühle offenbart, doch ihr Angebot war ihm offenbar nicht gut genug. »Dann kann ich Euch nur wünschen, dass Ihr Eure Reise möglichst bald antreten könnt, Master Lacey.« Sie kratzte den Rest ihrer Würde zusammen, knickste kurz und drehte sich dann um.

»Jane, wartet!«

Sie blieb stehen und schluckte ihre Tränen hinunter. Hoffentlich hatte er begriffen, dass er einen Fehler gemacht hatte – bitte!

Er ließ seine leeren Hände hilflos herunterhängen. »Verzeiht mir. Ich wünschte, ich wäre nicht der, der ich bin.«

Das letzte Flämmchen Hoffnung erlosch, und Jane zwang sich zum Gehen. Tapfer setzte sie einen Fuß vor den anderen – das war sie sich und ihrer Selbstachtung schuldig. Doch ihre Füße fühlten sich bleischwer an, als trüge sie Ketten, wie die Gefangenen im Tower, wenn sie zum Richtblock gingen.

Milly hatte eine Ausrede gefunden, um nach Whitehall zu kommen. Aber sie wollte Jane die freudige Nachricht unbedingt selbst erzählen. Als sie ihre Freundin allein in ihrem Zimmer vorfand, ließ sie die Päckchen fallen, die sie als Alibi mitgebracht hatte, lief zu ihr und fiel ihr um den Hals.

»Oh, Jane, ich bin ja so glücklich!« Milly drückte sie ganz fest, bis Jane nachgab und ihre Umarmung erwiderte.

»Ich freue mich für dich.« Behutsam löste sich Jane aus ihren Armen. »Aber jetzt erzähl mir, warum du so glücklich bist – obwohl ich es mir natürlich denken kann.« Sie deutete auf den Stuhl am Fenster. »Setz dich.« Das Kissen sah aus, als hätte Jane selbst darauf gesessen, bis Milly eingetroffen war – und das war seltsam, weil es am Fenster recht zugig und mit Sicherheit nicht so gemütlich wie auf dem Stuhl am Bett war.

Milly tänzelte zu dem ihr zugewiesenen Stuhl und setzte sich – aber nur, um gleich darauf wieder aufzuspringen, weil sie vor Freude ganz aus dem Häuschen war. »Diego kam gestern wieder. Wir haben uns verlobt!«

»Gratuliere.«

Milly schritt zwischen Kamin und Fenster auf und ab. »Jetzt muss ich es nur noch meinem Vater beibringen. Diego hat gesagt, sein Herr würde uns in Lacey Hall wohnen lassen, falls wir hier in London angefeindet werden. Aber ich hoffe natürlich, dass wir hierbleiben können. Ich habe schließlich mein Geschäft – und Diego könnte sich seinen Lebensunterhalt mit Reit- und Fechtstunden für adlige Herren verdienen. Dann dürften wir einigermaßen über die Runden kommen.« Mit einem seligen Lächeln betrachtete sie ihr Armband. »Oh, Jane, er ist so wunderbar! Er liebt mich wirklich – angeblich schon seit damals, als wir noch Kinder waren. Er mag sogar meine schrecklichen Haare!« Mit einem Lachen drehte sie sich um die eigene Achse. »Er will nicht mal eine Mitgift haben, sondern will *meinem* Vater seine Ersparnisse ge-ben – das war der Grund für unseren ersten Streit!« Sie konnte nicht anders, als in sich hineinzulächeln, als sie an die anschließende Versöhnung zurückdachte. »Jedenfalls wollen wir so bald wie möglich heiraten!«

Milly hörte auf, sich wie ein Kreisel auf der Stelle zu drehen, als ihr auffiel, dass Jane beharrlich schwieg. Ihre Freundin war still und blass, dunkle Ringe lagen unter ihren blauen Augen.

»Jane, was ist los? Bist du … ich meine, freust du dich nicht für mich?«

Jane versuchte zu lächeln, doch es gelang ihr nicht. »Doch, doch, Milly, ich freue mich für dich. Es ist nicht deinetwegen. James Lacey und ich, nun, wir hatten gestern Abend eine kleine Auseinandersetzung, das ist alles.«

In ihrem Überschwang wollte Milly nicht, dass ein anderer unglücklich war. »Dann musst du zu ihm gehen und dich mit ihm aussprechen! Als ich ihn sah, wusste ich sofort, dass ihr füreinander bestimmt seid.«

»Oh, ganz so einfach ist es nicht.« Jane rieb sich die Unterarme.

»Aber du liebst ihn! Und er dich gewiss auch.« Milly griff nach einem ihrer Päckchen. »Schau, ich hab dir einen sehr eleganten neuen Hut mitgebracht! Darin siehst du sicher ganz wunderbar aus. Setz ihn auf, wenn du zu ihm gehst – dann kann er dir nicht widerstehen!«

Jane setzte sich den Hut nur auf, um Milly einen Gefallen zu tun. Der runde Saum der Samthaube umrahmte ihr hübsches Gesicht und ließ ihre Augen riesig aussehen. Wenn sie jetzt noch gelächelt hätte, hätte sie wirklich zauberhaft ausgesehen. Doch an diesem Tag war der Hut nur ein Rahmen für ihre Traurigkeit.

»Danke. Setz ihn mit auf meine Rechnung.«

Milly seufzte. Eigentlich wollte sie sich nicht von ihrer Wolke der Glückseligkeit herunterholen lassen, doch sie war es ihrer Freundin schuldig, auf sie einzugehen.

»Wie schlimm ist es, Jane?« Sie packte auch die weiteren Sachen aus, die sie mitgebracht hatte, und breitete sie auf dem Bett aus, damit Jane sie später bewundern konnte.

»Ganz, ganz schlimm.« Janes Finger glitten an dem kühlen Stein des Fensterrahmens hinunter, und sie würdigte die schönen Mitbringsel auf ihrer Tagesdecke keines Blickes. »Aus irgendwelchen diffusen Gründen, die nur er allein kennt, will er mich nicht. Aber glaub mir, ich habe mich sehr klar ausgedrückt, damit es ja keine Missverständnisse gibt. Doch leider bin ich nicht die Frau, die er sich wünscht.«

»Und was wünscht er sich?«

»Ach, wenn ich das wüsste! Die Absolution für etwas, das er in der Vergangenheit verbrochen hat? Oder vielleicht eine Bestrafung, weil er überlebt hat, während so viele andere starben?«

»Diego glaubt, dass er von einem bösen Geist besessen ist, der ihm keine Ruhe lässt. Ich dachte, du könntest … ich weiß nicht, ihn irgendwie aufheitern, ihn von seinen düsteren Gedanken ablenken?«

Jane fuhr einem Regentropfen nach, der über die geriffelte Glasscheibe lief. »Das hatte ich gehofft. Aber ich reiche ihm nicht.«

Milly stellte sich hinter die Freundin und drückte sie noch einmal an sich, ganz behutsam diesmal. »Ich liebe dich, Jane. Und er ist ein Dummkopf!«

»Dann bin ich noch dümmer, weil ich mich in ihn verliebt habe!«

12. Kapitel

In kalten Schweiß gebadet wachte James auf und stellte fest, dass er bäuchlings auf dem Fußboden lag. Er hatte das Kissen mit seinem Dolch traktiert, und die Holzdielen waren mit Federn übersät.

»Mylord?«

James ging auf die Knie, um sich aufzurichten, und schaute in Diegos verblüffte Augen, deren Weiß sich deutlich von seinem dunklen Gesicht abhob. Benommen tastete er nach seinem Bett. Sein Diener wollte ihm beim Aufstehen helfen.

»Lass! Ich schaff es allein. Leg dich wieder schlafen.«

»Aber das Kissen ...«

»Das kannst du verdammt noch mal auch morgen früh aufräumen, oder?«

»Gut, Mylord.« Den Blick gesenkt, um seine Gefühle zu verbergen, legte sich der Diener wieder auf die Pritsche am Fuße von James' Himmelbett. Diego schlief sicher nicht so schnell wieder ein, wie er vorgab, das war James klar. Doch er war froh, sich einbilden zu können, dass er allein mit den Nachwirkungen dieses Albtraums fertigwurde.

Er nahm die Decke vom Bett, wickelte sie um seinen nackten Leib und zog sich hinter die Vorhänge zurück, sodass er in der Fensternische verborgen war. Die Nacht war sehr kühl, eine frostige, feuchte Brise wehte von der öligen Themse herüber, doch James empfand das Frieren als gerechte Strafe für seine Schwäche. Schon wieder dieser Traum – in dem die holländischen Kinder um ihn herum leblos zu Boden sanken und wie zerbrochene Puppen im kalten Schnee lagen. In seinem namenlosen Zorn war er im Traum auf die Soldaten losgegangen, die die unschuldigen Wesen abschlachteten – nur um beim Aufwachen feststellen zu müssen, dass er ein harmloses Kissen zerfetzt hatte. Und da hatte Jane gefragt, warum sie nicht zusammen sein konnten? Was, wenn *sie* neben ihm gelegen hätte – wäre er dann eventuell auf *sie* losgegangen und hätte erst hinterher gesehen, was er angerichtet hatte? Diese Frage war durchaus berechtigt. Manchmal machte er sich auch Sorgen um Diego, der im selben Raum schlief wie er, doch sein Diener weigerte sich strikt, woanders zu nächtigen als bei seinem Herrn.

»Gott, du bist restlos verkorkst, Lacey«, murmelte James und rieb sich das Gesicht. »Tu allen einen Gefallen und verzieh dich ans andere Ende der Welt.«

Im Gegensatz zu dem, was er zu Jane gesagt hatte, war er sich in Wirklichkeit nicht sicher, ob er jemals zurückkehren würde. Vor allem dann nicht, wenn diese Reise ihn nicht von der sonderbaren, düsteren Stimmung heilte, die ihn nun schon seit so vielen Monaten umfing. Wenn er sicher wüsste, dass er für die Menschen, die er liebte, eine Gefahr darstellte, würde er sich ins Meer stürzen.

James stand noch immer in der Nische, als der neue Tag dämmerte. Er hörte das Rascheln von Stoff, als Diego aufstand, um Feuer zu machen, die Geräusche der erwachenden Stadt, die Rufe der Bootsleute und das Zwitschern der Vögel, die das Nahen des

Frühlings spürten und versuchten, einen Artgenossen anzulocken. Er wünschte ihnen Glück.

»Mylord.« Diego reichte ihm einen Krug mit warmem Dünnbier, und der scharfe Geruch von Muskatnuss in seiner Nase verwandelte James von einer Statue zurück in ein menschliches Wesen. Er nahm einen Schluck.

»Danke.«

»Euer Rasierwasser ist vorbereitet.« Diego zog die Vorhänge zurück, und James sah, dass Diego den Raum bereits aufgeräumt und sämtliche Spuren der peinlichen Kissenschlacht beseitigt hatte.

James ließ die Decke fallen und ging vor seinem Diener unbekleidet durchs Zimmer. Er zog sich ein Hemd und eine wollene Kniehose an, und seine Finger begannen zu kribbeln, als sie wieder besser durchblutet wurden; seine Fingernägel verloren die bläuliche Färbung.

»Ich will heute noch aufbrechen und in Plymouth an Bord gehen.« Er seifte sein Gesicht ein und lehnte sich dann zurück, damit Diego ihn rasieren konnte. »Hier bin ich zu nichts nütze.«

Nachdenklich schärfte Diego das Rasiermesser am Streichriemen. »Verstehe, Sir.«

»Dann pack nachher! Wir mieten zwei Gäule und dürften gegen Ende der Woche dort sein.«

»Mylord, ich … ich möchte nicht von hier weggehen.« Vorsichtig ließ Diego die Klinge des Rasiermessers über James' Wange gleiten und stutzte den Bart so, dass er genau entlang der Kinnlinie verlief.

James blickte seinen Diener überrascht an. »Was ist das? Eine Meuterei?«

»Nein, Sir. Liebe.«

James schnitt eine Grimasse. »Oh, das hatte ich vergessen. Der hübsche Rotschopf. Hat sie schon Ja gesagt?«

Diego nickte und wandte sich dann James' anderer Gesichtshälfte zu.

»Freut mich für dich. Dann reise ich eben allein. Im Hafen finde ich gewiss einen geeigneten Ersatz für dich, und außerdem spare ich mir den zweiten Gaul.« James reagierte sehr gelassen und merkte, dass er eigentlich erleichtert war. Ihm war nicht wohl gewesen bei dem Gedanken, Diego auf diese höchstwahrscheinlich sehr gefährliche Reise mitzunehmen. Nur ganz Verzweifelte sollten sich auf ein derartiges Abenteuer einlassen. James hatte das Gefühl, dass es richtig war, sich auch von dem letzten Menschen zu trennen, der ihn mochte, ähnlich wie jemand, der den Tod vor Augen hatte und sich von seinen weltlichen Gütern trennte. Er hatte nicht die Absicht, einen anderen Diener einzustellen – er wollte keinen weiteren Zeugen seiner nächtlichen Albträume. Er würde Himmel und Hölle in Bewegung setzen, um auf dem Schiff eine Einzelkabine zu bekommen.

»Seid Ihr Euch ganz sicher, Sir?«

»Oh ja, ganz und gar. Heirate und werde glücklich!« Die Rasur war beendet, er trocknete sein Gesicht ab und warf Diego danach das Handtuch zu. »Aber seid so nett und nennt euren ersten Sohn nach mir.«

Der Hofstaat schickte sich zum Weiterziehen an. Die Aborte von Whitehall waren randvoll, und die Luft war so verpestet, dass der Befehl ergangen war, nach Greenwich umzusiedeln, damit der Palast gereinigt werden konnte. Janes Zofe packte die Garderobe und die anderen persönlichen Gegenstände ihrer Herrin zusammen – bis am Ende etliche Schrankkoffer voll waren.

»Ich kümmere mich um alles, Mylady.« Der Zofe behagte es gar nicht, dass ihre Herrin ihre Arbeit überwachte. »Man kann diesen Ruderern nicht trauen – es wäre nicht das erste Mal, dass ein Teil der Fracht nicht ankommt.« Die junge Frau war sehr distanziert, seit Jane sie praktisch aus dem Zimmer geworfen hatte. Auch die großzügige Gabe in Form einer halben Krone hatte sie nicht versöhnlicher gestimmt.

»Danke, Margery«, sagte Jane lächelnd, doch die Miene ihrer Zofe blieb steinern. Jane seufzte innerlich. »Dann bis heute Abend in Greenwich.«

Ein Klopfen an ihrer Tür lenkte sie davon ab, weiter darüber nachzudenken, wie sie die gestörte Beziehung zu ihrer Zofe wieder kitten könnte. Margery öffnete die Tür. »Was wollt Ihr?« Ihr barscher Ton verriet Jane, dass jemand von niederem Rang gekommen war.

»Ich wollte Eure Herrin um einen Gefallen bitten, Zofe.«

Margery schnaubte abfällig. »Von jemandem Eures Schlages will sie bestimmt nicht belästigt werden. Verschwindet, ehe ich die Wache rufe!«

»Genug, Margery!« Jane trat hinter sie. »Ich kenne diesen Mann. Diego, komm ruhig herein. Bringst du eine Nachricht von Milly?«

Mit einem amüsierten Blick auf das verdutzte Gesicht der Zofe ging Diego an ihr vorbei ins Zimmer.

»Nein, keine Nachricht, oh schönste Lady des Abendlandes. Ich bin gekommen, um mich Euch auf Gnade oder Ungnade auszuliefern.«

Jane freute sich, dem Verlobten ihrer Freundin einen Gefallen tun zu können. Sie winkte ihn zu einem Stuhl, doch aus Respekt vor ihr wollte er sich nicht setzen. »Frag ruhig, Diego, und wenn es in meiner Macht steht, dir zu helfen, so will ich das gerne tun.«

Er schlug sich mit der Faust an die Brust und verbeugte sich. »Ich möchte Euch bitten, mich in Eure Dienste zu nehmen, Mylady.«

»Aber du dienst doch Master Lacey.«

»Er ist abgereist, um mit einem Schiff nach Amerika zu fahren.«

Was, so bald schon?, dachte Jane traurig.

»Ich bat ihn, mich freizustellen, damit ich in Millys Nähe bleiben kann, und er hatte Verständnis dafür. Bis zu dem Tag, an dem ich Milly heirate und mit mir nach Lacey Hall nehmen kann, gehöre ich vorübergehend nicht zum Gesinde von Lord Dorset.«

Jane bemerkte, dass Margery die Ohren spitzte. Sie wollte sich vor ihr nicht anmerken lassen, wie bestürzt sie darüber war, dass James fortgegangen war, ohne ihr Lebewohl zu sagen, und zwang sich, sich auf Diego zu konzentrieren. »Also brauchst du Arbeit, solange du noch in London bist?«

»Ja, Mylady.«

Diese Bitte war leicht zu erfüllen. Jane hatte genügend Geld, um sich zehn weitere Dienstboten leisten zu können, von einem einzelnen ganz zu schweigen. »Dann kannst du natürlich in meine Dienste treten, so lange, wie du willst – allerdings nur unter der Voraussetzung, dass die Laceys damit einverstanden sind. Ich will mir nicht vorwerfen lassen, ihnen einen ihrer besten Diener abspenstig gemacht zu haben.«

»Master James hat gewiss nicht dagegen – er hält große Stücke auf Euch.«

Aber mehr empfand er für sie leider nicht. »Wann willst du anfangen?«

»Sofort, Mylady. Mein Herr ist heute früh abgereist.«

Schon fort? Jane erschrak, fasste sich aber rasch wieder und sagte: »Verstehe. Eine spontane Entscheidung?«

»Ja, sehr spontan.«

In Anwesenheit von zwei Zeugen wollte Jane nicht darüber nachdenken, was das bedeutete; das verschob sie auf später.

»Dann, Diego, kannst du mich gleich begleiten. Ich habe einen freien Tag, da der Hof nach Greenwich umsiedelt, und hier wären wir nur im Weg. Komm mit!«

»Stets zu Diensten, Mylady«, sagte er zu Lady Jane und ging mit einem hämischen Grinsen und grußlos an Margery vorbei zur Tür. Das hatte sie jetzt von ihrer Überheblichkeit von vorhin!

Jane ging voraus zu den Stallungen des Palasts, wo bereits ein Pferd auf sie wartete. Im Stallhof herrschte ein emsiges Treiben. Es wimmelte von Menschen und Fuhrwerken, denn ein Umzug des königlichen Haushalts bedeutete immer einen Riesenwirbel. Eine Reihe von Fuhrwerken wartete darauf, mit den schwereren Gegenständen beladen zu werden, um sie über die London Bridge zu transportieren. Träger stießen derbe Flüche aus, Hofbeamte schimpften und drohten, während Gegenstände von unschätzbarem Wert aufgeladen wurden. Kaum jemand beachtete die junge Lady mit ihrem dunkelhäutigen Diener, die sich durch die Menschenmenge schoben. Als Jane ein Pferd mit einem Doppelsattel erblickte, schickte sie den Diener, den sie beauftragt hatte, das Pferd für sie bereitzustellen, wieder nach oben, um Margery beim Packen zu helfen.

»Ich hoffe, du kannst mit einem Doppelsattel reiten, Diego?«, sagte sie.

»Aber ja. Ich kann einigermaßen gut mit Pferden umgehen, Mylady.« Diego ging zum Kopf des nervös hin und her tänzelnden Gauls und flüsterte ihm etwas ins Ohr. Der Wallach beruhigte sich sofort und beschnupperte die ausgestreckte Handfläche des Fremden, der auf Anhieb sein Herz gewonnen hatte.

»Einigermaßen, verstehe«, sagte Jane schmunzelnd.

Diego half ihr auf den hinteren Teil des Sattels, bevor er sich geschickt vor sie setzte.

»Wohin soll's gehen, Mylady?«

»Dreimal darfst du raten.« Jane schlug ihm sachte zwischen die Schulterblätter.

»Wird mir unser Ziel gefallen, oh gütigste aller Herrinnen?« Diego trieb das Pferd mit den Fersen an und lenkte es zum Tor.

»Da bin ich mir ganz sicher.«

Mehr brauchte sie nicht zu sagen. Diego fasste die Zügel straffer und lenkte das Pferd in Richtung Cheapside.

Diego freute sich über Millys überraschten Blick, als diese ihre beiden liebsten Menschen auf der Welt, wie sie sie nannte, gemeinsam zu Besuch kommen sah. Aufgeregt hastete sie durch ihre obere Nähstube, um es ihnen möglichst gemütlich zu machen, nahm nervös ihre neueste Näharbeit von einem Stuhl und überlegte angestrengt, ob sie etwas Leckeres im Haus hatte, das sie ihnen anbieten konnte. Weil dem nicht so war, schickte sie Henny rasch in die Backstube, mit dem Befehl, ofenwarme Rosinenbrötchen zu kaufen.

»Mach dir doch keine Umstände«, protestierte Lady Jane, der es gar nicht recht war, dass Milly so ein Aufheben machte. Diego dagegen wusste, dass es nicht ratsam war, seine Milly bremsen zu wollen, wenn sie sich etwas in den Kopf gesetzt hatte. Er hielt sich zurück und beobachtete sie schweigend und amüsiert.

»Du hättest mir eine kurze Nachricht schicken sollen! Oh nein, seht nur, was für eine Unordnung!« Milly stopfte eine Stickarbeit in den Korb auf dem Tisch.

»Ich wollte dich nicht von der Arbeit abhalten.« Jane griff nach dem Kittel, den Milly eilends ausgezogen hatte, und bewunderte das Blumenmotiv an der Brust. »Vielleicht können wir dir ja helfen – du musst dich schließlich um dein Geschäft kümmern.«

Diego hatte Mühe, ernst zu bleiben, als er Millys entgeisterte Miene sah. Man sah ihr an, dass sie krampfhaft überlegte, wie sie Janes Angebot ablehnen konnte, ohne die Freundin vor den Kopf zu stoßen.

»Nicht dass ich besonders geschickt bin, was Näharbeiten betrifft«, fuhr Jane fort, und Diego sah den Schalk in ihren Augen. »Aber ich denke, ich könnte schon etwas zusammensticken, wenn du mich lässt.«

Aha, seine neue Herrin nahm Milly auf den Arm. Diego blickte schnell zum Fenster, um sein Grinsen zu verbergen.

»Aber ... ähm, Jane, im Moment hab ich eigentlich gar nicht so viel Arbeit«, schwindelte Milly in ihrer Verzweiflung. »Deshalb brauche ich auch keine Hilfe.«

Lady Jane warf den Kittel auf Milly. »Ha, hereingefallen! Du hättest dein Gesicht sehen sollen!«

Millys eben noch besorgte Miene hellte sich auf. »Du boshaftes

Weib!«, rief sie erleichtert. »Du hast mich glauben lassen, es sei dein Ernst.«

»Nicht wahr? Das ist mir gelungen! Du warst schon immer viel zu leichtgläubig, Milly. Du brauchst einen nüchternen, klar denkenden Mann an deiner Seite, der dich vor Schlitzohren wie mir beschützt!«

Diego hob eine Hand. »Darf ich mich für diese Rolle bewerben, Mylady?«

»Ausgezeichnet. Dann kann ich in Zukunft ruhig schlafen.«

Milly stützte die Fäuste auf die Hüften und funkelte ihre Besucher an. »Oh, ihr zwei! Wie könnt ihr es wagen, euch gegen mich zu verschwören!«

Jane lachte. »Wir meinen es doch nur gut mit dir, meine Liebe.«

In diesem Moment kam Henny mit einem Tablett herein, auf dem Rosinenbrötchen lagen, die mit einer Zimtglasur überzogen waren.

»Hmm, die duften ja herrlich!« Lady Jane setzte sich an den Tisch, um ein zweites Frühstück zu sich zu nehmen.

»Die besten von ganz London!«, schwärmte Milly. »Selbst bei Hof bekommt ihr keine besseren.«

Obwohl Henny gleich wieder hinausging, wollte sich Diego nicht zu den beiden Frauen an den Tisch setzen. Er nahm ein Rosinenbrötchen und setzte sich damit auf einen Hocker neben der Tür. Eigentlich hielt er nicht viel von Standesunterschieden, im Gegensatz zu seiner neuen Herrin, wie er annahm. Dem ungezwungenen Umgang, den die beiden Freundinnen miteinander pflegten, wollte er sich nicht anschließen, solange er in Lady Janes Diensten stand.

Die beiden Frauen verspeisten je zwei der leckeren süßen Brötchen.

»Hast du deinen Diener unten gelassen?«, fragte Milly, während sie sich die Finger ableckte.

Lady Jane schüttelte den Kopf. »Nein, er ist hier.«

Millys Augen wurden groß. »Sprichst du von Diego?«

»Ich bin aus Master James' Diensten ausgetreten, und Mylady hier war so freundlich, mich bis zum Zeitpunkt unserer Heirat einzustellen«, erklärte Diego.

»Aber warum bist du weg von ihm?« Milly legte ihr letztes halbes Brötchen weg und schob den Teller zur Seite.

»Master James ist nach Plymouth geritten und will von dort aus weiter per Schiff nach Amerika. Ich wollte lieber bei dir bleiben.«

Die beiden Mädchen schauten sich an – Millys Blick war fragend, der von Jane resigniert und enttäuscht.

»Oh, Diego«, jammerte Milly. »Was ist mit Jane? Was wird aus ihren Hoffnungen und Träumen?«

Diego erschrak. Er hatte gedacht, Milly würde sich freuen, dass er blieb, doch sie reagierte ganz anders auf diese Neuigkeit, als er erwartet hatte. Offenbar dachte sie mehr an Lady Janes Wohl als an ihr eigenes und sein Glück. Er wusste schon lange, dass zwischen seinem früheren Herrn und seiner neuen Herrin eine gewisse Anziehungskraft bestand, doch Milly war offenbar wesentlich besser informiert als er.

Millys braune Augen blickten ihn flehentlich an. »Aber hast du dem Earl nicht versprochen, auf seinen Bruder aufzupassen?«

Doch, das hatte er. Allerdings hatten sich die Umstände geändert. Diego hatte seine Entscheidungsmöglichkeit genutzt und einen Weg gewählt, der *ihn* glücklich machte. War er den Laceys etwas schuldig? Sie hatten ihn nur eingestellt, weil sie ihn brauchten, oder? Warum sollte er nun Kopf und Kragen riskieren, indem er seinen Herrn auf eine Reise begleitete, deren Sinn und Zweck er nicht begriff und von der er nur wusste, dass sie gefährlich war?

Er reagierte auf Millys Vorhaltung sehr persönlich, um sich vor der Sache mit dem Versprechen zu drücken. »Du möchtest also lieber, dass ich mit ihm fortgehe, Milly?«

»Natürlich will ich nicht, dass du fortgehst!« Milly nahm Janes Hand und drückte sie. »Aber du weißt besser als jeder andere, wie es um deinen Master zurzeit steht. Braucht er da nicht einen Freund, der ihm auf dieser Reise zur Seite steht?«

Diego verschränkte die Arme. »Ich war lediglich sein Diener. Ich bin für ihn kein Freund.«

Milly ging zu ihm und nahm zärtlich sein Gesicht in die Hände. »Nein? Ich weiß, dass ihr von unterschiedlichem Stand seid, aber ihr habt schon so viel zusammen erlebt – hast du vergessen, wie besorgt er neulich um dich war, als du vor meinem Haus zusammengeschlagen wurdest?«

Dieser Hieb saß. Er hatte diese Episode einfach verdrängt. Zwischen ihm und James bestand tatsächlich nicht nur ein normales Herr-Diener-Verhältnis. Früher hatte er mit Engländern nicht viel zu tun haben wollen; nun aber hatte er sich in eine Engländerin verliebt und war in Bindungen verstrickt, die er nicht mehr gehabt hatte, seit er sein Dorf in Nordafrika verlassen musste.

»Aber was kann ich tun, um ihm zu helfen, Milly?« Er drehte ihre Hand und drückte einen Kuss auf ihren Handteller. Lady Jane war so taktvoll, sich in die Betrachtung eines Musterbuchs zu vertiefen, damit sich die beiden etwas ungestörter fühlten. »Er muss seine eigenen inneren Kämpfe ausfechten.«

»Aber das sollte keiner von uns *allein* tun müssen.« Millys Augen füllten sich mit Tränen – seine zukünftige Frau war so weichherzig, dass es eigentlich ein Wunder war, dass sie bis jetzt in dieser kalten, grausamen Welt überlebt hatte. »Du hast mir doch erzählt, was für schreckliche Albträume er hat – dass er mit niemandem außer dir ein Zimmer teilt, um ja nicht in diesem Zustand gesehen zu werden. Kannst du dir vorstellen, wie es für ihn sein wird, wenn er mit anderen auf einem Schiff auf engstem Raum eingesperrt ist?«

»Er wird sich einen neuen Diener suchen. Diener wie mich gibt es wie Sand am Meer.«

Milly schüttelte den Kopf. »Das stimmt nicht, und das weißt du genau. Du warst mit ihm in den Niederlanden; du verstehst ihn. Er findet niemanden, der ihm so nahesteht wie du.« Sie senkte die Stimme. »Lady Jane liebt ihn. Ich will, dass die beiden eine Chance bekommen, genau wie wir, doch das ist erst möglich, wenn James Lacey … geheilt ist, du weißt schon … sagen wir, geheilt an Leib und Seele.« Sie bohrte ihm ihren Zeigefinger in die Rippen. »Vergiss nicht, dass wir es Jane und James zu verdanken haben, dass aus uns beiden ein Paar wurde.«

Diego fand, dass es manchmal wirklich eine Last war, eine Verlobte zu haben, die ein so viel besserer Mensch war als er selbst. »Du willst also, dass ich ihm nachreise?«

Milly schloss kurz die Augen und nickte dann.

Er beugte sich vor und küsste sie auf die Nasenspitze. »Na schön.«

»Ich liebe dich«, wisperte sie.

»Ich dich auch, Milly-Schatz.«

Sie klopfte ihm an die Brust. »Aber wehe, du kommst *nicht* zurück!«

»Ich werde den Wellen befehlen, mich sicher und schnell zu dir zurückzutragen!«

Sie schmiegte den Kopf an seine Brust und seufzte. »Ich werde es bereuen, dass ich dich jetzt wegschicke, ich weiß es.«

Er legte seine Wange an ihr Haar. »Nein, du wirst es nicht bereuen. Egal, was passiert: Ich weiß, dass du recht hast. Ich war geblendet von meinem Wunsch, bei dir zu bleiben, obwohl ich genau weiß, dass wir unser gemeinsames Leben nicht darauf gründen dürfen, unsere Pflicht anderen gegenüber zu vernachlässigen.« Er zwinkerte ihr zu. »Besonders, wenn wir während unserer Ehe in ihren Diensten stehen wollen.«

»Wie lange wirst du fort sein?«

»Nur den Sommer über, wenn alles nach Plan läuft.«

»Dann werden wir im Herbst heiraten?«

»Ja. Wenn dein Vater einverstanden ist.«

»Wie könnte er dagegen sein, dass ich mit einem heldenhaften Entdecker verlobt bin?«

»Hmm, warten wir es ab.«

Hand in Hand trat das junge Paar vor Lady Jane. Diego machte eine Verbeugung.

»Mylady, mir scheint, dass meine Dienstzeit bei Euch von sehr kurzer Dauer war. Milly hat mich an meine Pflichten gegenüber Master Lacey erinnert. Ich muss mich beeilen, wenn ich noch rechtzeitig in Plymouth sein will.«

Lady Jane ließ das Musterbuch auf den Tisch fallen. »Du wirst ihn also nun doch begleiten? Und was wird aus eurer Hochzeit?«

Milly drückte Diegos Hand. »Die verschieben wir einfach um ein paar Monate, Jane. Damit können wir leben. Aber für deinen James wäre es schlimm, wenn er so lange keinen Freund an seiner Seite hätte.«

Jane lehnte sich zurück und stieß einen tiefen Seufzer aus. »Ich kann dir nicht sagen, Diego, wie froh ich bin, dass du ihn nach Amerika begleitest. Er wirkte so allein, ganz anders als früher. Er braucht dich.«

Diego fühlte sich geschmeichelt, dass die beiden Frauen so großes Vertrauen in ihn setzten, obwohl er es noch gar nicht verdient hatte. »Ich werde mein Bestes tun.«

Jane griff in ihre Geldbörse. »So viel Loyalität muss belohnt werden. Hier, nimm – zwei Zwanzig-Shilling-Münzen –, damit dürftest du bis nach Plymouth kommen.«

»Und noch ein gutes Stück weiter, Mistress.« Diego steckte die großzügige Entlohnung dankbar ein und war froh, dass somit die praktische Seite seiner Reise zu James geklärt war. »Damit kann ich mich für die Reise ausrüsten.«

»Ich bedauere, dass dein Dienstverhältnis mit mir so kurz war, aber ich …«, sagte sie mit bewegter Stimme, stockte kurz und musste sich zuerst wieder fassen. »Ich werde nie vergessen, was du für James tust. Und ich werde mich um Milly kümmern, während du weg bist, und auch bei ihrem Vater ein gutes Wort für dich einlegen.«

»Dann fühle ich mich jetzt schon mehr als reichlich entlohnt für das, was nur meine Pflicht ist.«

Hastig wischte Jane eine Träne fort, lächelte betont heiter und ging zur Tür. »Ich gehe schon mal nach unten, damit ihr euch in aller Ruhe verabschieden könnt.«

Diego nahm Milly so stürmisch in die Arme und drückte sie an sich, bis sie quiekte. »Du wirst mir schrecklich fehlen«, flüsterte er und hob sie hoch.

»Du mir auch.«

»Mach dir keine Sorgen. Mein Talisman wird mich beschützen.«

Milly tastete nach der Kordel und küsste dann seine Halskette. »Woraus besteht er?«

»Ein paar Sachen, darunter auch eine Locke deiner Haare, schamlos gestohlen, als du es nicht gemerkt hast.«

»Freut mich – du kannst sie gern behalten. Ich wünsche dir eine gute Reise, mein Liebling, und komm bitte bald zurück!«

Diego stellte sie wieder auf die Füße. »Tust du mir einen Gefallen, Milly?«

»Gern, jeden.«

»Halte dir diesen Schauspieler vom Leib. Er versprüht so viel Charme, dass ich ihm nicht über den Weg traue.«

Milly kicherte. »Glaub mir, Diego, ich bin völlig immun gegen seinen Charme. Aber gut, ich werde ihn mir immer auf Armeslänge vom Leib halten, hab keine Angst.«

»Dann sorg dafür, dass es sehr lange Arme sind.«

13. Kapitel

Im Roten Löwen, *Plymouth*

James verschloss seinen Brief an Will mit einem Wachstropfen, in den er seinen Siegelring drückte, auf dem ein Ritter zu Pferd abgebildet war. Der Abdruck war nicht ganz sauber, der glücklose Ritter leicht zur Seite verrutscht, doch das machte nichts. James schob einige Haselnussschalen, die von seinem Mitternachtsimbiss übrig waren, zur Seite und lehnte den Brief an einen Kerzenhalter, damit er nicht vergaß, ihn gleich am nächsten Morgen abzuschicken. Was würde Will sagen, wenn er erfuhr, dass sie einen Halbbruder hatten – einen Schauspieler mit einem Naturell wie ein Bär im Ring? Jede Wette, dass Will über kurz oder lang nach London reiten würde, um Christopher persönlich kennenzulernen. Sein älterer Bruder war im Grunde seines Herzens der gutmütigste Mensch unter der Sonne, und der Gedanke, dass einer seiner Blutsverwandten so sträflich vernachlässigt worden war, wäre ihm peinlich, auch wenn er sich persönlich nichts vorzuwerfen hatte.

Nachdem James seinem Halbbruder gegenüber seine Pflicht getan hatte, warf er sich auf seine klumpige Matratze, verschränkte die Hände hinter dem Kopf und starrte an die Decke. Er suhlte sich in seiner Einsamkeit. In dieser Stadt kannte er keine Menschenseele, niemanden interessierte es, ob er noch ausging oder in seinem Zimmer blieb. Er fühlte sich wurzellos wie ein im Wind tanzendes Löwenzahnschirmchen. Draußen vor seinem Fenster pulsierte das Leben. Das Gasthaus *Zum Roten Löwen* in der Exeter Street war eines der besseren Häuser in der Hafengegend von Plymouth. Doch laut war es trotzdem, da Plymouth eine der geschäftigsten Hafenstädte von England war. James, der geglaubt hatte, dass es für ihn nach seiner Zeit bei der Armee nichts mehr zu lernen gab, hatte aus dem Geschrei auf der Straße ein paar neue Flüche aufgeschnappt – von den Freudenmädchen, die von den Matrosen lebten, die regelmäßig in die Stadt gespült wurden. Die Zungen dieser Mädchen und Frauen waren so spitz, wie ihre farbenfrohe Kleidung aufreizend war.

Ein Klopfen an der Tür riss ihn aus seiner Einsamkeit.

»Mylord?« Der Wirt streckte den Kopf herein, etwas zögerlich, weil er den zurückhaltenden Bewohner seines besten Zimmers nur ungern störte.

»Was gibt's, Jarvis?«

»Unten ist ein Schwarzer, der behauptet, er sei Euer Diener, Sir.«

»Was?« Mit einem Ruck setzte James sich auf. Diego hier? Hatte das etwas Schlimmes zu bedeuten? War Jane etwas zugestoßen? Oder jemandem aus seiner Familie?

Der beleibte Wirt schob die Daumen unter die Bänder seiner Schürze und nickte wissend. »Aha, Ihr kennt ihn also nicht. Dacht' ich mir. Dann schicke ich ihn wieder weg.«

James sprang hastig auf, um das Missverständnis aufzuklären. »Nein, nein, es muss mein Diener sein. Schickt ihn herauf!«

Wenige Augenblicke später stand Diego im Türrahmen und betrachtete die unordentliche Höhle, in der James seit nunmehr zwei Tagen vor sich hin brütete, wie ein Löwe, der sich seine Wunden leckt.

»Wie ich sehe, habt Ihr noch keinen neuen Diener eingestellt, Mylord.« Diego setzte einen Fuß über die Schwelle und hob ein Hemd auf, das zerknittert auf einem schmutzigen Paar Stiefel lag. »Oder falls doch, müsst Ihr ihn sofort wieder feuern – er ist sein Salär nicht wert.«

James lächelte, unsagbar froh, das Gesicht seines treuen Dieners wieder da zu sehen, wo es hingehörte – bei *ihm*! Er hatte gar nicht gemerkt, wie einsam er sich ohne seinen ständigen Gefährten gefühlt hatte. »Ich war so froh, als ich meinen letzten, lästigen Diener endlich loshatte, dass ich beschloss, fortan allein zurechtzukommen.«

»Eine großartige Idee.« Diego stellte die Stiefel vor die Tür, damit der Bursche sie putzen würde.

James fand, dass Diego nicht aussah wie ein Bote, der eine Hiobsbotschaft überbrachte, aber den Grund seines Kommens wusste er noch immer nicht. »Bringst du mir eine Nachricht?«

»Nein, Sir.«

»Warum bist du dann hier? Hast du dich mit deiner Liebsten zerstritten?«

Diego berührte den Talisman an seinem Hals – den er niemals ablegte, nicht einmal zum Baden. »Nein, Sir. Sie war es, die mich Euch nachgeschickt hat. Mit dem Segen und der Unterstützung von Lady Jane, weil Ihr vergessen habt, mir meinen letzten Lohn auszuzahlen.«

James schlug sich an die Stirn und verwünschte seine Dummheit. *Natürlich* war Diego nicht seinetwegen gekommen! »Ach je, ich ließ dich in London sitzen, und nun musstest du mir nachreisen, um dein Geld abzuholen. Warum hast du dich nicht einfach an den Earl gewandt? Er hätte dir dein Geld gegeben, ohne dass du durch halb England reisen musstest.«

»Ich komme nicht wegen meines Lohns.« Diego öffnete das Fenster und schüttelte James' Umhang aus, der voller Pferdehaare und Strohhalme war.

James kratzte sich am Kopf. »Diego, ich bin kein Zauberer, der in den Köpfen eigensinniger afrikanischer Diener lesen kann.«

Diego hielt mitten im Aufräumen inne und drehte sich zu James, mit einem harten Blick, als ahnte er die kommende Diskussion bereits. »Ich bin gekommen, weil es meine *Pflicht* ist, Euch auf dieser Reise zu begleiten. Ich habe es Eurem Bruder versprochen.«

James wurde ganz schwindelig von diesem Hin und Her zwischen Hoffnung und Enttäuschung; er fühlte sich wie eine Landratte, die zum ersten Mal einen rauen Seegang erlebte. Er wünschte sich zwar einen Gefährten auf dieser Reise, doch er konnte Diego nicht mitnehmen, nur weil dieser sich dazu verpflichtet fühlte – das wäre nicht fair. »Und ich habe dich von diesem Versprechen entbunden, erinnerst du dich? Verpflichtungen hast du nur noch Mistress Porter gegenüber.«

»Ich bin auch deshalb hier, weil Milly mir ins Gewissen geredet hat. Ich will Euch bei diesem Abenteuer begleiten.« Diego hob ein Wams vom Boden auf und bürstete den Staub ab. »Wir waren das ganze letzte Jahr zusammen, und ich … ich bin Euch treu ergeben, Mylord.«

James war ein Mann der Tat und des entschlossenen Handelns; so fehlte ihm die Fähigkeit, den tieferen Sinn hinter Worten zu erkennen, wie ein einfühlsamerer Mensch es vermocht hätte. Aber wenn ihn nicht alles täuschte, hatte Diego ihm gerade zu verstehen gegeben, dass er eine Art Freundschaft für ihn empfand. Denn was war Kameradschaft zwischen Männern anderes als ein gegenseitiges Versprechen, dem anderen beizustehen? James war gerührt, dass Diego ihn zu mögen schien, obwohl er all seine Schwachpunkte kannte – und obwohl er sich selbst so wertlos fühlte.

»Ich sollte mich weigern, dich mitzunehmen.«

»Oh, das werdet Ihr nicht tun, Mylord, denn Euch ist klar, dass Ihr auf dieser Reise einen Diener braucht – jemanden, der Euch versteht.«

James ballte eine Faust und öffnete sie wieder. Es irritierte ihn, wie froh er war, dass er nicht mehr allein war.

»Oh Gott«, stöhnte er, »du hast recht. Ich weiß, dass ich so egoistisch bin und dich mitnehmen werde.«

»Das ist ganz in meinem Sinne, Sir. Und Ihr müsst wissen, dass es auch im Sinne der Frau ist, die ich liebe. Und der Frau, die *Euch* liebt.« Diego holte eine Handvoll Geldstücke aus seiner Tasche.

»Was soll das?«

»Ein kleiner Zuschuss zu unserer Expedition – von Lady Jane.«

James schluckte, und ein Gefühl schnürte ihm die Kehle zu, das er nicht einmal vor Diego zeigen wollte. Er drehte sich zum Fenster. Jane sollte ihm Verwünschungen nachschicken, nicht aber Geld und einen Reisegefährten!

»So, Mylord, wir müssen uns nun überlegen, wie wir uns am besten auf unsere Reise vorbereiten, und dazu gehört auch, dass wir alles tun müssen, damit wir wieder gesund nach Hause kommen. Meine Milly sagte, ich soll Euch ausrichten, dass sie von Euch erwartet, dass Ihr mich heil zurückbringt. Nur das, so glaubt sie, kann Euch davon abhalten, etwas Leichtsinniges zu tun.«

Amüsiert über diese Mahnung, zog James eine Augenbraue hoch.

Diego schmunzelte. »Ihr habt sie nur einmal getroffen, Mylord, aber meine Liebste ist sehr temperamentvoll. Wenn man sie erzürnt, wird sie zur Furie und schreckt auch nicht davor zurück, zu einer Schere zu greifen … und zuzustechen.«

Zum ersten Mal seit Tagen musste James lachen. »Donnerwetter! Das würde ich gern mal sehen.«

»Wie eine der Wildkatzen in meiner Heimat ist sie zwar klein, aber ein wahres Energiebündel, Mylord. Wenn sie ihre Krallen ausfährt, geht man besser in Deckung.«

James grinste. »Das gilt für jedes Frauenzimmer, würde ich sagen.«

»Ich bin froh, dass Ihr das sagt, denn die Marquise hat sich ähnlich geäußert, falls ich Euch nicht in einem Stück zurückbringe. Ich hoffe, Ihr werdet mich nicht den Klauen dieser Löwin überlassen.«

James setzte sich auf den Stuhl am Kamin und legte die Füße auf die niedere Bank. »Wir haben uns also nach den Befehlen der beiden Ladys zu richten?«

»Ich fürchte ja, Mylord. Unterwerft Euch lieber freiwillig.«

James breitete die Arme aus. »Na schön, meinetwegen, Diego. Ich gebe mich geschlagen.« Sein Schmunzeln erlosch, und er sagte sehr ernst: »Und danke. Ich bin dir dankbarer, als ich mit Worten sagen kann.«

James und sein Diener wurden am darauffolgenden Tag von den beiden Kapitänen von Raleighs kleiner Flotte an Bord der *Dorothy* begrüßt. Die Schiffe, die bald nach Amerika auslaufen würden, schaukelten im Sutton Harbour mit Blick auf die Stadt Plymouth mit ihrem Gewirr aus Dächern und Kirchtürmen vor sich hin.

Als sie über den neuesten Seekarten saßen und die Reise besprachen, war James tief beeindruckt von Arthur Barlowes ruhiger Art und großer Erfahrung – und er hoffte, dass er auf dem Schiff reisen würde, das unter dessen Kommando stand. Philip Amadas hingegen war ein eher kurz geratener Hitzkopf, der vor Temperament sprühte ... und ziemlich cholerisch wirkte. Er hatte sich James und auch Diego bereits zum Feind gemacht, weil er Letzteren unnötig heftig aus dem Weg gestoßen hatte, als er die Kabine betrat. Aggressiv und ungeduldig – wie Amadas war, würde er während der langen Tage auf See gewiss einen launischen Kapitän abgeben.

»Wir brechen auf, sobald die letzten Vorräte an Bord sind«, sagte Barlowe zu James. »Und in etwa zwei Monaten sollten wir am Ziel sein.«

James musterte Barlowes wettergegerbte Finger, die die Linien auf den Karten nachzeichneten, als sähe er die Schiffe bereits auf hoher See. Der Kapitän hatte kantige Fingernägel; der Daumennagel war blau unterlaufen, weil er ihn in einer Luke eingeklemmt hatte. Solche Arbeiterhände flößten Vertrauen ein, denn sie verrieten, dass er ein Mann war, der jeden Zoll seines Schiffes kannte und sich nicht scheute, auch selbst mit anzupacken. »Ist Eure Crew schon vollzählig, Kapitän?«

Barlowes Gesicht verzog sich zu einem schiefen Lächeln. »Noch nicht, mein Junge – ich meine, Master Lacey. Es gibt nicht viele Matrosen in Plymouth, die wild darauf sind, auch nur in die Nähe von Spanisch-Amerika zu kommen – sie haben gehört, was mit anderen passiert ist, die der Inquisition in die Hände fielen – nicht sehr angenehm.«

Vom Wirken der Inquisition hatte James in den Niederlanden schon genug mitbekommen, und er hatte großes Verständnis für diese Seeleute. »Aber macht Ihr Euch dann keine Sorgen, dass wir die Besatzung eventuell gar nicht zusammenbekommen?«

Barlowe rollte die Karte zusammen. »Seid unbesorgt, Sir. Ungefähr eine Woche, bevor wir ablegen wollen, setze ich in den Kneipen das Gerücht von spanischem Gold in Umlauf – ein Allheilmittel gegen die Angst vor der Inquisition. Dann werden die Engländer, die unbedingt mit an Bord wollen, am Kai Schlange stehen!«

»Sie sollten mitkommen, weil sie England Ehre machen wollen!«, sagte Amadas verächtlich, während er auf der Suche nach einer Karte der Karibik die Truhe mit den Seekarten durchwühlte.

Barlowe klopfte ihm auf den Rücken – eine Geste, die von langjähriger Vertrautheit zeugte. »Philip, vergiss nicht, dass nicht jeder deine hohen Ideale hat. Aber wenigstens wissen wir, woran wir mit diesen Männern sind, wenn sie die gute alte Habgier an Bord treibt und dafür sorgt, dass sie kuschen.«

Die beiden Schiffe waren schnell besichtigt, da sie kaum größer waren als ein Tennisplatz. James freute sich über seine Unterbringung: eine kleine Kabine in der Nähe der Kapitänskabine auf der *Bark Raleigh*, die er mit Diego teilen würde. Die Koje war natürlich zu kurz für ihn, und er konnte beide Wände berühren, wenn er in der Mitte des kleinen Raums die Arme ausstreckte. Doch er wusste, dass es richtig feudal war im Vergleich zur Unterbringung der einfachen Seeleute.

Diego schniefte. »Zumindest könnt Ihr hier nicht allzu viel Unordnung machen, Sir. Das bedeutet weniger Arbeit für mich.«

»Frechdachs!«, knurrte James, der sich insgeheim freute, dass Diego seit ihrer kurzen Trennung etwas weniger unterwürfig war. Er hatte das Gefühl, hinter der Maske des Dieners zum ersten Mal den Menschen zu sehen. Diego war zugänglicher geworden und verbarg nicht mehr alle Gedanken vor seinem Herrn. »Wenn du dich nicht gut benimmst, lasse ich dich bei den Indianern.«

Diego grinste nur und fuhr damit fort, die kleine Kabine zu inspizieren.

»Du hast mehr Erfahrung mit Seereisen, Diego: Was brauchen wir deiner Meinung nach?«, fragte James.

»Robustes Schuhwerk, dicke Mäntel – und viel Glück.«

»Ersteres können wir kaufen, um Letzteres müssen wir beten.«

Diego schob den hässlichen Nachttopf mit dem Fuß wieder unter die Koje. »Oh, noch eins, Sir. Ich denke, ich muss Euch an etwas erinnern.«

James inspizierte das moderig aussehende Bettzeug auf der Koje und nahm sich vor, sein eigenes mitzubringen. »Ekelhaft – ich glaube, man kann die Läuse sogar *sehen*. Woran willst du mich erinnern?«

»Ich werde seekrank.«

James verdrehte die Augen, und ihm fiel erst jetzt wieder ein, wie fürchterlich die Fahrt über den Ärmelkanal für Diego gewesen war. Das konnte ja heiter werden! »Deshalb sollten wir auch darum beten, dass ich diesmal verschont werde«, sagte Diego achselzuckend.

Greenwich Palace am südlichen Ufer der Themse

Das Leben war wirklich alles andere als gerecht. Nicht nur, dass Jane dem Mann, den sie liebte, vielleicht für immer Lebewohl gesagt hatte – nun wurde auch noch von ihr erwartet, so zu tun, als sei sie in diesen widerlichen Franzosen verliebt.

»Er ist ein feiner Kerl!«, sagte ihr Vater lautstark, nachdem er sie in einem Korridor von Greenwich Palace aufgespürt hatte, um ihr die Leviten zu lesen. »Die meisten jungen Frauen wären überglücklich, einen Mann wie ihn heiraten zu dürfen.«

Jane tippte so ungeduldig mit dem Fuß auf den Boden, dass ihre Perlenohrringe klimperten. »Ich bin nicht die *meisten*, Vater. Meine Ansprüche scheinen etwas höher zu sein.« Sie machte einen kurzen Knicks und versuchte, ihm zu entfliehen.

»Komm schon, Janie, gib deinem Herzen einen Stoß und tu so, als sei er dir einigermaßen sympathisch, wenn du dich von ihm zur Ostermesse begleiten lässt«, versuchte ihr Bruder ihr gut zuzureden, der unvermittelt aus der anderen Richtung gekommen war. Vater und Sohn drängten Jane nun bis zu ihrer Zimmertür. Sie dachte aber nicht daran, hineinzugehen, denn es war ihr lieber, mit ihrer reizenden Familie auf dem Korridor zu bleiben, wo jederzeit jemand vorbeikommen konnte. Sie wusste, wie schnell ihrem Vater die Hand ausrutschte.

»Henry, ich weiß beim besten Willen nicht, wie ich mich derart verstellen könnte. Meine Sympathie für ihn wäre eine Schneeflocke, die beim ersten Anflug von Gelächter schmelzen würde. Kein Mensch würde es mir abnehmen.«

Henry blickte an ihr vorbei auf das gerötete Gesicht ihres Vaters – der Earl sah aus, als würde er gleich platzen vor Wut über diese Tochter, die sich erdreistete, eine eigene Meinung zu haben. »Vater, lasst mich einen Moment mit ihr allein.«

Widerwillig schlurfte Thaddeus ein Stück den Korridor hinunter, während er wüste Drohungen gegen die rebellischen Töchter Evas vor sich hin murmelte.

»Janie, mein Goldschatz, ich habe mich mit deiner Zofe unterhalten«, begann Henry beiläufig und stützte sich mit einer Hand neben ihrem Kopf an der Wand ab.

Jane schnaubte. »Sagen wir lieber, du hast ihr nachgestellt. Kein Wunder, dass sie in letzter Zeit so schlecht gelaunt ist.«

»Im Bett ist sie das nicht. Sie ist im Gegenteil recht redselig.«

Jane verdrehte die Augen. »Also wirklich, Henry«, schnaubte sie, »hab bitte so viel Anstand, mir die Details zu ersparen.«

Er grinste hinterhältig. »Sie erwähnte, dass du mit den fadenscheinigsten Ausreden recht häufig in die Stadt gehst.«

Alles Blut strömte aus Janes Gesicht.

»Anfangs dachte ich, meine nicht immer hochanständige Schwester hätte einen heimlichen Liebhaber – so ganz sicher bin ich mir in diesem Punkt allerdings noch nicht –, aber stell dir vor, wie überrascht ich war, als ich erfuhr, dass deine alte Freundin neuerdings in der Silver Street wohnt. Wie geht's der lieben Milly, Janie?«

»Du … du erinnerst dich an sie?«

»Wer könnte den kleinen Rotschopf und ihren verräterischen Vater vergessen? Ich weiß noch gut, wie eng befreundet ihr beide wart, bis unser ehrenwerter Herr Vater dir den Umgang mit ihr verboten hat.«

Panik stieg in Jane auf. Unter den überlangen Ärmeln konnte man zum Glück nicht sehen, dass sie die Hände rang und dann fest verschränkte. »Als Witwe bin ich neuerdings eine unabhängige Frau, Henry. Ich kann tun und lassen, was ich will – und Umgang pflegen, mit wem ich will.«

»Nicht ganz«, entgegnete er mit hartem Blick.

»Bitte, Henry, lass mich in Frieden!« Wie dumm von ihr, an seine Gutmütigkeit zu appellieren – diese Eigenschaft hatte er nie besessen.

»Ich habe mich gefragt, ob du möglicherweise etwas damit zu tun hast, dass sie nun ihr eigenes Geschäft hat. Hat dein Tattergreis von Ehemann diese Freundschaft gebilligt, oder war er schon zu senil, um etwas davon mitzubekommen? Was Richard Paton wohl sagen würde, wenn er deine Besitztümer in London näher unter die Lupe nähme? Ich kann mir nicht vorstellen, dass ein neu gegründetes Geschäft wie das von Mistress Porter überleben kann, wenn ihr das Haus gekündigt wird, noch bevor sie sich einen Namen gemacht hat.«

Gequält schloss Jane die Augen. »Was willst du von mir?«

»Heirate den Franzmann! Wir verlangen ja nicht von dir, dass du mit ihm ins Bett steigst – mit einer Frau wie dir würde er sowieso nicht fertigwerden. Aber da du schon einmal eine Josefsehe geführt hast, wirst du es auch ein zweites Mal schaffen, jungfräulich mit einem Mann zusammenzuleben, oder?«

Jane spürte förmlich, wie sich die Gitterstäbe ihres Gefängnisses herabsenkten – denn die geplante Ehe wäre keine Fluchtmöglichkeit, sondern eine Falle.

Mit einer widerlich zärtlichen Geste streichelte Henry ihr über die Wange.

»Du musst begreifen, dass Vater und ich dich nicht unglücklich machen wollen, Janie. Wir wollen nur, dass du deinen Teil dazu beiträgst, die Interessen unserer Familie zu fördern.«

Er mochte es vielleicht so sehen, sie aber nicht – denn sie war zum Opferlamm erkoren worden. »Ihr würdet mich zu einer lieblosen Scheinheirat verdammen?«

Er lachte leise. »Ach was, so grausam sind wir nicht! Kein Mensch hat etwas dagegen, wenn du dir nach einiger Zeit einen Tröster suchst. Und falls du einen Bastardsohn bekämst, wäre es auch nicht weiter tragisch – wahrscheinlich sogar ganz in Montfleurys Sinne. So etwas kommt in den besten Familien vor – überall sitzen ein paar Kuckuckskinder im Nest.«

»Du willst mich zu einer Heirat zwingen und legst mir gleichzeitig einen Ehebruch nahe?« Die Skrupellosigkeit ihres Bruders schockierte sie immer wieder.

»Für Männer wie Montfleury gelten nun mal andere Regeln«, antwortete er achselzuckend. »*Meine* zukünftige Frau würde es natürlich nie wagen, mir Hörner aufzusetzen, doch der Franzose wird über deine Seitensprünge großzügig hinwegsehen und vermutlich sogar froh sein, dass ihm ein anderer die ehelichen Pflichten abnimmt.«

Jane stieß ihn mit beiden Händen von sich, um wieder atmen zu können. »Du widerst mich an!«

»Darf ich daraus schließen, dass du dich dem Wunsch der Familie beugst?«

In der Dunkelheit, die sie zu umschlingen drohte, griff Jane nach dem einzigen Strohhalm der Hoffnung. »Du vergisst die Königin. Sie hat noch nicht zugestimmt.«

»Ah, das liegt doch ganz in deinen Händen, Schwesterherz. Wenn du dich gewillt zeigst, wird sie sicherlich keinen Einspruch einlegen. Die Vorrechte der Krone sind nicht unbegrenzt, und die Königin würde den Adel nicht wegen einer solchen Lappalie verärgern.«

»Ich bin aber nicht gewillt.«

Er seufzte. »Dann kann Milly ihr Geschäft vergessen, fürchte ich.«

»Ich hasse dich.«

»Damit kann ich leben. Gibst du nach?«

Jane brachte es nicht über sich, es auszusprechen. Deshalb nickte sie nur, um Zeit zu gewinnen. Wie konnte sie Milly schützen? Sie würde eine Zeit lang so tun, als sei sie einverstanden, doch dieser lächerlichen Heirat würde sie nie im Leben zustimmen, nicht einmal um Millys willen!

Henry tätschelte ihre Wange. »Gutes Mädchen.« Er trat einen Schritt zurück. »Vater, Jane ist einverstanden. Ich habe es Euch ja gesagt. Kommt, gehen wir mit ihr zu Montfleury, ehe sie es sich wieder anders überlegt!«

Thaddeus lächelte seinen Sohn voller Stolz und Freude an. »Gut gemacht, mein Junge. Der Franzmann wartet schon in meinen Gemächern.«

»Wartet! Was geht hier vor?«, protestierte Jane, als sie links und rechts am Arm gepackt und zu den Gemächern des Earl von Wetherby geschleppt wurde.

Als sie den Innenhof überquerten, nickte Henry einem Bekannten zu. »Lächle, mein Täubchen! Sonst unterstellt uns noch jemand, wir hätten dich gezwungen, und das wollen wir nicht, oder?«

Er drückte ihren Arm. »Weißt du, Janie, ab heute wird sich dein Leben grundlegend ändern. Der galante Franzose, von einer stürmischen Leidenschaft für seine englische Rose gepackt, wird ihr seine Liebe gestehen und auf eine baldige Verlobung drängen. Dein Vater wird euch in einer verfänglichen Situation vorfinden, und um deine Ehre zu retten, müsst ihr so schnell wie möglich heiraten. Ihr werdet die Königin um Nachsicht bitten, weil ihr in eurem jugendlichen Leichtsinn …«

»Nein, halt! Ich brauche Zeit! Lasst mich los!«

»Damit du dich doch noch drücken kannst? Oh nein!«

Ihr Vater schüttelte sie.

»Tu einfach, was wir dir sagen, Tochter! *Ein Mal* in deinem undankbaren Leben!«

Thaddeus schob sie in seine Gemächer und herrschte die Dienerschaft an: »Hinaus mit euch!«

Die Leute liefen davon, und somit würde es keine Zeugen geben. Montfleury erhob sich von dem Stuhl am Kamin und tupfte sich mit einer grazilen Bewegung die letzten Krumen seines Frühstücks von der Oberlippe.

»Ah, ihr habt meine Liebste gefunden?« Er lächelte und verbeugte sich mit einem Wedeln des Tüchleins, das er gerade benutzt hatte. Jane musste sich fairerweise eingestehen, dass Montfleury einen ganz eigenen Stil hatte – wenn er nicht gerade nervös war, besaßen seine Bewegungen sogar eine gewisse Eleganz, doch als Ehemann kam er für sie ganz sicher *nicht* infrage.

»Wie Ihr seht, Mylord. Alles Übrige liegt nun bei Euch.« Thaddeus wandte sich noch einmal an seine Tochter, legte seine Hände um ihren Hals und drückte leicht zu. »Enttäusch mich nicht, Jane!«

Henry ließ ihren Arm los. »Denk an die Silver Street!«

Die beiden Percevals verließen den Raum, damit die vermeintlichen Verliebten freie Bahn hatten.

Jane konnte vor Panik keinen klaren Gedanken mehr fassen – sie bräuchte Zeit, um sich zu überlegen, wie sie aus dieser Situation herauskommen konnte.

»Mylady, jedes Mal, wenn ich Euch sehe, seid Ihr noch schöner.« Nach einem anerkennenden Nicken küsste Montfleury seine Fingerspitzen und hauchte ihr den Kuss zu. »Ich bin nicht unglücklich darüber, der Auserwählte zu sein.«

Der Auserwählte? Jane kam sich vor wie eine Schauspielerin, die auf die Bühne geschickt worden war, ohne ihren Text zu kennen. Tapfer versuchte sie, ihre Würde zu wahren. »Sir, ich weiß nur, dass mein Vater erpicht darauf ist, unsere beiden Familien zu vereinigen.«

Montfleury tänzelte einen Schritt auf sie zu. »Genau wie ich, Madame. Leidenschaftlich erpicht.«

Von wegen! »Aber ich muss um Nachsicht bitten. Ich brauche noch etwas Zeit, um über Euren freundlichen Antrag nachzudenken. Ich trauere noch um meinen verstorbenen Ehemann, und es widerstrebt mir, so schnell eine neue Ehe einzugehen.«

Montfleury nahm ihr Handgelenk und hob ihre Hand an seine

Lippen. Noch bevor Jane sich wehren konnte, begann er, feuchte Küsse daraufzudrücken. »Ihr werdet die Zierde meines Hauses in Valère sein. *Mon père* wird sich freuen, Euch zu sehen.«

Jane entriss ihm ihre Hand. »Aber *Ihr* sollt mich doch heiraten, Sir. Verzeiht meine direkte Art, aber ich habe nicht den Eindruck, dass eine Ehefrau viel zu Eurem Glück beitragen würde.«

»Oh doch, *ma chère*, mich faszinierten. Eure Schönheit und Eure weibliche Eleganz.« Der klein gewachsene Adlige packte sie um die Taille und zog sie an sich. Jane hatte vergessen, wie überraschend stark er war, was er beim Bogenschießturnier unter Beweis gestellt hatte. Es fühlte sich alles schrecklich *falsch* an – in Wirklichkeit fand er sie nicht anziehender als einen Stein.

»Bitte, Sir, lasst mich los!«

»Und Eure Mitgift versüßt die Arznei, *n'est-ce pas?*« Er schob sie langsam, aber sicher rückwärts, bis sie an das Bett des Earl stieß.

»Aufhören!« Jane versuchte, seine Hände wegzuschlagen, als er sich nun flugs an ihren Röcken zu schaffen machte, als könne er seine Leidenschaft kaum noch zügeln.

»Sobald wir unser Ziel erreicht haben.« Er drängte sie rückwärts aufs Bett.

»Nein, aufhören!« Jane keuchte und musste sein süßliches Parfüm einatmen, während sie verzweifelt versuchte, ihn von sich zu schieben, und im Eifer des Gefechts rutschten ihre Röcke nach oben. Wäre ihre Lage nicht so ernst gewesen, hätte Jane darüber gelacht, wie unbeholfen dieser Verführer wider Willen sein Ziel zu erreichen versuchte.

Da wurde die Tür so ungestüm aufgerissen, dass sie beinahe aus den Angeln fiel.

»Was ist denn das? Oh, gütiger Himmel, welch erschreckende Szene bietet sich da den Augen eines liebenden Vaters?«, rief der Earl theatralisch aus. »Und das vor so vielen Zeugen?«

Jane wehrte sich noch verzweifelter, denn sie ahnte, dass sicher der halbe Hofstaat der Königin an der Tür stand. Wie peinlich!

»Vater, schaut nicht hin! Denkt an Euer schwaches Herz. Meine Schwester – mit einem Mann im Bett! Oh, verwünscht sei dieser Tag! Ich fürchte, ihr guter Ruf ist für immer dahin!« Henry packte Montfleury von hinten am Wams und zog ihn von Jane herunter. »Sir, Ihr mögt zwar ein Lord sein, aber Ihr müsst vor der Familie der Lady Rechenschaft ablegen. Sie ist nicht schutzlos auf dieser Welt.«

Der Franzose kannte seinen Text – im Gegensatz zu Jane. Theatralisch schlug er sich an die Brust. »Sir Henry, keine Sorge! Die Lady erwies mir soeben die große Ehre, meinen Antrag anzunehmen. Da hat uns die Leidenschaft übermannt, wir begannen uns zu küssen … und ausgerechnet da kamt ihr zu Tür herein – verzeiht!«

»Ah, wenn es so ist! Das ändert alles. Unter diesen Umständen drücken wir natürlich ein Auge zu.« Der Earl nahm Montfleurys Hand und schüttelte sie kräftig. »Mein erster Schreck hat sich in große Freude verwandelt, da ich einen noblen Schwiegersohn bekommen werde. Jane, komm, knie nieder und empfang meinen Segen.«

Jane fand keine Worte. Sie erhob sich und versuchte, ihre zerknautschte Kleidung zu ordnen. Konnte sie den Antrag vor so vielen Zeugen zurückweisen? Ihr Vater war in Begleitung einiger seiner Freunde aus dem Norden und scharfzüngiger Ladys, die wie neugierige Gänse die Hälse reckten und mehr als geneigt waren, diese lächerliche Szene so zu deuten, wie es ihnen der mächtige Earl von Wetherby nahegelegt hatte.

»Knie vor unserem Vater nieder, Janie«, murmelte Henry, packte sie am Arm und schob sie mit fester Hand auf ihren Vater zu.

Jane spürte, dass unter diesen Umständen jeder Widerspruch zwecklos war. Wie betäubt sank sie auf die Knie. Henry legte seine Hand auf ihren Kopf, schwer und autoritär. Nun hatte er sie da, wo er sie schon immer haben wollte.

»Ich gebe dir meinen Segen, Kind. Möge sich diese Verbindung für England und auch Frankreich als glücklich erweisen.«

In ihrem Inneren, wo niemand es sehen konnte, weinte Jane heiße Tränen.

14. Kapitel

St. Paul's-Kathedrale, London

Wenn sich jemand noch weniger über die geplante Verbindung zwischen den Familien Valère und Wetherby freute als Jane, dann waren es die Patons. Falls Jane ihnen sämtliche Güter und Geld entziehen würde, die sie mit in die Familie Rievaulx gebracht hatte, und jene, über die sie als Witwe zeitlebens verfügen durfte, wäre Richard Paton fast ein armer Mann, für den es nur wenig Hoffnung gab, wenn er sowohl in England als auch Frankreich gerichtlich um sein Vermögen kämpfen müsste. Dieser Gedanke verschaffte Jane eine gewisse – wenn auch bittere – Befriedigung in ihrer misslichen Lage.

Die Königin hatte ihre Zustimmung noch nicht gegeben, aber auch keinen Widerspruch eingelegt. Jane spürte, dass sie von Ihrer Majestät manchmal nachdenklich beobachtet wurde, wenn sie in den königlichen Privatgemächern ihren Dienst versah, doch sie wusste, dass Elisabeth sich nur ungern in die privaten Angelegenheiten ihrer Untertanen einmischte. Sie hatte mit der endlos langen und quälenden Zerrüttung der Ehe zwischen dem Earl und der Gräfin von Shrewsbury schon genügend Probleme. Verglichen mit dem Skandal um zwei der wichtigsten Persönlichkeiten im Königreich war ein kleiner Zwist zwischen einer Hofdame und einem unbedeutenden französischen Adligen kaum der Rede wert.

Montfleury, beziehungsweise Clément, wie er von seiner *chère Jeanne* genannt werden wollte, trat ihr körperlich nicht mehr zu nahe – womit sie in Abwesenheit von Zeugen ohnehin nicht gerechnet hatte. Er begleitete sie zu allen offiziellen Anlässen, so auch heute: der Ostermesse in der St. Paul's-Kathedrale. Jane saß neben ihm in der Nähe der Kanzel, hörte während der langen Predigt aber nur mit halbem Ohr zu. Sie waren von den Schönen des Hofes umgeben, die zur Feier der Auferstehung des Heilands prachtvolle neue Kleider trugen. Jane dagegen hatte sich für Schwarz entschieden. Montfleury trug Purpurrot und ein rosa gestreiftes Seidenwams – was in Janes Augen Bände sprach.

Sie ließ ihren Blick über die recht unaufmerksamen Kirchenbesucher schweifen und dann empor zu den regenbogenfarbenen Buntglasfenstern. Ein Vogel hatte sich ins Innere des Gotteshauses verirrt und flog auf der Suche nach einem Weg ins Freie nun hektisch hin und her. Dabei stieß er an eine der Glasscheiben, flatterte benommen auf die Chorschranke, um sich auszuruhen, bevor er den nächsten Fluchtversuch unternahm. Jane hoffte inständig, dass der Vogel es bald schaffen würde, doch wenn er nicht tiefer ging und auf das offen stehende Westportal zuflog, hatte er keine Chance, wieder ins Freie zu finden. Jane schossen Tränen in die Augen, als das Tierchen gegen eine weitere Scheibe flog, so heftig, dass es bewusstlos zu Boden fiel. Wenn es dort liegen blieb, würde es am Ende der Messe zertrampelt werden.

Das wollte Jane nicht mit ansehen. Kurz entschlossen erhob sie sich und schob sich an den anderen vorbei durch die Reihe zum

Seitengang. Montfleury wollte sie noch festhalten, doch sie schüttelte seine Hand unwirsch ab. Der Priester kam kurz ins Stocken, fuhr dann aber eine Spur lauter fort. Jane eilte zu dem Vögelchen, bevor ein achtloser Stiefel seinem Leben ein Ende setzen würde, und hob es behutsam mit ihrem Taschentuch hoch. Sie spürte das kleine Herz unglaublich schnell pochen, vermutlich vor Angst. Sie musste die arme Kreatur ins Freie bringen.

Jane schob sich durch die neugierige Menschenmenge bis zum Westportal. Weil an diesem hohen Feiertag nicht alle einen Platz in der Kathedrale gefunden hatten, waren auch die Stufen voller Menschen – hier war der Vogel nicht sicher. Deshalb hastete Jane weiter zur nördlichen Seite der Kathedrale, zu dem großen freien Platz, auf dem an diesem Tag ausnahmsweise keine Marktbuden standen, die Bücher und Druckschriften feilboten. Jane ging zu einem geeigneten Baum, stellte sich auf die Zehenspitzen und legte den Vogel behutsam auf eine Astgabel. Dann trat sie zurück, um zu sehen, ob sich das Tierchen von seinem Schock erholte. Der Vogel – eine Amsel, wie sie jetzt sah – lag einen Moment lang reglos da und starrte sie mit seinen runden Äuglein an. Der gelbe Schnabel hob sich deutlich von dem tiefschwarzen Gefieder ab. Plötzlich begann er mit den Flügeln zu flattern und richtete sich auf. Er schüttelte seine Lähmung ab und schwang sich in die Lüfte. Nachdem er einmal über Janes Kopf gekreist war, setzte er sich auf den obersten Ast des Baumes und trällerte ein Dankeslied über seine neu gewonnene Freiheit.

Jane verspürte eine unbändige Freude darüber, dass es ihr gelungen war, diese Kreatur zu retten – eine Freude, die weit über das eigentliche Ereignis hinausging. Sie blickte sich um, um zu sehen, wer die Auferstehung des Vogels miterlebt hatte. Keiner der Adligen war zu sehen; abgesehen von den Bettlern und Krüppeln, die stets auf dem Kirchhof herumlungerten, war sie allein. Vermutlich hielten sie sie für eine Verrückte, die sich über kurz oder lang zu ihnen gesellen würde.

Oder für ein Opfer, das man bestehlen konnte ...

Da Jane keine Zielscheibe für sie abgeben wollte, wickelte sie ihren Umhang enger um sich, froh darüber, dass ihre schlichte Kleidung keine Aufmerksamkeit auf sich lenkte – sofern man von ihrer Qualität absah. Ohne lange nachzudenken, begann sie, einen Fuß vor den anderen zu setzen. Sie war noch nicht sehr weit gekommen, als ihr bewusst wurde, dass sie noch nie ganz allein auf der Straße gewesen war. Weder ihre Familie noch einer der Dienstboten war ihr ins Freie gefolgt. Vermutlich hatten sie sie im österlichen Gedränge aus den Augen verloren. Ein absurdes Glücksgefühl stieg in ihr hoch – sie war frei! Was würden sie tun, wenn sie einfach nur gehen und gehen würde, bis sie sich in der Stadt verlaufen hätte? All die fiesen Pläne ihrer Familie würden scheitern – und die geplante Heirat fiele ins Wasser. Sie waren wie selbstverständlich davon ausgegangen, dass sie sich fügte, und bräuchten eigentlich nur ihre äußere Hülle, um diese lächerliche Scheinehe zu zelebrieren. Aber was wäre, wenn sie ihnen einen Strich durch die Rechnung machte?

Mit einem lauten Lachen ging Jane weiter, bog nach rechts in die Paternoster Row ab und wandte sich dann in Richtung Cheapside. Was sie tat, war vermutlich ziemlich verrückt, doch sie fand es so aufregend, dass ihr alles andere egal war. Die anderen hatten sie an ihre Grenzen getrieben, und nun lief sie ihnen einfach davon.

Auf den Straßen wimmelte es von festlich gekleideten Menschen, die auf dem Weg zum Gottesdienst waren oder gerade aus einer Kirche kamen. Das Läuten der vielen Kirchenglocken durchdrang den frostigen Panzer, in den Jane während der letzten Wochen eingesperrt gewesen war, und erinnerte sie daran, dass es auf dieser Welt auch noch Dinge wie Liebe und Leben gab.

»Christus ist auferstanden, halleluja!«, rief ihr eine junge Frau mit Zahnlücken und einem neuen Strohhut auf dem Kopf zu.

»Er ist wahrhaftig auferstanden, halleluja!«, erwiderte Jane, wie es an Ostern Brauch war, und hätte am liebsten die Hände des Mädchens genommen, um mit ihr auf der Stelle einen Freudentanz zu machen.

Ein junges Paar kam aus einem der vornehmeren Häuser nahe der Abzweigung zur Forster Lane; die Frau trug ein Kleinkind in den Armen, ein weiteres, flachsblondes Kind hing an ihrem Rockzipfel. Der Vater nahm es hoch und setzte es auf seine Schultern. Jane folgte der jungen Familie in nördlicher Richtung, zum Cripplegate und den Wiesen jenseits der Stadtmauern – offenbar wagten sie trotz des bewölkten Himmels einen kleinen Osterausflug. Jane beneidete sie um ihre einfachen Freuden. Sie konnte sich nicht erinnern, dass ihr Vater mit seiner Familie jemals einen Ausflug gemacht hätte, so wenig, wie er sie jemals auf seine Schultern gesetzt hatte.

Erst als die Familie in die Silver Street einbog, merkte Jane, dass sie, ohne es zu wollen, zu Milly gegangen war. Das Geschäft ihrer Freundin war an diesem Feiertag natürlich geschlossen, und Milly war sehr wahrscheinlich mit Freunden unterwegs, um zu feiern. Und wenn schon! Jane hatte an diesem Tag keine weiteren Verpflichtungen mehr und konnte zumindest eine Nachricht und Ostergrüße hinterlassen, bevor sie wieder umkehrte.

Sie klopfte an die Haustür.

Keine Reaktion.

Jane lehnte sich mit dem Rücken an die Tür und schloss die Augen, um die warmen Sonnenstrahlen zu genießen. Sie konnte warten. Schließlich hatte sie nichts Besseres zu tun und alle Zeit der Welt.

Jane hatte Milly um etwa eine Stunde verpasst. Millys Vater war an diesem Morgen überraschend aufgetaucht, geradewegs von seinem Einsatz auf dem Kontinent und in heller Aufregung wegen eines Briefes, den ihm sein früherer Diener geschickt hatte. Gleich nach den üblichen Begrüßungsfloskeln war er auf den wahren Grund seines Kommens zu sprechen gekommen – ein so schwerwiegender Grund, dass der besorgte Vater Sonderurlaub beantragt hatte, um nach London reisen zu können.

»Was soll das, Milly? Hast du den Verstand verloren? Du willst diesen Jungen doch nicht ernsthaft heiraten, oder?«

Milly hatte ganz vergessen, was für ein schwieriger Mensch ihr Vater war. Ihn aus der Ferne zu lieben, fiel ihr sehr viel leichter. Sie versuchte, ihn fürs Erste von diesem Thema abzulenken, und sagte, sie müssten sich beeilen, um noch rechtzeitig zum Beginn der Ostermesse in der nahe gelegenen Kirche zu sein. Doch Silas blieb eisern. Er hatte auf der langen, stürmischen Überfahrt Zeit gehabt, sich seine Argumente zurechtzulegen, und war fest entschlossen, sämtliche Geschütze aufzufahren, um seine Tochter wieder zur Räson zu bringen.

»Ich kann nicht in der Kirche sitzen, solange dieser Punkt nicht geklärt ist.« Silas winkte ab, als sie ihm seinen Umhang reichen wollte.

»Vater, es ist kein Thema, das sich in fünf Minuten besprechen lässt – und mehr Zeit haben wir nicht, bevor die Messe anfängt. Oder hast du Lust, die Strafe für unentschuldigtes Fernbleiben zu bezahlen?«

Silas brummte etwas Unverständliches in seinen Bart, ging aber doch mit ihr die Treppe hinunter und zu der kleinen Pfarrkirche. Milly hätte sich nie träumen lassen, dass sie eines Tages froh sein würde über das Gesetz der Königin, das den sonntäglichen Gottesdienstbesuch zur Pflicht machte, doch an diesem Tag schickte sie ein Dankgebet zum Himmel, weil ihr dies nun eine kurze Galgenfrist verschaffte.

Nach der Messe schlug Milly ihrem Vater einen Spaziergang auf den hinter Cripplegate gelegenen Moorfields vor. Wenn sie diesen Streit schon nicht verhindern konnte, dann lieber im Freien als in Hörweite ihrer neugierigen Lehrmädchen und Dienstboten.

»Wo hast du letzte Nacht geschlafen?«, begann sie möglichst unverfänglich.

»Im *Schwanen mit den zwei Hälsen* in der Wood Street«, antwortete Silas, der leicht hinkte, als er seine Tochter nach Norden und aus der Stadt begleitete. »Ich kam so spät an, dass ich dich nicht mehr stören wollte.«

»Sehr rücksichtsvoll von dir, danke. Aber du wirst den Rest deines Heimaturlaubs doch hoffentlich bei mir verbringen, oder?«

»Wenn es dir recht ist.« Mit einem skeptischen Ausdruck in den graugrünen Augen unter den dichten, grau melierten Brauen musterte Silas seine Tochter von der Seite. Seine Haare und sein Bart waren während der letzten Jahre infolge der erlittenen Demütigung und der anschließenden Kerkerhaft im Tower ebenfalls ergraut. Er war noch immer ein stämmiger Mann, kaum größer als einen Meter sechzig, doch seine breiten Schultern ließen seine Kampfkraft erahnen.

»Ihr seid in meinem Haus stets willkommen, Vater.«

Er saugte kurz die Wangen ein und schaute dann etwas betreten drein. »Du hast dich prächtig entwickelt, mein Mädchen. Ich weiß, dass ich dir in letzter Zeit kein guter Vater war.«

Sie drückte seinen Arm. »Ich wusste immer, dass du mehr für mich getan hättest, wenn es dir möglich gewesen wäre. Und zum Glück hatte ich ja meine Gönnerin.«

»Ja, Lady Jane hat sich als Trumpfkarte erwiesen. Das hat mich sehr überrascht – ich hielt sie als Kind für ein eitles, kaltherziges Ding.«

»Sie war mir stets eine gute Freundin. Und Diego ein guter Freund.«

Da sie gerade inmitten einer Schar anderer Spaziergänger waren, verkniff sich Silas jeden Kommentar und beschränkte sich auf ein Brummen. Er folgte Milly, als sie von der Straße abbog und sich für den weniger stark frequentierten sandigen Pfad entschied, der quer durch die Trockenwiesen der Wäscherinnen verlief und schließlich zu einem Wäldchen führte. Hier hatte jemand aus umgestürzten Baumstämmen unter dem Blätterdach einer Buche eine Bank gebaut.

»Für das, was ich dir zu sagen habe, ist dieser Ort so gut wie jeder andere.«

Silas half seiner Tochter, sich zu setzen, dann stellte er sich vor sie und verschränkte die Arme auf dem Rücken. »Du kannst keinen Mauren heiraten, Milly. Es geht nicht.«

Milly drückte die Handflächen aneinander. »Ist Diego in deinen Augen ein guter Mensch, Vater?«

»Er hat mir stets treu gedient, das muss man ihm lassen.«

»Es ist also nur seine Hautfarbe, die dich stört?«

Silas runzelte die Stirn. »Er ist ein *Diener.*«

»Schau mich an, Vater. Ich bin neuerdings auch eine Dienerin – ich diene meiner Kundschaft. Vom Rang her trennt uns also nur wenig.«

Dagegen konnte Silas nichts einwenden; er hatte Schande über sich gebracht und damit auch seine Tochter ins soziale Abseits gestürzt. »Er hat mir geschrieben, dass er für dich *bezahlen* würde – irgendeinen Unsinn von wegen ›Gegenwert bestehend aus mehreren Stück Vieh‹! Als wenn ich meine eigene Tochter verkaufen würde!«

Milly biss sich auf die Lippe. Dieser dumme Diego mit seiner Rinderherde! »Damit wollte er mir – und dir – nur eine Ehre erweisen, wie es in seinem Heimatland Brauch ist. Dort muss der Bräutigam für seine Zukünftige bezahlen.«

Silas tat diese Erklärung mit einer wegwerfenden Handbewegung ab. »Und noch ein wichtiger Punkt: Ist er überhaupt ein Christ?«

»Er respektiert unsere Religion«, sagte Milly vorsichtig, wohl wissend, dass Diego eine erschreckend allumfassende Weltsicht hatte – er bestritt die Werte des Christentums nicht, schwor aber auch den Göttern seiner Kindheit nicht ab. Sie dagegen war wesentlich orthodoxer in ihren Ansichten und hoffte, ihn im Laufe der Zeit auf den rechten Weg führen zu können. »Er ist getauft.« Drei Mal, genau genommen, von drei verschiedenen Dienstherren, wie er ihr gestanden hatte.

Silas trat auf einen Zweig am Boden, der knackend zerbrach. »Und was würde aus euren Kindern werden? Sie wären weder das eine noch das andere – das ist widernatürlich, glaub mir!«

Bei dem Gedanken, mit Diego zusammen eine Familie zu gründen, überlief es Milly heiß und kalt. Er war ihr gegenüber immer sehr beschützend und gäbe bestimmt auch einen wunderbaren, wahrscheinlich übertrieben fürsorglichen Vater ab. »Sowohl ihr Vater als auch ihre Mutter würden sich auf diese Kinder freuen und sie von Herzen lieben – was gibt es Natürlicheres?«

»Aber Milly, schau ihn dir doch genau an! Er ist … kein Engländer!«

Milly wusste, dass das der Kern der ganzen Diskussion war – sein tief verwurzeltes Vorurteil gegenüber jedem Fremden, umso mehr, wenn dieser eine andere Hautfarbe hatte.

»Ich schaue ihn mir an, Vater, und sehe den Jungen, der mir in all unseren Schwierigkeiten treu zur Seite stand, und den Mann, der mich liebt und auch in Zukunft lieben wird, wie ich glaube.«

Mit einem Fußtritt beförderte Silas die zerbrochenen Holzstücke ins Unterholz, und ein Spatz flog erschrocken auf. »Ich fürchte, als ich unser Vaterland und dich betrog, habe ich das Recht verloren, über dich und dein Leben zu bestimmen.«

Milly berührte ihr Armband, um Halt zu finden. »Ich werde immer auf deinen Rat hören, Vater.«

»Vielleicht kommt er ja gar nicht von seiner Seereise zurück.«

»Er wird zurückkommen!«

»Du brauchst meine Zustimmung, da du noch minderjährig bist.«

»Und ich hoffe, du wirst sie mir geben. Andernfalls warten wir.«

»Gibst du wirklich nicht nach? Ist dir klar, worauf du dich einlässt? Ihr werdet von vielen Menschen angefeindet und angegriffen werden.«

Milly spürte, dass sein Widerstand allmählich erlahmte. »Das haben wir bedacht. Aber es wird wesentlich leichter für uns sein, wenn wir deinen Segen haben.«

Er schüttelte den Kopf. »Ich weiß nicht, ob ich euch den geben kann. Noch nicht.«

Sie hatte befürchtet, er würde rundweg ablehnen – mit seiner Neutralität konnte sie leben. »Warte, bis du Diego wiedersiehst, Vater. Dann verstehst du, warum er mir so viel bedeutet.«

Silas legte seine raue Hand unter ihr Kinn. »Du halsstarrige Göre!«

Tränen brannten in ihren Augen, weil sie spürte, dass er ihre Entscheidung akzeptiert hatte. »Danke, Vater.«

»Ich hoffe, du wirst es niemals bereuen müssen. Ich weiß, wie es ist, mit den Folgen einer verhängnisvollen Entscheidung leben zu müssen.«

Sie stellte sich auf die Zehenspitzen und küsste ihn auf die Wange. »Kommt, gehen wir frühstücken! Ich habe frisch gebackene Honigbrötchen zu Hause.«

Er bot ihr wieder seinen Arm an. »Du kennst mich gut. Mit vollem Bauch marschiert eine Armee am besten, und meiner ist so leer wie die Börse eines Soldaten kurz vor dem Zahltag.«

Vater und Tochter gingen in die Silver Street zurück und fanden das Haus in heller Aufregung vor. Als Henny vom Gottesdienst zurückgekehrt war, saß eine *Marquise* auf den Stufen. Sie hatte die vornehme Dame zwar ins Haus gebeten, aber weiter wusste sie nicht. Der alte Uriah hatte zudem nichts Besseres zu tun gehabt, als in der Küche laut und deutlich zu sagen, die Besucherin müsse eine Verrückte sein, wenn sie ohne Begleitung und ohne Erklärung für ihren Besuch hier aufgetaucht war.

»Mylady.« Milly knickste, als sie die leise vor sich hin summende Jane in ihrem Laden vorfand.

»Milly!« Jane sprang auf. »Weißt du was? Ich bin geflohen!« Sie hielt sich eine Hand vor den Mund, um ein Kichern zu unterdrücken.

»Bist du … geht es dir gut, Mylady?« Milly blickte über die Schulter auf ihren Vater, um ihm zu verstehen zu geben, sich doch bitte in die hintere Küche zurückzuziehen. Doch es war schon zu spät, Jane hatte ihn erspäht.

»Oh, Master Porter, Ihr hier? Seid Ihr ebenfalls geflohen?«

Silas machte eine Verbeugung. »Ja, in gewissem Sinne, Mylady, allerdings mit der Erlaubnis meines Kommandanten. Freut mich, Euch wiederzusehen, Kind, nach all den Jahren! Aber warum setzt Ihr Euch nicht? Ihr wirkt etwas erhitzt nach Eurem Spaziergang.«

Er hatte recht. Milly merkte, dass Jane fast wie eine Fieberkranke aussah.

»Oh nein, der Spaziergang war schön – das Beste, was ich im ganzen April erlebt habe. Ich habe einen Vogel gefangen, wisst ihr.« Jane runzelte die Stirn, während sie ihre Gedanken ordnete. »Nein, weniger gefangen als vielmehr *gerettet*. Er hatte sich in die

Kathedrale verirrt und fand nicht mehr hinaus. Da habe ich ihn ins Freie getragen. Und plötzlich kam mir der Gedanke, sie alle sitzen zu lassen. Warum auch nicht, habe ich mich gefragt.«

Milly erschrak, als sie sah, dass ihre Freundin sich die Arme unter den Ärmeln kratzte, so heftig, dass es sicher Spuren hinterlassen würde.

»Wen habt Ihr sitzen lassen, Mylady?« Silas' Blick wanderte zum Fenster, als rechnete er fest mit dem Eintreffen eines Suchtrupps. Eine Adlige konnte nicht einfach weglaufen, ohne dass jemand ihr folgte.

Jane schnitt eine Grimasse. »Meine reizende Familie. Sie wollen, dass ich diesen Franzosen heirate, der gar kein Mann ist, sondern eher ein ausgestopftes Wams. Ich habe selbstverständlich Nein gesagt, aber sie haben die Sache so hingedreht, dass es aussah, als würde ich ihn doch heiraten wollen und … und …« Ihre gespielte Fröhlichkeit erlosch, und sie wirkte plötzlich sehr mutlos. »Und … oh, Milly, ich sitze in einer Zwickmühle! Jetzt *muss* ich ihn heiraten. Die Königin erwartet es. Ich hatte gehofft, ich könnte es irgendwie abwenden und einfach davonlaufen, aber jetzt wird mir klar, dass ich nirgendwohin gehen kann.«

Milly nahm Janes Hände, damit sie ihre arme Haut nicht noch mehr zerkratzen konnte. »Du kannst natürlich hierbleiben.«

Jane schüttelte den Kopf und begann zu schluchzen. »Nein, nein, sie wissen von dir. Henry sagte, er würde es den Patons erzählen, und die würden dafür sorgen, dass dir das Haus gekündigt wird. Damit hat es ja angefangen – nur wegen dieser Erpressung habe ich mich auf diese ganze Farce eingelassen.«

Silas' Miene verfinsterte sich. »Macht Euch darüber keine Sorgen, Mylady. Jetzt bin *ich* hier. Ich werde mit dem Hauswirt meiner Tochter reden.«

Jane lächelte unter Tränen. »Das freut mich, Sir, aber sie werden mich trotzdem holen. Es wundert mich, dass sie noch nicht hier sind.« Erst jetzt wurde ihr klar, was sie mit ihrer überstürzten Flucht angerichtet hatte. »Meinem Vater käme es wie gerufen, wenn er behaupten kann, ich hätte den Verstand verloren und laufe ziellos durch die Gegend: Wenn er mich schon nicht mit Montfleury verheiraten kann, könnte er mich wenigstens für wahnsinnig erklären lassen. In beiden Fällen wäre ich ihm ausgeliefert.«

»Nun, das können wir auf gar keinen Fall zulassen, oder?«, verkündete Milly fröhlich. »Was ist schon dabei, wenn man an einem Feiertag alte Freunde besucht? Wir sagen, wir hätten uns zufällig getroffen, als du vor der Kathedrale frische Luft schnappen wolltest. Und da habe ich dich zu einem kleinen Spaziergang im Grünen überredet – unter den wachsamen Augen meines Vaters.«

»Gut, so machen wir es.« Jane entzog Milly ihre Hände, verschränkte sie vor der Brust und drückte ihre Ellbogen zusammen. Dann blickte sie an die Decke und blinzelte ihre Tränen weg. »Oh Gott, ich muss zurückgehen, richtig?«

Milly hätte ihr eine anderslautende Antwort gegeben, doch Jane war eine der Hofdamen der Königin, nicht irgendein alter Höfling, der kommen und gehen konnte, wie es ihm beliebte. »Ich fürchte ja, liebe Jane.«

Jane unternahm einen deutlich sichtbaren Versuch, tapfer zu sein, und drückte die Schultern nach hinten. Milly war richtig stolz auf sie; es war, als beobachte man einen Soldaten, der sich für ein Gefecht mit dem Gegner wappnete. »Dann wünsche ich euch ein schönes Osterfest. Wäre dein Vater so nett, mich zur Kathedrale zurück zu begleiten? Dort werde ich sicher erwartet.«

»Es wäre mir eine Ehre, Mylady.« Silas schlug die Hacken zusammen und machte eine galante Verbeugung.

Jane nahm den Arm, den er ihr reichte. »Habt Ihr irgendeinen guten Rat für mich, Sir? Ich meine, von Gefangenem zu Gefangener?«

Silas lachte säuerlich. »Vertreibt Euch die Zeit mit einem guten Buch, und esst nicht alles, was man Euch vorsetzt.«

15. Kapitel

Milly blickte ihnen beklommen nach. So aufgelöst hatte sie ihre Freundin noch nie erlebt, so am Ende, einem Zusammenbruch nahe. Der Earl von Wetherby hatte Jane bisher schon zu vielem überreden wollen, doch sie hatte sich ihm stets widersetzt. Nun aber schien ihre Familie sie endgültig unter der Fuchtel zu haben. Vermutlich hatte James' Zurückweisung ihr so zugesetzt, dass sie den neuen Intrigen ihrer Familie hilflos erlegen war.

»Oh, ich könnte ihn umbringen.« Milly stieß eine lange Nadel in ihr herzförmiges Kissen. »Dieser James Lacey hat ganz schön was angerichtet.«

Ohne lange zu überlegen, setzte sie sich an ihren Schreibtisch, nahm Papier und Feder und schrieb in aller Eile an Diego.

Silver Street, den 19. April 1584

Mein Liebster,

du wirst lachen über meine Wankelmütigkeit: Aber kaum habe ich dich nach Plymouth geschickt, muss ich dir sagen, dass du und dein Herr unbedingt so schnell wie möglich nach London zurückkehren müsst. Lady Jane soll zu einer Heirat gezwungen werden und

braucht dringend die Hilfe ihrer Freunde. Bitte, fleh deinen Master an, auf diese Reise zu verzichten und Jane zu Hilfe zu eilen. Ich fürchte, nur jemand seines Standes kann ihr helfen, dieser erzwungenen Heirat zu entgehen. Sie liebt ihn, und ich glaube, er sie auch, sonst würde ich ihn natürlich nicht darum bitten. Ich weiß nicht, was genau ihn daran hindert, mit ihr glücklich werden zu wollen, aber seine Gründe werden gewiss ins Wanken geraten, wenn ihm klar wird, dass sie zu dieser unsäglichen Heirat gezwungen wird, wenn er ihr nicht hilft.
Kommt bitte schnell nach London zurück.
Deine Milly

PS: Mein Vater hat deinen Brief erhalten und ist sofort nach England gekommen. Wie konntest du ihm nur vorschlagen, mich gegen Kühe einzutauschen!? Doch wie dem auch sei – er gewöhnt sich langsam an die Idee, dass wir heiraten, aber du solltest natürlich anwesend sein, um ihn zu überreden, die nötigen Schritte einzuleiten.

So, das müsste reichen. In aller Eile verfasste sie noch ein kurzes Begleitschreiben an James Lacey und steckte es in denselben Umschlag. Nun musste sie nur noch einen Boten finden, der ihre Briefe nach Plymouth brachte – und für diese Aufgabe fiel ihr nur *eine* Person ein.

Die Wirtin stand neben Milly, als diese an Christopher Turners Zimmertür hämmerte. »Master Turner! Kit! Wacht bitte auf!«

Dame Prewet schüttelte den Kopf und verschränkte die Arme.

»Ich sagte Euch doch schon, Mistress Porter, was für einer er ist, unser Master Turner. An Sonn- und Feiertagen kriegt man ihn nicht aus den Federn, es sei denn, man legt eine Rakete unter sein Bett.«

»Verflixt, Kit, es ist dringend!«

Die Zimmerwirtin zog einen Schlüssel aus ihrem Gürtel und steckte ihn ins Schloss. »Er zieht seinen Schlüssel immer von innen ab, für den Fall, dass ich ihn mal wecken muss. Schläft wie ein Murmeltier, der Gute.« Sie stieß die Tür auf.

»Gütiger Himmel, waren Einbrecher hier?«, entfuhr es Milly, als sie das Chaos sah. Überall lagen Kleidungsstücke herum, ein Beistelltisch lag verkehrt herum auf dem Boden, der ganze Raum war mit Papier übersät – wie Blätter nach einem Herbststurm.

»Nein, meine Liebe, so ist er. Ein typischer Mann eben.« Nachsichtig blickte die Zimmerwirtin auf ihren schlafenden Untermieter. Er lag auf dem Rücken, nur bis in Bauchhöhe zugedeckt, einen Arm angewinkelt über dem Kopf. »Er zahlt ein Aufgeld, damit sein Zimmer aufgeräumt und geputzt wird.«

»Ich hoffe, die Magd bekommt eine Gefahrenzulage. Wer weiß, auf was sie hier stoßen kann: einen schlafenden Drachen oder ein Nest von katholischen Aufwieglern!«

»Wohl eher auf Kleidungsstücke, die dringend in den Wäschekorb gehören.« Dame Prewet ging beherzt durch den Raum und ließ ihren kalten Schlüsselbund auf Christophers nackten Brustkorb fallen. »Aufwachen, Kit. Ihr habt Besuch.«

Wie von der Tarantel gestochen sprang Christopher auf, ungeachtet der Tatsache, dass er offenbar splitterfasernackt schlief. Milly schaute schnell zur Seite.

»Pfui, schämt Euch, Frau, Ihr habt mich beinah zu Tode erschreckt«, brummte Christopher und hielt sich das Leintuch vor den Körper. »Ich bin nackt!«

Dame Prewet kicherte. »Ihr habt nichts, was ich nicht schon mal gesehen hätte, Junge. Man kann nicht sechs Söhne großziehen, ohne zu wissen, dass ein Mann dies oder jenes hat.«

Verbissen umklammerte Christopher sein Leintuch, während er mit seiner freien Hand den erstbesten Wäschestapel nach einem sauberen Hemd durchwühlte. »Nun, mein ›Dies oder Jenes‹ ist es jedenfalls nicht gewöhnt, vor der Nachbarschaft zur Schau gestellt zu werden.«

»Es ist doch nur Mistress Porter. Und sie wollte Euch ganz dringend sprechen.«

»Hinaus mit Euch, Ihr lüsternen Geschöpfe! Ich werde rufen, sobald ich vorzeigbar bin.«

Gehorsam ging Milly hinaus in den Gang und wollte sich ausschütten vor Lachen. Wer hätte gedacht, dass Christopher Turner, der ungeniert die schamlosesten Verse deklamierte, plötzlich so schüchtern wurde, wenn er im Adamskostüm ertappt wurde? Doch sie musste zugeben, dass es an ihm einiges gab, das ein Mädchen bewundern konnte – aber sie natürlich nicht, da *sie* ja bereits verlobt war.

Da flog die Zimmertür auf.

»Na schön. Also, worum geht's? Warum kann ich diesen hochheiligen Feiertag nicht im Bett verbringen, wie ich es vorhatte?«

Milly lächelte Dame Prewet an. »Danke, dass Ihr diesen charmanten Brummbär für mich aus seiner Höhle gelockt habt. Ich denke, ab jetzt komme ich allein zurecht.«

Dame Prewet sagte, sie würde in ihre Küche zurückkehren. »Aber lasst die Tür offen, Mistress. Ich will keinen Skandal in meinem Haus – nicht mal böse Gerüchte.«

»Ihr könnt mir vertrauen«, versicherte ihr Milly.

»Aber *ihm* nicht! Als Mutter von sechs Söhnen weiß ich alles über –«

»Über ›dies und jenes‹, ja, ich weiß.« Milly schmunzelte.

Christopher streckte den Kopf zur Tür heraus. »Ist sie weg?«

Milly betrat sein Zimmer. »Ja, Ihr seid außer Gefahr.«

»Sie kennt kein Schamgefühl, diese Frau.« Wahllos sammelte er seine herumliegenden Kleidungsstücke ein und warf sie auf einen Haufen, um einen Stuhl für sie frei zu machen.

»Macht Euch keine Mühe, Kit. Ich kann hier sitzen.« Milly setzte sich auf die Fensterbank. »Ein herrlicher Ausblick.«

»Ja, wenn man sich auf die Fensterbank stellt, kann man sogar sehen, ob das Theater die Flagge gehisst hat.«

Der verträumte Kerl lebte wirklich nur für die Bühne. So große Hoffnungen und bisher so wenig Erfolg! »Ich meinte den Obst- und Kräutergarten.«

Christopher setzte sich auf sein Bett. »Also, Milly, worum geht's? Probleme mit Eurem Mohren?«

»Er heißt Diego. Und nein, es geht um eine Freundin von mir. Ihre Familie zwingt sie zu einer Ehe, die sie nicht möchte.«

Christopher zerrte die Manschetten unter den Jackenärmeln hervor und strich die weißen Rüschen glatt. »Bedauerlicherweise ist sie da nicht die Erste. Hat sie niemanden, der sich für sie einsetzt? Der Vikar vielleicht – er ist ein ganz netter Kerl, wenn man ihm hin und wieder einen ausgibt.«

»Es handelt sich nicht um eine einfache Dienstmagd, Kit. Meine Freundin ist eine der Hofdamen der Königin und eine Marquise.«

Christopher pfiff durch die Zähne. »Nicht etwa die strahlend schöne Lady, die Euch in letzter Zeit so häufig besucht? Nein, so was, Ihr bewegt Euch in den besten Kreisen, Mistress.«

»Jane und ich kennen uns schon aus Kindertagen.«

»Und jetzt sitzt sie in der Patsche?«

Milly nickte.

Christopher zuckte mit den Schultern. »Ich würde sagen: *Liebe ist Liebe, bei Bettelmann wie bei König.* Aber was kann ich Eurer Meinung nach tun?«

Milly knetete ihre Schürze. »Sie muss vor ihrer Familie beschützt werden, damit sie den Mann heiraten kann, der zu ihr passt.«

Christopher zwinkerte ihr zu. »Gut, dann heirate ich sie eben. Ich werde sie entführen, um sie vor ihrem ungeliebten Freier und ihrer selbstsüchtigen Familie zu retten.«

Milly lachte. »Nein, Ihr Tölpel! Was sie braucht, ist ihre wahre große Liebe – und das seid nicht Ihr!« Sie reichte ihm den Brief. »Ich habe ihm geschrieben und ihn gebeten, zurückzukommen.«

Christopher nahm den Brief entgegen. »Und wer ist der Glückliche?« Er warf einen Blick auf die Anschrift. »Plymouth? Ihr schreibt an *James Lacey*?! Ich fass es nicht. Das ist ja großartig!« Er warf den Kopf in den Nacken und lachte schallend.

»Bitte, Kit, macht jetzt keine Witze. Ich meine es ernst.«

»Es war zu erwarten: Eine Lady ist in Gefahr, und wo sind die Laceys? Weg! Ihr verschwendet Eure Zeit, Milly. Er wird ihretwegen nicht zurückkommen.«

»Ihr kennt ihn ja gar nicht. Wie könnt Ihr das sagen?«

»Oh, und ob ich ihn kenne! Ich habe meinen wunderbaren Halbbruder vor etwa einem Monat kennengelernt. Ich bin der letzte Mensch, den Ihr als Boten haben wollt, glaubt mir!«

Milly wühlte in ihrer Tasche und holte ein paar Münzen heraus. »Ich vertraue Euch, Kit. Bitte, Ihr seid der Einzige, den ich darum bitten kann. Es ist sogar ganz gut, dass Ihr ihn kennt, dann könnt Ihr ihn nicht verwechseln. Und ich habe eine ausführlichere Version an Diego geschrieben, damit er seinen Herrn überreden kann. Kit, bitte! Könnt Ihr Eure familiären Probleme nicht für kurze Zeit vergessen, um meiner Freundin zu helfen? Nur dieses eine Mal?«

Christopher weigerte sich, das Geld anzunehmen. »Sucht Euch einen anderen.«

»Wen, bitte schön? Mein Vater hat die Order, sich nur kurz hier in London aufzuhalten und danach umgehend auf seinen Posten zurückzukehren. Der alte Uriah würde vom Pferd fallen, noch bevor er in Southwark ist. Ihr seid meine einzige Hoffnung.«

Christopher ließ sich nach hinten auf sein Bett fallen. »Das hab ich nicht gehört.«

»Doch, Ihr habt es genau gehört. Ich flehe Euch an.«

»Milly, Milly, Ihr wisst nicht, worum Ihr mich da bittet.«

»Doch, ich weiß es. Ich bitte Euch, eine bezaubernde junge Frau vor einer schlimmen Ehe zu retten. Ich bezahle Euch das Doppelte Eurer Ausgaben. Bitte!«

Er setzte sich wieder auf und zerzauste seinen Haarschopf. »Es geht um Blutsbande, nicht um Geld.«

Milly schritt in dem Zimmer auf und ab und kochte vor Empörung. »Aha, Stolz! Tut es so weh, etwas für Euren Bruder zu tun, obwohl es so wichtig ist?«

Er verzog das Gesicht.

»Mein Gott, das ist es! Der mächtige Christopher Turner will sich nicht erniedrigen. Na schön, ich bin jedenfalls nicht so stolz.« Milly fiel auf die Knie. »Bei allen Heiligen, Kit, ich flehe Euch an: Tut mir diesen *einen* Gefallen.«

»Nicht! Steht auf!«

»Ich spreche mit Eurem Master, damit Ihr im Theater keinen Ärger bekommt.«

Ächzend zog Christopher sie auf die Füße. »Ich werde nächste Woche im Theater nicht gebraucht.«

»Dann geht Ihr also?«

»Ihr seid eine schreckliche Nervensäge, wusstet Ihr das?«

Milly quiekte und klatschte in die Hände. »Ihr geht! Oh, danke, tausend Mal danke! Aber Ihr müsst Euch beeilen. Sie können jeden Tag nach Amerika aufbrechen.« Sie drückte ihm seinen Mantel und die Münzen in die Hände.

»Was?« Christopher schnappte nach Luft, während sie ihm weitere Kleidungsstücke auf die Arme häufte.

»Ihr müsst gleich aufbrechen. Mein Vater erwartet Euch am *Schwanen mit den zwei Hälsen* mit einem Pferd und einem Proviantbeutel.«

Ehe Christopher begriffen hatte, wie ihm geschah, wurde er auch schon aus seinem Zimmer ins Treppenhaus gestoßen, während ein kleiner roter Wirbelwind seine restlichen Sachen für die Reise hinter ihm hertrug.

»Ich werde für immer in Eurer Schuld stehen«, sagte Milly feierlich, als sie ihm einen Lederbeutel mit frischer Wäsche in die Hand drückte.

Christopher verdrehte die Augen. »Seltsam, dass mich das irgendwie nicht beruhigt.«

Im Hafen von Plymouth

Eine kleine Flotte von Booten eskortierte die *Dorothy* und die *Bark Raleigh* ein Stück den Ärmelkanal hinunter. Der Tag war gut gewählt; ein kräftiger Wind aus Südosten trug sie während der ersten Etappe ihrer Seefahrt vorwärts. James stand mit Kapitän Barlowe auf dem Achterdeck und betrachtete die gerade Furche, die das Schiff in das jadegrüne Wasser pflügte, und die Möwen, die über ihren Köpfen kreisten.

»Schön, dass wir endlich aufbrechen konnten«, murmelte Barlowe und sprach damit aus, was auch James dachte. »Wie geht es Eurem Diener?«

»Nicht gut, Sir. Ich ließ ihn mit einem Eimer in seiner Koje.«

Barlowe schnaubte mit der verständnislosen Überheblichkeit von Menschen, die einen robusten Magen haben. »Ich schicke jemanden runter, der nach ihm sieht, Mylord.«

»Danke, aber das ist nicht nötig. Ich mache es selbst. Eure Leute haben sicher genügend andere Dinge zu tun.«

»Wie wahr.« Barlowe überprüfte ihr Vorwärtskommen mit einem Blick zurück zum Hafen. »Zeit für unsere Abschiedssalve.« Er nickte dem Geschützführer zu, der unten auf dem Hauptdeck auf seinen Befehl wartete.

Die Seemöwen flogen erschrocken auf, als Schüsse donnerten,

deren Echo vom Festland zurückgeworfen wurde. Die Männer auf den kleinen Booten jubelten, wendeten und kehrten in den Hafen zurück, sodass die beiden Schiffe nun allein weiterfuhren. James stand an der Reling und blickte nicht zum Land zurück, sondern nach vorn, auf das weite Meer, das sie überqueren würden. Er holte tief Luft und sog den frischen salzigen Geruch tief in seine Lungen. Seltsam, aber seit Diego vor etwa vierzehn Tagen unerwartet in seinem Gasthaus aufgetaucht war, hatte sich James' Stimmung nach und nach etwas aufgehellt. Sein besserwisserischer Bruder und sein Diener hatten recht gehabt. Er brauchte dieses Abenteuer. Die Schrecken des Krieges hatten sein Gemüt mit einer Art Eisschicht überzogen; doch nun fühlte er, wie der frostige Panzer in der Frühlingssonne aufbrach und schmolz. Vielleicht war das Leben doch nicht so schlimm. Es gab noch immer Dinge, für die es sich zu leben lohnte, und es gab neue Horizonte zu erforschen.

James' gute Laune erlitt einen Rückschlag, als er in seine Kabine zurückkehrte und seinen seekranken Diener sah. Der arme Diego sah recht blass, fast grau im Gesicht aus. Auf Schiffen roch es nie sehr angenehm, doch diese kleine Kabine hier brauchte dringend frische Luft. James öffnete das kleine Fenster und war froh, dass sie in einer der oberen Kajüten untergebracht waren. Er band sich sein Halstuch vor Mund und Nase, räumte die größte Unordnung auf und spülte den Eimer aus.

»Seid Ihr neuerdings mein Diener, Master?«, krächzte Diego.

»Freut mich, dass du noch Witze machen kannst, totenblass, wie du bist!«

»Wird … schon … besser.« Diego schloss die Augen und rollte sich in der unteren Koje zusammen.

Da James nicht wusste, was er während der langen Stunden an Deck tun sollte, schob er den Hocker ans Schreibbrett, das unterhalb des kleinen Fensters an der Wand befestigt war. Er nahm ein Blatt Papier aus seinem Handkoffer und spitzte eine der Federn zu. Es bestand durchaus die Möglichkeit, dass sie unterwegs auf ein Schiff trafen, das nach England fuhr, und dann könnte er ihnen einen Brief mitgeben. Doch an wen wollte er eigentlich schreiben? Er tunkte die Federspitze ins Tintenfässchen und schrieb das Datum oben auf die Seite.

Lieb–

Er hob die Feder und zögerte. Sollte er ›Lieber Bruder‹ schreiben? Doch eigentlich war es nicht Will, der ihm im Kopf herumspukte.

Liebe Lady Jane,

herzliche Grüße von Neptuns Tummelplatz. Wir haben in Plymouth endlich die Segel gesetzt, und ich spüre jetzt schon, dass mir die Luftveränderung guttut. Bis jetzt ist Gott uns wohlgesonnen und hat uns günstiges Wetter geschickt.

Stirnrunzelnd las James das Geschriebene noch einmal durch. Er redete vom Wetter! Und dann noch so distanziert! Das ging doch sicher etwas besser, oder?

Ich danke Euch von ganzem Herzen, dass Ihr mir Diego nachgeschickt habt. Ich muss von allen guten Geistern verlassen gewesen sein, als ich allein zu dieser Reise aufbrechen wollte. Ihr und die liebe Näherin seid beide viel klüger als ich.

So, das klang schon etwas herzlicher. James nickte. Eine deutliche Verbesserung …

Ich sitze hier an meinem kleinen Fenster und blicke hinaus auf das eisige Wasser des Ärmelkanals. Es gibt nur eine Sache, die ich bereue, und das ist die Art, wie ich von Euch Abschied nahm. Warum habe ich Euch nicht gesagt, wie sehr ich Euch …

Wieder hielt er inne, weil er gemerkt hatte, dass er ›*liebe*‹ hatte schreiben wollen, doch sein Verstand hinderte ihn daran. Das wäre der Lady gegenüber nicht fair gewesen. Er wollte ihr eine Freude, aber keinesfalls Versprechungen machen, die er eventuell nicht halten konnte. Deshalb strich er das ›*Euch*‹ durch und ersetzte es durch ›*Euren Charakter schätze*‹.

Meine Abreise hat nichts mit dem zu tun, was im Garten zwischen uns geschah und was mir bittersüß im Gedächtnis haften blieb. Als ich London verließ, floh ich vor mir selbst. Und ich hoffe, dass ich als besserer Mensch zurückkehren werde, der Eurer Freundschaft würdig ist. Bis zu dem Tag, an dem wir uns wiedersehen, bete ich, dass Ihr Euch über meine Briefe freut, falls es mir möglich ist, sie nach England zu schicken. Ich vermisse unsere Gespräche und ertappe mich immer wieder bei dem Gedanken, wie es wohl wäre, wenn Ihr bei mir wärt und ich Euch all das sagen könnte, statt es aufschreiben zu müssen. Aber zumindest könnt Ihr mich so aus der Ferne begleiten, und ich stelle mir vor, wir könnten dieselben Dinge sehen und unsere Gedanken austauschen.

Zu vertraulich? Die Feder verharrte über diesem Abschnitt, doch James brachte es nicht über sich, ihn durchzustreichen. Er meinte jedes Wort so, wie er es geschrieben hatte. Jane hatte sein Herz erobert, auch wenn er sich vorgemacht hatte, es sei nicht der Fall. Sehr wahrscheinlich würde sie diesen Brief erst in einigen Monaten erhalten, und bis dahin würde sie seine Zuneigung nur noch als amüsante Episode sehen, weil ihr das Leben am Hof viele neue Eindrücke verschafft hatte. Doch er ließ seine Worte unverändert stehen, faltete das Papier und legte es weg, um später weiterzuschreiben. Vermutlich würde er diesen Brief ohnehin nie abschicken, doch das Schreiben gab ihm das Gefühl, Jane sei ihm nahe.

Silver Street

Der Regen prasselte auf die Straßen von London und verwandelte die Abflussrinnen im Handumdrehen in schlammige Bäche und die Menschen in dicke, unförmige Kleiderbündel, weil sie sich unter Umhängen und Decken versteckten, während sie durch die Nässe eilten. Christopher stolperte in Millys Geschäft und warf seinen tropfnassen Umhang von sich. Milly rannte zu ihm, um ihm den Hut abzunehmen – der arme Kerl sah aus, als sei er durch jede einzelne Pfütze zwischen Plymouth und London geritten.

»Habt Ihr James Lacey noch angetroffen?«, erkundigte sie sich besorgt, nachdem sie den alten Uriah in die Küche geschickt hatte, damit sie ungestört reden konnten.

»Oh ja, ich habe ihn gesehen.«

»Aber …«

»Ich sah ihn an Deck stehen, als sein Schiff aus dem Hafen auslief. Ich konnte gerade noch die Abschiedssalven hören, kam aber leider zu spät. So ein Aufwand für nichts!« Er sank auf den Hocker neben dem Kamin und rieb sich die kalten Hände.

»Und es gab keine Möglichkeit, ihn noch einzuholen?«

»Wie denn, Milly? Sie hatten einen guten Wind und ein schnelles Schiff. Nur wenn mir plötzlich Flügel an den Fersen gewachsen wären wie bei Merkur, hätte ich eine Chance gehabt.«

Milly hängte den Hut an den Haken über dem Kamin. »Verzeiht, es war eine dumme Frage.«

Christopher knurrte. »Ich weiß, Ihr seid enttäuscht. Aber glaubt mir, ich habe wirklich getan, was ich konnte. Es ist dieses verfluchte feuchte Wetter – die Straßen sind wie Morast. In Exeter hätte ich beinahe mein Pferd verloren.«

Milly ging kurz hinaus, um einen Krug Starkbier zu holen, das sie aus dem Fass in der hinteren Küche zapfte. »Hier, trinkt! Ich weiß, dass Ihr nichts dafür könnt.«

»Ich hinterlegte Euren Brief in dem Gasthaus, für den Fall, dass das Wetter die Schiffe zum Umkehren zwingt. Er wird Eurem James Lacey gleich nach seiner Rückkehr ausgehändigt werden.« Er nippte an dem Gebräu. »Ah, tut das gut! Aber erzählt, was gibt es hier Neues? Habe ich meine Stelle am Theater verloren, weil ich zu lange weg war?«

Milly schüttelte den Kopf. »Nein, natürlich nicht. Ich habe Eurem Master erklärt, dass Ihr für einen Gentleman vom Hof eine wichtige Besorgung machen musstet – einen potenziellen Gönner.«

Christopher schloss die Augen und lächelte. »Ganz schön clever. Ist Euer Vater noch da?«

»Nein, er ist wieder in die Niederlande gereist, hat aber versprochen, im Herbst wiederzukommen.«

»Ich mag ihn. Als er mir letzte Woche das Pferd übergab, war er voll des Lobes für Euch. Für einen Verräter ist er ein ungewöhnlich angenehmer Zeitgenosse.«

Milly gab ihm einen leichten Klaps auf den Kopf. »Still, darüber wird nicht mehr geredet. Es ist vorbei.«

»Und Eure Freundin?«

Millys Miene verfinsterte sich. »Ihre Hochzeit ist für September angesetzt. Ich weiß nicht, was wir jetzt tun sollen, da Eure Mission gescheitert ist.«

Christopher zuckte die Schultern. »Ihr habt getan, was Ihr konntet, meine Liebe. Jetzt muss Eure Freundin den ungewollten Bräutigam eben abweisen.«

Milly schüttelte den Kopf. »Ihr sprecht wie ein Mann, der allein entscheiden kann. Ihr könnt euch nicht vorstellen, wie es ist, in Janes Haut zu stecken. Sie wird von allen Seiten bedrängt. Jane steht unter dem Druck ihrer Familie, des Hofes und jetzt auch der Königin, die sich von Lord Wetherby einreden ließ, dass die Heirat stattfinden *muss*!«

Doch der junge Schauspieler konnte kein Mitgefühl mit den Nöten einer privilegierten jungen Adligen aufbringen. Er schwenkte seinen Becher, bis der Inhalt fast überschwappte. »Wenn Eure Freundin reich ist, wird sie schon einen Weg finden.«

»Manchmal reicht es nicht, nur reich zu sein. Manchmal ist genau das das Problem.«

»Seht doch auch die positive Seite, Milly.«

»Aha, und die wäre?«

Er zwinkerte ihr über den Rand seines Bechers hinweg zu. »Die vielen neuen Gewänder, die gebraucht werden – das könnte für eine begabte Näherin das Geschäft ihres Lebens werden!«

16. Kapitel

Trotz ihrer Enttäuschung darüber, dass Christopher nicht rechtzeitig zum Hafen gekommen war, um das Schiff noch zu erreichen, war Milly klar, dass sie tief in seiner Schuld stand, denn er hatte sich für Menschen eingesetzt, die er kaum kannte oder, wie im Falle von James, nicht einmal mochte. Da sie von der Liebe des Schauspielers für auffällige Kleidung wusste, machte sie sich umgehend ans Werk. Sie nähte ihm ein neues Hutband aus Silber- und Goldfäden und stickte seine Initialen darauf. Zwei Tage nach seiner Rückkehr brachte sie es ihm persönlich vorbei, um sich für seine Mühe erkenntlich zu zeigen.

Sie war zuerst auf einen Sprung in Dame Prewets warme Küche gegangen, für einen kleinen Plausch unter Nachbarinnen, bevor sie nach oben zu Christopher gehen wollte. Plötzlich hörten die beiden Frauen draußen auf der Straße Aufruhr. Milly rannte ans Fenster und sah einen vornehmen blonden Edelmann in zweckmäßiger Reitkleidung aus rostfarbenem Wollstoff und mit einem kurzen schwarzen Samtcape direkt vor dem Haus von seinem verstaubten Pferd steigen. In seiner Begleitung befanden sich zwei Vorreiter und ein junger Gentleman mit dunkelblauer Reithose und dunkelblauem Wams auf einem traurigen Exemplar von Gaul.

Der Adlige und seine Begleiter beratschlagten kurz, ehe der Ältere einen der Diener anwies, an die Haustür zu klopfen.

»Dame Prewet, was für einen Umgang habt Ihr neuerdings?«, sagte Milly verblüfft.

Die Dame strich ihre Schürze glatt, sichtlich nervös über diesen unerwarteten Besuch. »Nicht ich, meine Liebe. Es muss für einen meiner Untermieter sein.«

Erst da bemerkte Milly die grüne Livree der Diener, und die Gesichtszüge des Jungen kamen ihr irgendwie bekannt vor. »Es muss Kits Familie sein.« Beklommen und erfreut zugleich sah sie die Hausherrin die Haustür öffnen. Endlich würde Christopher von seinen Halbbrüdern die verdiente Aufmerksamkeit bekommen. Sie freute sich, dass das Schicksal es so eingerichtet hatte, dass sie dabei sein durfte – hätte sie diese Gelegenheit verpasst, nur weil sie ein paar Minuten später gekommen wäre, hätte sie sich schwarzgeärgert.

»Mistress Prewet?«, sagte eine tiefe Stimme. »Mein Herr, der Earl von Dorset, lässt fragen, ob Master Turner im Hause ist.«

Die Hausherrin überschlug sich fast vor Aufregung. »Natürlich, Sir, bittet Euren Herrn herein, falls er so freundlich ist, mein bescheidenes Heim zu betreten.« Sie wedelte mit ihrem Schürzenzipfel. »Lauft schnell hinauf, Mistress Porter, seid so gut, und sagt Master Turner, er solle rasch herunterkommen. Wir dürfen den Earl nicht warten lassen!«

Milly hob ihren Rocksaum hoch, als sie die Treppe hinauflief und dabei immer zwei Stufen auf einmal nahm. Keuchend hämmerte sie dann an die Tür von Christophers Zimmer. »Kit, Kit, macht schnell! Eure Brüder sind da!«

Schweigen.

Hatte Christopher die Flucht ergriffen? Angesichts seiner Gefühle gegenüber der Familie Lacey war ihm durchaus zuzutrauen, dass er kurzerhand zum Fenster hinauskletterte.

Milly zauderte nicht lange und stieß die Tür auf. Christopher war gerade dabei, sein Hemd anzuziehen, und sein Kopf war in dem weißen Leinenstoff verborgen. Mit einem Ruck zog er es nach unten, so hektisch, dass die Schulternaht aufplatzte. Milly rannte zu ihm, um ihm behilflich zu sein.

»Lasst«, knurrte Christopher und griff nach seinem Wams.

»Habt Ihr gehört, Kit? Der Earl und der Jüngste – Tobias, glaub ich – sind in der Küche!«

»Ich hab's gehört. Was interessiert mich das?«

Milly zupfte sein Wams am Rücken zurecht, um es an der Pluderhose zu befestigen. »Seid nicht albern. Ihr wart jetzt lange genug sauer auf die Laceys. Es war ihr Vater, der Euch im Stich ließ, nicht die Söhne.«

»Darf ich das bitte schön allein entscheiden?«

Milly war drauf und dran, ihm eine Ohrfeige zu geben. Er war viel zu stur, sah sich als tragischen Helden, der die ganze Welt gegen sich hatte. Und nun, da die Welt zu ihm ins Haus kam, fiel ihm nichts Besseres ein, als zu schimpfen und wegzulaufen.

»Nun«, sagte sie kurz angebunden, während sie das letzte Häkchen schloss, »sie sind den ganzen weiten Weg gekommen, um Euch zu sehen. Da ist es nur höflich, dass Ihr sie empfangt.«

»Mach ich ja, obwohl ich nicht weiß, wofür das gut sein soll.« Christopher griff nach seinem Hut, und da fiel Milly wieder ein, warum sie überhaupt hergekommen war.

»Hier.« Sie drückte ihm das neue Hutband in die kalten Finger. »Für Euch. Als Dank dafür, dass Ihr nach Plymouth geritten seid.«

Seine griesgrämige Miene hellte sich etwas auf, als er seine Initialen sah – C. T. –, die in schwungvollen Lettern aufgestickt waren. »Perfekt!« Er band es um seine Samtkappe und achtete darauf, dass die Buchstaben gut zu sehen waren. »Ich bin ein Turner, kein Lacey.«

Milly gab es auf, ihn kurzfristig umstimmen zu wollen, und zog ihn eifrig aus seinem Zimmer und durchs Treppenhaus. Im Gegensatz zu ihm war sie Feuer und Flamme. »Geht endlich, Master Turner. Ein leibhaftiger Earl wartet auf Euch!«

Vor der Küchentür überprüfte Christopher noch schnell sein Aussehen und verriet damit seine Nervosität, obwohl er nach außen hin so gleichgültig tat. Milly war versucht, ihn tröstend zu umarmen, doch sie wusste instinktiv, dass er sich an einem sehr einsamen, intimen Ort verschanzt hatte, zutiefst verletzt, weil sein Vater ihn all die Jahre nicht zur Kenntnis genommen hatte. Wann würde er endlich aufhören, ständig alle Menschen abzuweisen und seinen Charme als eine Art Schutzschild vor sich herzutragen – oberflächlich strahlend, im Inneren aber hart wie Stahl? Sie sah, wie er all seinen Mut zusammennahm und die Küche betrat.

»Guten Tag, meine Herren.« Er verbeugte sich vor den Besuchern. »Wem oder was verdanke ich die Ehre?«, sagte er in einem Tonfall, der vor Sarkasmus triefte.

Der Earl verbeugte sich ebenfalls. »Master Turner?«

»Ay, Mylord.«

»Aus einem Schreiben meines Bruders James weiß ich von Euch und Eurer Situation. Können wir unter vier Augen reden?«

Christopher blickte drein, als sei das so ungefähr das Letzte, was er wollte. »Das ist nicht nötig, Sir, ich habe nie einen Hehl aus meiner Abstammung gemacht. Beide hier anwesenden Damen wissen, dass ich ein Bastardsohn Eures verstorbenen Vaters bin.«

Tobias Lacey hüstelte, weil ihm die direkte Art seines älteren Halbbruders offenbar gefiel. »Genau, red nicht lange um den heißen Brei herum«, sagte er leise zum Earl.

Der Earl fasste sich rasch wieder, doch man sah ihm an, dass er Milly und die Hausherrin zu gern hinausgeschickt hätte. »Gut, dann reden wir hier weiter. Ich bedauere zutiefst, dass Ihr seit dem Tod unseres Vaters vernachlässigt wurdet.«

»Er hat sich auch davor nie blicken lassen«, fiel Christopher ihm ins Wort.

»Aha.« Der Earl musterte seinen neuen Bruder und versuchte zu ergründen, was wohl in diesem vorging. Nachdenklich rieb er seinen goldblonden Kinnbart, und seine klugen blauen Augen blitzten auf. »Sobald ich von Eurer Existenz erfuhr, habe ich mich über die Umstände Eurer Geburt erkundigt und nachgefragt, wie unsere Familie damit umging. Mein Vater übertrug unserem Verwalter die Verantwortung für die monatlichen Zahlungen. Bedauerlicherweise setzte Turville diese Zahlungen nach dem Tod unseres Vaters eigenmächtig aus. Ich gebe zu, dass unsere Kassen damals leer waren und er mich in seinem Übereifer damit beschützen wollte, aber dennoch war es falsch von ihm. Er hätte mich zumindest konsultieren sollen! Dann wäre das nicht passiert, und wir hätten eine andere Vereinbarung getroffen.«

Christopher lächelte spöttisch. »Aha, und welche Art von Vereinbarung? Hättet Ihr mich in die Marine oder die Armee gesteckt? Das pflegen adlige Familien mit ihren ungewollten Söhnen doch gern zu tun, nicht wahr? Wie ich erfuhr, wart Ihr auch schnell damit bei der Hand, Euren Bruder ins Ausland zu schicken, sobald Ihr einen Erben hattet.«

Der Earl hatte offenbar geahnt, dass dieses erste Treffen nicht einfach werden würde, denn er wirkte sehr gefasst und fest entschlossen, sich nicht aus der Ruhe bringen zu lassen. »Ich denke, Ihr verkennt mich, Sir. Wir alle hätten uns gefreut, wenn James geblieben wäre – er trat diese Reise auf eigenen Wunsch an. Und es vergeht kein Tag, an dem wir nicht dafür beten, dass er heil zurückkehrt.« Der Earl räusperte sich, von seinen Gefühlen übermannt. »Und was Euch betrifft, Sir, wenn Ihr zu mir gekommen wärt, hätte ich mich gefreut, Euch kennenzulernen, und wir hätten gemeinsam beratschlagt, welcher Beruf für Euch geeignet wäre. Schließlich seid Ihr unser Halbbruder.« Er wartete, bis der Schauspieler den Blick hob und ihn anschaute. »Ihr habt eine Familie, falls Ihr sie haben wollt.«

Christopher ballte die Hände, die er auf die Hüften gestützt hatte, zu Fäusten, um sein Zittern zu verbergen. Auf der Bühne hatte er schon viele Rollen gespielt, doch für diese hier hatte er keine Zeit zum Üben gehabt. Es brach Milly fast das Herz, zu sehen, wie er vergeblich nach Worten rang.

Zum Glück beschloss Tobias, die angespannte Stimmung zu lockern. »Ich würde es gut verstehen, wenn Ihr uns nicht haben wollt. Will hier ist manchmal ein echter Miesepeter – er und ich liegen uns ständig in den Haaren –, und mit Jamie war es in letzter Zeit auch nicht sehr lustig. Ich würde mich freuen, wenn ich einen großen Bruder hätte, der Schauspieler ist – da könnte ich sicher oft umsonst mit ins Theater, oder? Und die Stücke von Gascoigne, dem Soldaten-Poeten, sind richtige Knaller, hab ich gehört – so ungefähr das Lustigste, was es je auf der Bühne zu sehen gab. Ich würde schrecklich gern mal mitkommen!«

»Tobias!«, knurrte der Earl.

Doch der junge Gentleman ließ sich nicht bremsen. »Aber ich will ganz ehrlich sein ...« Tobias verzog das Gesicht. »Ich will Euch nur als Bruder haben, wenn Ihr mir versprecht, dass Ihr der Familie noch mehr Schande machen werdet als ich. Das geht bestimmt: Am Theater habt Ihr sicher massenhaft Gelegenheit dazu.«

Dieser kecke Wirbelwind von Lord brachte Christopher nun doch zum Lachen. Tobias hatte denselben Charme geerbt wie er, doch seiner war herzlicher, weil er offenbar ein sonnigeres Gemüt hatte.

»Und was hält Euer geschätzter großer Bruder von meinem Berufsstand?«, wandte sich Christopher an Tobias. »Wird er von mir verlangen, mich von diesem verrufenen Gewerbe zu trennen, damit mich die Familie in Gnaden aufnimmt, was meint Ihr?«

»Himmel, nein!« Bestürzt wandte sich Tobias an den Earl. »Will, sag schon – so ein alter Muffel bist du nun doch nicht, oder?«

Will schmunzelte und schüttelte den Kopf. »Master Turners Berufswahl ist seine Sache. Ich habe nicht die Absicht, ihn im Namen unserer Familie zu irgendetwas zu zwingen!«

Tobias grinste zufrieden. »Klar, das würdest du nicht wagen! Wie könntest du auch? Fass dir lieber an die eigene Nase!« Er wandte sich wieder an Christopher. »Er hätte vor zwei Jahren eine sehr gute Partie machen können, und wir hätten auf einen Schlag keine Geldsorgen mehr gehabt. Aber er wollte unbedingt eine andere heiraten. Er hat der Familie gesagt, wir könnten uns auf den Kopf stellen, er würde es trotzdem tun – und diese Heirat war die beste Entscheidung seines Lebens!«

»Ich habe nichts Dergleichen gesagt!« Der Earl warf seinem kleinen Bruder einen vorwurfsvollen Blick zu.

»Hast du doch – sagt Jamie.«

Der Earl gab es auf zu widersprechen und versuchte stattdessen, das Gespräch wieder in ernstere Bahnen zu lenken. »Du schweifst ab, Tobias – und plauderst Dinge aus, die nur uns etwas angehen!«

Doch der kleine Frechdachs ließ sich zu Millys Entzücken nicht den Mund verbieten. »Versteht mich nicht falsch, Kit. Ich darf Euch doch Kit nennen, oder?«

Christopher konnte nur nicken. Was sonst hätte er angesichts dieses Übermaßes an kindlichem Eifer tun sollen?

»Gut, dann Kit. Also, Ellie – ich meine, die Gräfin – ist wirklich das Beste, was Will und Lacey Hall je hätte passieren können. Ihr werdet sie auch mögen, wenn Ihr sie erst kennenlernt – sie lacht viel und ist für fast jeden Spaß zu haben. Der kleine Wilkins ist noch etwas langweilig, weil er nur schreit und spuckt, aber in einem Jahr oder so sieht das bestimmt schon anders aus.«

Tobias ging offenbar fest davon aus, dass Christopher in den Schoß der Familie Lacey aufgenommen werden würde. Doch Milly wusste, dass ihr Freund nicht bereit war, so schnell mit fliegenden Fahnen überzulaufen. Was würde er tun? Er konnte sie nicht abweisen, oder? Damit würde er sich jede Chance auf eine Versöhnung verderben.

»Wilkins?«, fragte Christopher ratlos.

»Mein Sohn. Euer Neffe.« Der Earl strahlte über das ganze Gesicht. »Er ist vier Monate alt. Andernfalls wäre die Gräfin natürlich mitgekommen.«

»Ganz bestimmt«, bekräftigte Tobias.

Die beiden Lacey-Brüder blickten Christopher erwartungsvoll an. Würde er ihr Friedensangebot annehmen?

Mach schon, drängte Milly ihn stumm.

Christopher fuhr sich durch die Haare, während er mit der anderen Hand seinen Hut mitsamt dem neuen Hutband zerknüllte. »Ich gestehe, meine Herren, dass mich Eure freundliche Art überrascht. Es ist eine neue Erfahrung für mich, von der Familie Lacey zur Kenntnis genommen zu werden. Ich finde es ...« Er stockte und suchte nach einem Ausdruck, der nicht allzu beleidigend war. »... schwer zu glauben.«

Der Earl nickte verständnisvoll. »Ich denke, wir können Euer Misstrauen im Laufe der Zeit abbauen. Ihr seid zu jeder Zeit auf meinen Ländereien willkommen. Ich bin übrigens bereit, Eure monatlichen Zahlungen wieder aufzunehmen, vermute aber, dass Ihr ablehnen werdet, richtig?«

»Jawohl, Mylord.« In Christophers Ton schwang großer Respekt mit. »Ich komme ganz gut allein zurecht.«

»Dennoch kann jeder von uns ab und zu eine helfende Hand brauchen. Ihr habt jetzt eine Familie, Kit, bitte, vergesst das nie. Und Eure Schwestern würden Euch auch gern kennenlernen – Lady Catherine und Lady Sarah.« Da er spürte, dass er bei diesem Treffen alles erreicht hatte, was er erhoffen konnte, wandte sich der Earl an die Hausherrin und bedankte sich für ihre Gastfreundschaft. Dann wandte er sich an seinen kleinen Bruder: »Komm, Tobias. Wir müssen weiter, an den Hof.«

Der Hof! Milly begriff sofort, dass sich hier eine Möglichkeit bot, einen Fürsprecher für Jane zu finden. Doch dann fiel ihr ein, dass der Earl sicher kein Interesse daran hatte, ausgerechnet dem Mädchen zu helfen, das ihm einen Korb gegeben hatte. Vielleicht dachte er sogar, es geschähe Jane nur recht, dass sie nun in der Klemme saß – Jane hatte ihr erzählt, dass damals für lange Erklärungen keine Zeit gewesen war, und falls James nicht die Zeit gehabt hatte, seinem Bruder die Wahrheit zu erzählen, nahm ihr der Earl diese Abfuhr sicher immer noch übel.

Leider überlegte Milly eine Sekunde zu lange, ob sie den Earl nun auf Jane ansprechen sollte oder nicht, und deshalb verpasste sie diese einmalige Chance.

Die Laceys verabschiedeten sich und verließen das Haus. Dennoch war es gut zu wissen, dass sie zu den Laceys gehen konnte, falls alles andere fehlschlug. Doch das musste gründlich überdacht werden.

»Nun, Master Turner, das ist ja eine feine Sache: einen Earl als Bruder zu haben!«, sagte Dame Prewet staunend, während sie der kleinen Gruppe nachblickte, die in Richtung Themse davonritt. »Da muss ich wohl Eure Miete verdoppeln.«

Christopher nahm die Neckerei seiner Vermieterin wohlwollend auf. »Wenn schon, dann halbieren, Madam – es ist eine Ehre für Euer Haus, einen halb adligen Tölpel beherbergen zu dürfen.«

»Werdet Ihr sie besuchen?«, fragte Milly, die immer noch angestrengt darüber nachgrübelte, ob sie nicht gerade eine einmalige Chance verpasst hatte.

Nachdenklich rieb sich Christopher die Unterarme. »Kann sein. Aber nicht so schnell. Ich brauche etwas Zeit, um mich an diese neuen Umstände zu gewöhnen. Ich bin gefühlsmäßig nicht so schnell wie sie.«

»Ach was, Ihr seid einfach nur halsstarrig.« Milly seufzte. »Gebt Euren Widerstand auf, Kit. Sie sind wunderbare Menschen. Nehmt das Geschenk an, das sie Euch anbieten.«

»Aber ich bin und bleibe ein Bastard.«

Milly zuckte mit den Schultern. »Natürlich – aber das trifft auf halb London zu. Der Earl hat nicht angeboten, dass er Euch in die Erbfolge aufnimmt – er will Euch nur als Bruder annehmen. Der arme Mann: Er weiß nicht, worauf er sich da einlässt – ich habe das Chaos in Eurem Zimmer gesehen …«

Zum ersten Mal an diesem Tag lächelte Christopher unbeschwert. »Oh, das weiß er bestimmt. Er kennt schließlich seinen kleinen Bruder Tobias!«

17. Kapitel

Greenwich Palace

Clément Montfleury war zu seinem täglichen Höflichkeitsbesuch gekommen, wie es die Königin erlaubt hatte. Jane musste sich zwingen, in ihrem sonnigen Winkel am Fenster sitzen zu bleiben, als er durch den Salon ihres Vaters spazierte. Am liebsten wäre sie aufgesprungen und schreiend aus dem Raum gerannt.

»Und wenn wir in Frankreich sind, *ma petite fleur*, machen wir ein großes Fest. Die Untertanen meines *père* werden jubeln, wenn ich so eine wunderschöne englische Braut mitbringe.« In seinem Überschwang gestikulierte Montfleury so heftig, dass er die Uhr auf dem Kaminsims umstieß, was den gut regulierten Mechanismus durcheinanderbrachte und sie vorzeitig zu schlagen begann.

Jane sprang auf. »Oh, so spät schon? Ich muss gehen!«

Er ergriff ihre Hand und verbog ihren Arm, sodass sie sich wieder setzen musste. »*Non, non*, es ist noch nicht Zeit, *ma belle Jeanne*. Diese Uhr hat zu früh geschlagen.« Er beugte sich über ihre Finger und tat so, als hauchte er einen Kuss darauf – eine Geste, die man fälschlicherweise als zärtlich hätte deuten können. »Denkt daran, jeder sieht alles, jeder sieht zu am Hof. Wir müssen das perfekte Liebespaar sein.«

Warum?, hätte Jane am liebsten gebrüllt. Was war der Sinn dieser ausgeklügelten Farce? Wer immer sie beobachtete, wusste genau, dass er nicht so um sie warb, wie ein Mann es um die Frau tun sollte, die er bald heiratete. Er machte sich einen Spaß daraus, sie mit seinen lächerlichen Avancen zu brüskieren.

»Was machen die Vorbereitungen für Euer Hochzeitskleid, meine Liebe?«, erkundigte sich Montfleury etwas lauter, als er den Earl von Wetherby an der Tür zu den inneren Räumen seiner Gemächer stehen sah.

Jane studierte ihre Hände und badete sie im Sonnenlicht, als könnte sie damit seine Berührung auslöschen. »Sie sind in vollem Gange.« Dabei hatte Jane in Wirklichkeit noch gar kein Brautkleid in Auftrag gegeben. Sie verdrängte jeden Gedanken an ein Kleid, in dem sie diesen Lackaffen von Mann heiraten würde.

»Ausgezeichnet. Ich möchte, dass Ihr am Tag unserer Vermählung zauberhaft ausseht. Ihr sollt dem Hause Montfleury alle Ehre machen!«

Mutlos, wie Jane war, konnte sie sich zu keiner Antwort aufraffen. Was spielte es schon für eine Rolle? Sie könnte in Sack und Asche kommen und würde ihn trotzdem heiraten müssen. Ihr Vater hatte Jane klipp und klar gesagt, dass er – sollte sie dieser Heirat nicht zustimmen – der Königin gegenüber behaupten würde, sie sei geistig nicht in der Lage, für sich selbst zu sorgen, und müsse unter seine Vormundschaft gestellt werden. Und das würde im Klartext bedeuten, dass sie praktisch seine Gefangene und ihm auf Gedeih und Verderb ausgeliefert wäre. Da hatte Jane eingesehen, dass eine Heirat mit Montfleury immer noch das kleinere Übel war.

Der französische Gockel stolzierte erneut durch den Raum, und über seiner ausgeprägten Nase bildeten sich zwei Furchen. »Es irritiert mich, *ma chère*, dass Ihr gar nicht wissen wollt, was meine weiteren Pläne sind, nach unserer Heirat … wo wir leben werden und so weiter.«

»Ich gehe davon aus, Sir, dass wir in Frankreich leben werden.« Mit nervösen Fingern fältelte Jane ihren Rock und strich ihn wieder glatt, bis die teure Seide ganz zerknittert war. Ein Glück, dass Milly es nicht sah! Rasch strich Jane den Stoff wieder glatt und versuchte, ihre Hände ruhig zu halten.

»Nicht unbedingt. Ich habe die Liste Eurer Besitztümer durchgesehen. Ihr habt den Witwenanspruch auf ein hübsches Gut in Kent, ideal gelegen für meine Geschäfte in den Häfen Südenglands. Deshalb dachte ich mir, dass wir dort unseren Wohnsitz nehmen sollten.«

Jane erinnerte sich an dieses Landgut – es mochte zwar ganz hübsch sein, war aber kaum mehr als ein zugiges Gutshaus, in dem es im Winter eisig kalt war. »Wie bitte? *Dort* sollen wir leben?«

Er schnipste ein Staubkorn von seinem Ärmel. »Ab und zu. Ich selbst werde natürlich oft geschäftlich unterwegs sein.«

Jane wusste nicht, ob sie über diese Ankündigung lachen oder weinen sollte. Sie hatte damit gerechnet, in Frankreich bei seiner Familie im Exil leben zu müssen, aber wie es nun schien, wollte er sie nach der Heirat in einer einsamen Gegend in England sitzen lassen, während er selbst fröhlich durch die Welt zog. Es würde ein einsames Leben für sie werden, aber vermutlich immer noch besser, als ungeliebt unter Fremden zu leben. Allerdings gab es da noch ein kleines Problem, wie ihr einfiel.

»Ich verstehe, Sir. Aber wisst Ihr bereits, dass die Söhne meines verstorbenen Gemahls mir jedes Anrecht auf den Witwenteil streitig machen?«

Er rümpfte die Nase. »Sie sind … wie soll ich sagen? … höchst *gewöhnliche* Menschen. Ich traf sie bereits und habe Eure Ansprüche geltend gemacht. Ich musste schwören, dass Ihr keine Jungfrau mehr seid und Eure Ehe mit dem Marquis folglich vollzogen wurde.«

Jane schnappte nach Luft. »Das habt Ihr gesagt?«

Ungerührt zuckte er die Schultern. »Aber natürlich. Ich sagte, wir hätten den Beischlaf vorgezogen und dabei hätte ich festgestellt, dass alles in Ordnung ist – dass Ihr auch faktisch eine Ehefrau wart, nicht nur pro forma.« Erstaunt bemerkte er ihre geröteten Wangen. »Ich hoffe, *ma chère*, dass ich keinen Meineid leistete, oder? Ihr habt Eure Unschuld doch hoffentlich bereits verloren. Es wäre äußerst peinlich, wenn dem nicht so wäre, denn Eure Stiefsöhne verlangen eine ärztliche Untersuchung. Aus irgendeinem Grund bezweifeln sie, dass ich Euch bereits beschlafen habe.«

Jane fühlte sich gedemütigt wie noch nie in ihrem Leben. »Keine Bange, Sir. Die Sache wurde bereits erledigt.«

»*Bon.*« Er verbeugte sich. »Dann wünsche ich Euch nun einen schönen Tag, Mylady. Bis morgen um die gleiche Zeit.«

Jane blickte ihm nach, als er ging. Er blieb noch einmal kurz stehen, um ein paar Worte mit ihrem Vater zu wechseln. Die beiden Männer gingen ganz ungezwungen miteinander um, und Jane hörte sie im Nebenzimmer lachen. Montfleury hatte ein Händchen im Umgang mit Männern. Sein weibisches Äußeres verbarg einen Verstand wie eine Falle, die blitzschnell zuschnappte, wenn sich irgendwo ein Vorteil bot. Aber war ihm ihre Ehre wirklich so egal? Ein seltsamer Ehemann, der hoffte, dass seine zukünftige Frau nicht mehr unberührt war. Vielleicht dachte er, dass sie ohnehin gegen weitere Verfehlungen gefeit war, wenn er sie erst in das einsame Landhaus in Kent verbannt hatte?

Die Ironie an dieser Sache war, dass sie zum ersten Mal in ihrem Leben Grund hatte, sich über ihren dummen Fehltritt mit Raleigh zu freuen. Denn andernfalls würde Montfleury sie bestimmt drängen, sich auf die Schnelle einen Liebhaber zu nehmen, nur um ihre Witwenansprüche zu sichern, oder – noch schlimmer – er würde sich selbst dieser Aufgabe annehmen! Ein unerträglicher Gedanke!

13. Juli

Outer Banks, irgendwo vor der Küste Nordamerikas

Meine liebe Jane,

Gott hält seine schützende Hand weiter über unsere kleine Expedition, sodass unsere Erwartungen bei Weitem übertroffen wurden. Dank des guten Wetters konnten wir den Atlantik in kürzester Zeit überqueren, und das ohne Tote oder ernsthafte Zwischenfälle. In der Karibik erreichten wir Land und hatten das Glück, gleich auf der ersten Insel Süßwasser vorzufinden und nicht von feindseligen Spaniern begrüßt zu werden. Von dort aus segelten wir an der Küste entlang nach Norden, vorbei an einem Land namens Florida, bis wir diese Inselkette hier erreichten, die unser Kapitän die Outer Banks nennt.

James hob die Feder vom Papier und blickte zu dem neuen Land, das er durch sein kleines Fenster sehen konnte. Sie ankerten in einer Lagune, einem perfekten Anlegeplatz, nachdem man die gefährlichen Sandbänke passiert hatte. An der Küste gediehen Rankengewächse und hohe Zedern – es sah wirklich wie ein Land aus, in dem Milch und Honig flossen, ähnlich wie jenes, das den Israeliten im Alten Testament versprochen worden war. Die meisten Besatzungsmitglieder waren derselben Meinung, und einige glaubten sogar, dass sie einen neuen Garten Eden gefunden hatten, in dem die Menschen vor dem Sündenfall in aller Unschuld lebten.

Nur Diego zeigte sich kaum beeindruckt. Er hatte die Eingeborenen auf ihren kleinen Booten als Erster erspäht, die die fremden Schiffe ihrerseits aus der Ferne beäugten, und Barlowe darauf aufmerksam gemacht, dass dieses Land eindeutig bereits bewohnt war. Es wäre töricht zu glauben, sie seien hier sicher oder dieses Land sei von ihnen *entdeckt* worden.

»Aber, mein Sohn, es gehört keinem christlichen Herrscher, und folglich können wir es für uns beanspruchen«, hatte ihm Barlowe nachsichtig erklärt, den die Eingeborenen so wenig störten wie ein Rudel Rehe.

Diego war empört, hatte es aber klugerweise erst ausgesprochen, als er mit James allein war. Anderer Meinung zu sein als der Kapitän wäre Meuterei, und das hätte sein Leben nicht eben leichter gemacht. James konnte Diegos Einstellung zwar verstehen, fand die Rechte der Eingeborenen aber auch recht unwichtig; dieses Land sah so riesig aus, dass es sicher genügend Platz sowohl für die amerikanischen Eingeborenen als auch europäische Siedler gab.

James blickte wieder auf sein Blatt.

Diego hat sich von seiner Seekrankheit erholt, nachdem wir nun in einer ruhigen Lagune vor Anker liegen, und ich rede ihm gut zu, ja genügend zu essen, um vor der Heimreise wieder zu Kräften zu kommen. Dass jemand so seekrank werden kann, habe ich noch nie erlebt. Sagt Mistress Porter, sie solle mit ihm für den Rest seines Lebens besser an Land bleiben.

Diego betrat die Kabine. »Der Kapitän geht an Land. Er will Euch dabeihaben.«

James grinste und streckte sich. »Ausgezeichnet.«

Diego nahm James die Feder aus der Hand, weil Tinte auf seinen Ärmel zu tropfen drohte, und legte sie sorgfältig auf den Schreibtisch. »Schreibt Ihr schon wieder an *sie?*«

James zog sich sein Wams über. »Natürlich.«

Diego reichte ihm seinen Hut. »Ihr liebt die Lady, Sir. Gesteht es Euch ein. Und sie liebt Euch auch.«

James stülpte sich den Hut mit der runden Krempe über die salzverkrusteten Haare und lachte. »Ich weiß. Aber ich habe diesen Abstand zu ihr gebraucht, um es einzusehen. Aus der Ferne sieht man manchmal alles viel klarer.« Er beäugte sein Spiegelbild in dem Rasierspiegel mit dem Sprung, den er an der Wand befestigt hatte. »Nicht dass eine Frau, die ihre fünf Sinne beisammenhat, mich jetzt noch haben wollte. Ich sehe wie ein Heide aus!«

Diego schüttelte den Kopf. »Nein, Sir. Heiden sind viel sauberer als Ihr – glaubt mir, ich kenne mich da aus!«

Herr und Diener gingen zu den anderen, die bereits bei den Booten warteten. Auf Barlowes Geheiß sprachen sie ein Gebet und dankten Gott für ihre glückliche Überfahrt. Danach teilten sie sich auf die Boote auf. James und Diego bestiegen das zweite Boot und kamen gleich nach dem Kapitän am Strand an. Barlowe wartete nicht ab, bis die Matrosen das Boot aus der Brandung gezogen hatten; er sprang heraus und watete durch das flache Wasser, mit der Begeisterung eines Kindes am ersten verschneiten Wintermorgen.

»Meine Herren, habt ihr je ein solches Land gesehen?« Mit einer ausladenden Handbewegung deutete der Kapitän auf den glatten Strand, dessen hellgelber Sand mit schwarzen Körnchen gesprenkelt war. Schwärme von Sandläufern hockten entlang der Wasserlinie und streckten ihre langen Schnäbel in die flach auslaufenden Fluten. Nur einen Steinwurf entfernt von den Männern schaukelten Pelikane auf dem Wasser, die den sonderbaren Gestalten, die in ihre Jagdgründe eindrangen, keine Beachtung schenkten. James staunte über ihren Kehlsack und fragte sich, wie sie mit diesem Gewicht vor der Brust überhaupt fliegen konnten.

Auf trockenem Boden angelangt, nahm Barlowe seine Muskete vom Rücken und schüttete Schwarzpulver in den Lauf. Er stampfte auf den Sand. »Meine Lords und Gentlemen, ihr seid meine Zeugen, dass ich dieses Land im Namen Ihrer Majestät, Königin Elisabeth, in Besitz nehme.«

Zum Glück war James der Einzige, der sah, wie Diego vor Verzweiflung die Augen rollte. Er boxte ihn in die Rippen, um ihn zur Ordnung zu rufen.

Barlowe steckte sein Pulverhorn wieder ein, wischte sich den Schweiß von den Brauen und deutete landeinwärts. »Dann wollen wir mal sehen, was wir hier an Frischfleisch finden!«

Nachdem James seine Waffe mit Pulver und Kugeln geladen hatte, folgte er ihm. Diego hatte einen Jagdbogen, den er schussbereit hielt; er wirkte weitaus weniger aufgeregt als die Europäer. Die kleine Gruppe folgte dem Kapitän die Dünen hinauf, trat in die Fußspuren, die er in dem jungfräulichen Sand hinterlassen hatte, und gelangte so in den Wald aus riesigen Rotzedern, die erstaunlich nah an der stürmischen Atlantikküste wuchsen.

Je tiefer sie in diesen Wald eindrangen, desto mehr bereute James, dass er sein wollenes Wams angezogen hatte – es war schrecklich heiß und schwül. Er hakte es auf, aber dennoch lief ihm der Schweiß über den Rücken. Er beneidete Diego, der so vernünftig war, nur ein leichtes Hemd und eine dünne Leinenhose zu tragen, und schwor sich, in Zukunft bei Ausflügen mehr darauf zu achten, wie sich sein Diener kleidete. Diego schien sich hier fast wie zu Hause zu fühlen.

Es nützte nichts! James konnte nicht anständig jagen, wenn ihm ständig der Schweiß in die Augen tropfte. Deshalb zog er sein Wams und seinen Hut und schließlich auch seine Beinkleider aus.

»Hier, Mann.« Er reichte sie dem erstbesten Matrosen. »Bring die Sachen auf eines der Boote. Dafür bekommst du eine Vier-Pence-Münze, sobald wir wieder an Bord der *Bark Raleigh* sind.«

Der Seemann grinste erfreut. »Ay, ay, Mylord.«

James löste das Hemd von seinem klebrigen Rücken und fächelte sich Luft zu.

»Besser?«, fragte Diego spöttisch.

»Viel besser.«

Diego pflückte eine Handvoll Beeren von einem Strauch und reichte sie James. »Sie sind gut – ich habe sie bereits gekostet.«

»Bist du neuerdings auch Vorkoster? Wie viele Talente hast du denn noch?«

»Keine Ahnung.«

Da explodierte vor ihnen ein Schuss.

»Treffer!«, brüllte Barlowe.

Weil plötzlich ringsumher eine Schar weißer Kraniche aus dem Unterholz aufstieg, konnten sie den Kapitän zuerst nicht sehen. James lachte: Die Vögel kamen ihm wie die Geister von Seligen vor, die sich am Tag des Jüngsten Gerichts erhoben, um den Allmächtigen zu begrüßen. Ihre langen Beine hingen herunter, als sie sich flatternd in die Lüfte erhoben, um gleich darauf abzudrehen und davonzufliegen, mit einem ohrenbetäubenden Gekrächze, das an die Schreie der himmlischen Heerscharen in der Offenbarung des Johannes erinnerte.

»Herrlich!«, rief er aus.

»Aber nicht zum Essen«, gab Diego nüchtern zu bedenken und steckte seinen Pfeil in den Köcher zurück.

Sie eilten zu Barlowe, der über das Rotwild gebeugt stand, das er mit seinem Schuss erlegt hatte.

»Wie gefällt Euch dieses Land, Mylord?«, fragte er James, steckte sein Messer wieder in seinen Gürtel und gab einem Mann von der Besatzung zu verstehen, das Tier zum Zerlegen an den Strand zu bringen. »Ich habe noch nie einen solchen Reichtum an Wild gesehen. Es gibt in Europa nichts Vergleichbares.«

»Da habt Ihr recht, Sir.« Da nahm James aus dem Augenwinkel eine Bewegung wahr. Er schulterte seine Muskete, zielte und feuerte. Eine Ente fiel vom Himmel.

»Guter Schuss!« Barlowe applaudierte. »Heute Abend gibt's ein Festessen – am Strand.« Er wandte sich an einen Schiffsjungen. »Du, Junge. Sag den Köchen, sie sollen schon mal Feuerholz sammeln, damit wir das Fleisch nachher am Strand über einem schönen Lagerfeuer braten können.«

Das Jagdglück war ihnen weiterhin hold, denn es war ein Kinderspiel, Beutetiere zu erlegen, die friedlich ihrer Wege gingen oder flogen – zu arglos, um sich vor den lauten Schüssen der Waffen der Europäer zu fürchten. Nach mehreren Wochen mit gepökeltem Schweinefleisch wurde die Stimmung immer euphorischer, als sie ein Tier nach dem anderen erlegten. Diego überließ das Zerlegen den Matrosen und sammelte zwei Körbe voll Beeren, um auch einen Beitrag zur Speisekarte zu leisten. Anschließend setzte er sich zu James auf einen Felsen in der Sonne in der Nähe des Lagerfeuers. »Das reinste Paradies«, sagte James und spuckte einen Kern ins Meer.

Diego zuckte zusammen, als zwischen den Bäumen eine weitere Salve ertönte. »Aber nur bis zu unserer Ankunft.«

Es dauerte einige Tage, bis die Eingeborenen mit den englischen Seefahrern Kontakt aufnahmen. Die Indianer näherten sich vorsichtig, aber ohne Furcht. Sie zeigten sich zuerst auf dem nächsten Felsvorsprung, neben dem Anlegeplatz der Schiffe, und wateten schließlich am Strand entlang auf sie zu. James war fasziniert von ihrem Aussehen: Ihre Haut hatte die Farbe von poliertem Kupfer, sie waren knapp bekleidet, hatten sich dafür aber mit einer Mischung aus Farbe, Metallringen, Perlen und Federn geschmückt. Menschen wie sie hatte er noch nie gesehen, nicht einmal in den Büchern in Raleighs Bibliothek.

James hielt sich im Hintergrund, während Barlowe im Sand den Austausch der Begrüßungsfloskeln und Geschenke vornahm.

»Wie ungewöhnlich«, flüsterte er Diego zu. »Sie tragen nur ein Stück Stoff, um ihre Männlichkeit zu verbergen. Sie leben hier wirklich wie unschuldige Kinder.«

Diego verschränkte die Arme. »Schaut Euch um, Master: Es ist heiß, ihr schwitzt alle in euren Hemden, Kniehosen und Wämsern, aber trotzdem findet Ihr es seltsam, dass die Menschen hier zweckmäßig gekleidet sind. Wer ist hier in den Augen von Gott wohl ungewöhnlicher?«

»Aber die Bibel predigt doch Züchtigkeit.«

Diego schmunzelte. »Ich glaube nicht, dass sie von der Bibel wissen, doch das Buch der Natur lehrt uns, sich an das jeweilige Klima anzupassen. Ich vermute, dass sich diese Leute im Winter so dick in Pelze hüllen, dass selbst der prüdeste Beobachter zufrieden wäre.«

James kratzte sich am Kopf und versuchte zu verarbeiten, was sein Diener ihn gerade lehrte. Diego lebte seit Jahren als Außenseiter in einer ihm fremden Kultur. Er hatte einen Blick dafür, was grundlegend und was nur oberflächlich war, sodass er für die willkürlichen Regeln, ausgedacht von Männern, die ihrem Verhalten mit aller Gewalt einen Sinn geben wollten, nur Hohn übrighatte. Diego hatte recht, wenn er sagte, dass man sich in die Köpfe dieser freundlichen Eingeborenen hineinversetzen sollte. Da waren zwei große Schiffe an ihrer Küste gelandet, und diese Menschen hatten kein bisschen feindselig reagiert, sondern nur etwas abgewartet, um die Besucher einzuschätzen, ehe sie sich ihnen näherten, ohne ihre Macht zu demonstrieren. Die Menschen in England würden bestimmt nicht so gelassen auf eine Invasion reagieren, sagte sich James.

»Die Welt ist größer, als ich dachte«, musste er zugeben.

»Bei allem Respekt, Sir, mit der Reise hierher habt Ihr nur an der Oberfläche gekratzt. Reist in den Osten, und die Wunder vermehren sich wie Kaninchen im Frühling.«

James musterte seinen Diener auf eine neue Art und Weise. »Woher genau weißt du das alles, Diego?«

»Ich stand für kurze Zeit in den Diensten eines Kaufmanns aus Venedig«, antwortete Diego achselzuckend. »Diese Händler haben Verbindungen mit Orten, die Ihr Euch nicht mal erträumen könnt.«

Nach der Kontaktaufnahme am Strand durfte die kleine Gruppe von Indianern die Schiffe besichtigen. Beeindruckt und staunend fassten sie alles an und unterhielten sich dabei aufgeregt in ihrer Sprache miteinander. Einer zupfte mehrmals an Barlowes Ärmel und sagte dabei: »Wingandacoa.«

Amadas, der sich zur allgemeinen Erleichterung bisher zurückgehalten hatte, griff dieses Wort auf. Er klatschte so laut in die Hände, dass die armen Besucher zusammenzuckten. »So heißt dieses Land hier, richtig, Sir? Wingandacoa?«

Alle Besatzungsmitglieder wiederholten dieses Wort begeistert und versuchten, die exotischen Laute richtig auszusprechen. Die Eingeborenen lächelten und nickten zufrieden.

Diego beugte sich zu James. »Ich glaube nicht, dass damit ihr Land gemeint ist. Ich denke, er wollte Barlowe nur zu seinem Hemd beglückwünschen – vermutlich haben sie hier noch nie Leinenstoff gesehen.«

James musste sich ein Lachen verkneifen. »Das können wir ihnen jetzt aber nicht sagen. Kapitän Amadas freut sich so, dass er endlich mit diesen Leuten kommuniziert hat.«

Diego zuckte nur mit den Schultern. »Außerdem spielt es wahrscheinlich sowieso keine Rolle. Ihr Engländer werdet dem Land einen eigenen Namen geben, den ihr besser aussprechen könnt.«

Am darauffolgenden Tag tauchten die Eingeborenen in größerer Zahl wieder auf, unter der Leitung ihres Häuptlings, der sich Granganimeo nannte. Er war ein eindrucksvoller Mann mit gelb bemalter Haut, dessen Haarpracht sich auf einen schmalen Streifen beschränkte, der an einen Hahnenkamm erinnerte. Als er nun zwischen den beiden Kapitänen bei einem improvisierten Picknick am Strand saß, wurde er immer übermütiger und begann plötzlich, sich selbst und die beiden Engländer unter lautem Gelächter zu schlagen. Amadas war drauf und dran, wütend zurückzuschlagen, doch Barlowe hielt ihn zurück und begann ebenfalls, sich lachend auf die Brust zu trommeln. Die Indianer, die bei James und Diego saßen, begannen, es ihrem Häuptling nachzumachen. James grinste tapfer während der Attacke, obwohl einige der Schläge ganz schön wehtaten.

»Was soll das?«, fragte er Diego mit zusammengebissenen Zähnen.

Diego schlug fröhlich zurück. »Ich glaube, das machen sie zum Spaß.« Der Indianer, den er gerade geboxt hatte, streckte beide Hände aus und legte sie dann zusammen, während er James und Diego anstrahlte. »Ich würde sagen, es soll bedeuten, dass wir alle *eine* glückliche Familie sind.«

»Na, das wird am Königshof sicher großen Anklang finden.« James versuchte, einem besonders kräftigen Schlag auf den Kopf auszuweichen. »Ich sehe es schon förmlich vor mir, wie die Königin und dieser Granganimeo sich auf diese Weise anfreunden.«

Nach einigen weiteren Tagen mit ähnlichen Scherzen luden die Indianer die Seefahrer auf ihre Heimatinsel Roanoke ein. James gehörte zu jenen, die mitkommen durften, mit der Anweisung, sich die Gegend genau anzusehen, um herauszufinden, ob sich der Ort für die Gründung einer Kolonie eignete. Barlowe und Amadas fanden, dass es ein Riesenvorteil war, so freundliche Indianer vor Ort zu haben, die den neuen Siedlern sicher gern bei der Gründung ihrer Kolonie helfen würden.

»Aber was ist, wenn sie gar nicht wollen, dass eine Schar Fremder ihre Jagdgründe und Felder an sich reißt?«, fragte Diego James, als sie allein in ihrer Kabine waren.

Das hatte sich James auch schon gefragt. Vermutlich hatten die Indianer nicht die geringste Ahnung, was ihnen bevorstand. Doch er war ein loyaler Untertan der englischen Krone und musste seine Pflicht tun. »Aber schau dich doch um – hier gibt es so viel unbebautes Land. Eine kleine Schar von Bauern wird sie nicht weiter stören. Und die Eingeborenen werden enorm von ihnen profitieren: Sie lernen das Evangelium kennen und können durch Tauschhandel ihren Lebensstandard verbessern.«

»Ich denke, das hat Cäsar auch gesagt, als er damals in Britannien eingefallen ist – dass die Eingeborenen lernen, ihn als Gott zu verehren, und die Ehre haben werden, als Sklaven verkauft zu werden.«

»Aber wir hatten auch Vorteile: Die Römer brachten uns ihre Kultur.«

»Und dank ihnen muss bis heute jeder Schüler Latein lernen.«

James lachte. »Stimmt, die damalige Invasion hatte auch den einen oder anderen Nachteil.«

Roanoke übertraf die kühnsten Hoffnungen der Engländer. Granganimeos Siedlung war klein – lediglich eine Ansammlung von neun Hütten, befestigt durch eine Holzpalisade. Die wenigen hier lebenden Indianer konnten eine Gruppe von englischen Siedlern nicht schrecken. Die Seefahrer wurden herzlich begrüßt und konnten zum ersten Mal die Familien ihrer neuen Bekannten sehen: die Frauen und Kinder, die sich bisher nicht gezeigt hatten. James konnte nicht umhin, festzustellen, dass die Frauen fast ebenso leicht bekleidet waren wie ihre Männer. Ein Detail, das selbst Diego erfreut zur Kenntnis nahm, nachdem ihn bisher kaum etwas beeindrucken konnte.

»Ein unglaubliches Land!«, sagte er lobend, als ein besonders hübsches Mädchen ihm eine Melonenscheibe anbot.

»Reiß dich zusammen – du bist verlobt!«, ermahnte ihn James ohne rechte Überzeugung.

»Ich stelle mir lieber gar nicht erst vor, was Milly dazu sagen würde. Wenn sich die indianischen Bräuche in London durchsetzen, könnte sie ihr Geschäft schließen.«

James lachte und schüttelte den Kopf. »Sosehr wir es auch genießen würden, die Frau unseres Herzens in diesem Indianerstil zu sehen – ich glaube nicht, dass ich den Anblick auch anderen gönnen möchte.«

Die Frau des Häuptlings trat aus ihrem Haus. Sie trug einen langen Lederumhang zum Zeichen ihrer hohen Stellung und brachte Ordnung in das chaotische Treiben am Strand. Sie befahl den Eingeborenen, die fremden Gäste in ihre Hütte zu tragen – wohl nur als Geste der Freundschaft und nicht als Abendessen, wie James inständig hoffte. Während der Überfahrt hatte es immer wieder

Gerüchte gegeben, dass hier Kannibalen lebten. James hatte zwar versucht, nicht auf das absurde Gemunkel hören, doch der eine oder andere Zweifel hatte sich festgesetzt. Kaum hatten die Gäste sich um die Feuerstelle gesetzt, begann die Frau des Häuptlings, an der Kleidung der Männer zu zupfen. Die anderen Frauen folgten ihrem Beispiel und schälten die Gäste schließlich lachend aus ihren Hosen und Jacken.

James blickte Hilfe suchend zu Diego und wusste nicht recht, ob er in Panik geraten sollte oder nicht.

Diego händigte den Frauen sein Hemd freiwillig aus. »Wir stinken«, erklärte er ungerührt.

Und tatsächlich – die Kleidungsstücke wurden weggebracht und von einigen Frauen gewaschen, während eine zweite Gruppe von Frauen warmes Wasser anschleppte. Sie bestanden darauf, den Seefahrern Hände und Füße zu waschen, bevor die Mahlzeit serviert wurde.

»Was für zauberhafte Geschöpfe!«, schwärmte Barlowe, dessen rosige Haut am Körper sich deutlich von seinem von Wind und Wetter gegerbten Gesicht und den Händen abhob. »Sie erinnern mich an das Gastmahl in der Bibel – wo Jesus Christus am Gründonnerstag seinen Aposteln die Füße wusch.«

»Entweder das, oder ihnen ist bei unserem Anblick der Appetit vergangen«, raunte James Diego zu. Er sah sich die nun splitterfasernackten Engländer an. »Das Problem ist nur, dass jetzt *mir* der Appetit vergangen ist.«

18. Kapitel

Lacey Hall, Berkshire

Die Zeit wurde knapp für Jane, doch Milly gab noch nicht auf. Sie würde sich nun doch an James' Familie wenden. Hoffentlich mit Erfolg, denn eine andere Möglichkeit, um ihrer Freundin zu helfen, fiel ihr nicht ein. Als der Adel London für die Sommermonate verließ, nutzte Milly die ruhige Zeit, legte ihr Geschäft in die Hände ihres besten Lehrmädchens und reiste nach Berkshire, zur einzigen anderen Freundin, die Jane hatte: Lady Ellie, die junge Gräfin von Dorset. Hätte sie die Gräfin auf ihrer Seite, würde der Earl, wie Milly hoffte, schnell erfahren, was der wahre Grund dafür war, warum Jane die Verlobung mit ihm damals vor zwei Jahren aufgelöst hatte. Das junge Grafenpaar verdankte sein Glück Jane, und warum sollte es sich dafür nun nicht dankbar zeigen?

Es war ein Ritt von ungefähr dreißig Meilen, der auf dem alten Klepper, den Milly gemietet hatte, mindestens einen, wenn nicht gar zwei Tage dauern würde. Christopher Turner hatte sich rundweg geweigert, sie zu begleiten. Es sei noch zu früh, hatte seine Ausrede gelautet.

»Wie viel Zeit braucht Ihr, Kit, um zu akzeptieren, dass es nette Leute sind?«, fragte sie ihn kopfschüttelnd.

Er drückte sich vor einer direkten Antwort und murmelte etwas davon, dass seine Theatertruppe im Sommer auf Tournee ginge. Milly musste eine Weile nachbohren, ehe er ihr gestand, dass es ihm peinlich wäre, die Mutter des Earl zu treffen – die gräfliche Witwe, die von ihrem Gemahl betrogen worden war.

»Der Earl hat sie nicht erwähnt, oder?«, sagte er trotzig. »Und das kann nur bedeuten, dass ich bei ihnen nicht erwünscht bin, solange sie noch dort wohnt.«

Milly war zwar anderer Ansicht, doch ihr guter Freund Kit reagierte bei diesem Thema nun mal nicht sehr rational.

»Wisst Ihr was, Milly? Reist Ihr doch hin und erzählt mir danach, wie sie ist. Sozusagen als Ausgleich für meinen kleinen Ausflug nach Plymouth!«

Milly war überrascht, dass Christopher, der sich immer als armes Opfer gesehen hatte, sich doch irgendwie schuldig fühlte, weil seine Mutter die Geliebte des alten Earl gewesen war. Aber gut, wenn er sich seiner Familie väterlicherseits nur langsam, mit winzig kleinen Schritten seitwärts, ganz nach Krebsart, annähern wollte, dann war das seine Sache.

»Wie Ihr wollt, Kit. Aber Ihr solltet die Laceys nicht mehr lange hinhalten – es wird umso peinlicher, je länger Ihr es hinauszögert.«

»Danke, Milly-Schatz.« Christopher umschlang ihre Schultern und drückte sie an sich. »Ihr seid nach wie vor meine Sticklauben-Königin, auch wenn Ihr Euch törichterweise in diesen flatterhaften Abenteurer verliebt habt.«

»Geht schon!« Milly schob ihn sachte von sich, und plötzlich fiel ihr ein, dass sie Diego versprochen hatte, sich Christopher immer auf Armeslänge vom Leib zu halten – oh, oh, sie musste sich wirklich bessern! »Und ja, ich lasse Euch wissen, ob die Luft rein ist und Ihr Euch zu den Laceys wagen könnt.«

Da Christopher abgelehnt hatte, musste Milly den alten Uriah mitnehmen, der sich als schwierigster Reisegefährte der Welt entpuppte. Er hatte an allem etwas auszusetzen, an den Pferden, den Gasthäusern, den Straßen. Das Einzige, was ihm ein Lächeln entlockte, war der Anblick der pompösen Kutsche eines Adligen, die in einer Schlammpfütze stecken geblieben war.

Als nach dem langen Ritt der Abend anbrach, war Milly heilfroh, als sie am Ende der Straße die Dächer des gräflichen Anwesens erblickte. Sie rutschte auf ihrem unbequemen Doppelsattel hin und her, da ihre Kleidung feucht war von dem Regenguss, in den sie kurz zuvor geraten waren.

»Schau, Uriah, da vorn. Das ist unser Ziel.«

»Endlich, Mistress«, knurrte er. »Ein Glück. Ich dachte schon, wir würden im Gebüsch schlafen müssen, als leichte Beute für wilde Tiere und Landstreicher.«

Da Milly hinter ihm saß, grinste sie nur seinen Rücken an. Sie waren hier in Berkshire, nicht im wilden Amerika. »Falls man uns hier keinen Platz zum Schlafen anbietet, reiten wir ins Dorf weiter. Diego sagte, es sei nur eine Meile weit entfernt.« War das, was sie vor sich sah, eventuell ihr zukünftiges Heim? Falls sie als Ehepaar in London angefeindet wurden, würde Diego seine Stelle bei den Laceys behalten. Als Milly die große, gepflegte Parklandschaft im Glanz der untergehenden Sonne vor sich liegen sah, sagte sie sich, dass es bestimmt schlimmere Schicksale gab, als hier zu leben.

Uriah lenkte ihr Reittier zu den Wirtschaftsgebäuden hinter

dem Herrenhaus. Als sie das honiggelbe Sandsteingebäude passierten, glänzte es im Sonnenuntergang wie ein Märchenschloss, in dem ein Märchenkönig mit seiner Königin residierte, und die Fenster glitzerten wie Diamanten. Selbst der Dienstbotenflügel des Anwesens wirkte gepflegt, durch ein offen stehendes Tor konnte man den ummauerten Küchengarten sehen. An der warmen Südfassade wuchsen Aprikosenbäume mit saftig aussehenden, blassorangen Früchten, von denen einige so reif waren, dass sie sich bereits rot färbten. Millys Augen wurden immer größer. War sie in eine Märchenwelt geraten, mit Bewohnern, die keine gewöhnlichen Sterblichen sein konnten?

Doch dann schreckte sie unsanft aus ihren Träumen, weil auf dem Dienstbotenhof ein lauter Streit im Gange war.

»Schlepp sofort deinen faulen Hintern herunter, Afabel Turville!«, schrie eine junge blonde Frau, die ein Kleinkind auf der Hüfte sitzen hatte. »Dieser elende Müller hat uns schon wieder einen Sack zu wenig gebracht! Ich bezahle ihn nicht dafür, dass er uns betrügt!«

Milly erblickte den Mann, der Christophers Zahlungen eigenmächtig eingestellt hatte, zum ersten Mal, als Turville, um einiges älter als die junge Frau und mit einem Gesicht, das im Moment fast so rot war wie seine Haare, den Kopf aus einem der Fenster im ersten Stockwerk streckte. »Halt den Mund, Frau! Oder willst du, dass die Familie dein Geschrei hört?«

»Du hast schon wieder nicht nachgezählt, als du ihm die Lieferung abgenommen hast, stimmt's?«, fuhr die junge Frau in derselben Lautstärke fort. »Nur weil du mit dem Kerl am Samstag ein Fass Bier getrunken hast, brauchst du dich am Dienstag noch lange nicht von ihm übers Ohr hauen lassen!«

Da erst hörte sie das Hufklappern. Sie wirbelte herum und zeigte ihr hübsches Gesicht unter der schlichten Haube. Ihre kleine Tochter sah ebenfalls sehr niedlich aus und hatte ein bezauberndes Lächeln.

»Wie kann ich Euch helfen?«, fragte sie die Neuankömmlinge mit einem honigsüßen Lächeln, als hätte sie nicht eben noch wie ein Rohrspatz geschimpft.

Milly lächelte zurück. »Mistress, ich habe ein Geschenk von Mylady Rievaulx für Eure Herrin.«

In den Augen der jungen Frau blitzten Interesse und Habgier auf. »Dann tretet ruhig näher. Wir erhalten nicht oft Geschenke aus London.«

Ein Stallbursche eilte herbei, um das Pferd der Besucher in Empfang zu nehmen. Milly und Uriah stiegen am Aufsteigblock ab und kamen nach den langen Stunden im Sattel beide leicht ins Taumeln.

Die Frau ging auf das Haus zu und winkte sie mit sich. »Kommt mit in die Küche. Ich werde fragen, ob die Gräfin euch empfangen kann. Wen darf ich melden?«

»Millicent Porter aus der Silver Street«, erklärte Milly.

Die Frau fuhr herum. »Was? Ihr seid Milly Porter! Oh, ich habe schon viel von Euch gehört.«

Milly war überrascht. »Ihr kennt meinen Namen?«

»Natürlich. Früher, vor meiner Heirat mit Turville, war ich die Zofe von Lady Jane Perceval.« Die junge Frau schürzte die Lippen, rückte dann das Kind auf ihren Hüften zurecht, als müsste sie sich die Vorteile ihrer Ehe in Erinnerung rufen. »Wer hätte gedacht, dass sie es mal bis zur Hofdame der Königin bringt!«

Milly dämmerte, wen sie vor sich hatte: Nell Rivers, nun Mistress Turville, eine von Janes weniger angenehmen Zofen, die ihren Dienst quittiert hatte, um den Verwalter von Lacey Hall zu heiraten. Sie ärgerte sich bestimmt schwarz, weil sie dadurch die Gelegenheit verpasst hatte, mit ihrer ehemaligen Herrin an den Hof zu gehen. »Oh ja, wer hätte das gedacht!«

»Wartet hier! Ich werde mich erkundigen, ob Mylady Zeit hat.« Ohne lange zu fragen, drückte sie Milly ihr Kind in die Arme und wandte sich zum Gehen. »Sie heißt übrigens Janet – nach ihrer Taufpatin, der Marquise.«

Interessant – Jane hatte nicht erwähnt, dass sie Patin des Nachwuchses ihrer ehemaligen Zofe war. Lächelnd betrachtete Milly das Gesicht des kleinen Mädchens. Seltsam, die schelmischen blauen Augen hatten eine gewisse Ähnlichkeit mit denen ihrer Freundin ... Natürlich wäre es nicht klug, nachzufragen, aber Millys flinker Verstand erinnerte sich sofort, dass Janes Bruder ebenfalls am Hof gewesen war, als die jetzige Mistress Turville dort in Diensten war. Milly kannte Sir Henry und seinen lockeren Lebenswandel – er galt als großer Schürzenjäger. Sie persönlich hatte stets einen großen Bogen um ihn gemacht.

Kichernd zupfte das Kind an Millys besticktem Kragen herum und schaute fasziniert auf die Rotkehlchen, die Milly mit viel Liebe zum Detail aufgestickt hatte.

»Du magst Vögel, nicht wahr, Schätzchen?« Milly kitzelte das Kind am Kinn.

Das Kichern wurde zu einem fröhlichen Lachen, das auf Milly ansteckend wirkte. Auf einmal zog sich ihr Herz zusammen. Die meiste Zeit versuchte sie, nicht daran zu denken, wie sehr Diego ihr fehlte. Dabei vermisste sie ihn schrecklich. Sie wollte optimistisch bleiben und redete sich ein, dass es ihm sicherlich gut ging, doch dieses Kind auf ihrem Arm weckte in ihr die Sehnsucht nach einem gemeinsamen Kind mit Diego. Und das ging nur, wenn er wirklich von seiner Reise zurückkehrte. Sie schloss kurz die Augen und schickte ein Stoßgebet zum Himmel. Diego ging es bestimmt gut. Es *musste* ihm gut gehen!

Es dauerte keine fünf Minuten, bis Nell zurückkam und die kleine Janet abrupt von Millys Armen auf den Schoß des alten Uriah beförderte, der am Feuer saß. »Passt gut auf sie auf!«, schärfte sie ihm ein.

So kurz nach ihrer Ankunft zum Kindermädchen befördert zu werden, machte Uriah im ersten Moment sprachlos – er konnte nicht mal protestieren. Das Küchenpersonal war mit den Vorbereitungen für das Abendessen beschäftigt – erstaunlich wenige Personen, wenn man die Größe des Haushalts bedachte. Milly begriff, dass es in dieser nicht sehr begüterten Familie üblich war, dass jeder mit anpackte.

»Kommt, die Mistress kann es kaum erwarten, Euch zu sehen.« Nell hastete durch den kurzen Dienstbotengang in den vornehmeren Teil des Hauses. Als Milly in die Eingangshalle trat, sah sie ein Rudel Hunde hinter einem jungen Mann ins Freie rennen.

»Das war Master Tobias«, erklärte Nell, »der jüngste Lacey-Spross.«

Milly hatte ihn von der Begegnung in der Küche von Dame Prewet noch gut in Erinnerung, nahm aber an, dass das umgekehrt nicht der Fall war, da sie sich im Hintergrund gehalten hatte. »Wohnen alle Familienmitglieder im Haus? Ich glaube mich zu erinnern, dass es mehrere Brüder und Schwestern sind, nicht wahr? Und natürlich die gräfliche Witwe.«

»Im Moment sind die meisten hier, das stimmt.« Nell runzelte die Stirn, als empfände sie es als lästig, dass die Familie es wagte, das eigene Haus zu bewohnen. »Nur Master James ist im Ausland.«

Nell öffnete die Tür zu einem eleganten Raum, der vom Korridor abging. Die Motive an der Kassettendecke – Früchte, verschlungen mit musikalischen Motiven – deuteten an, dass es sich um den Musiksalon handelte, obwohl im Moment kein Instrument gespielt wurde. Der Earl und die Gräfin von Dorset saßen links und rechts des Kamins und blickten der Besucherin gespannt entgegen.

Milly, die nicht mit der Anwesenheit des Earl gerechnet hatte, blieb zögernd auf der Türschwelle stehen. Vor ihm, dem Mann, dem Jane einen Korb gegeben hatte, wollte sie die missliche Lage ihrer Freundin nicht schildern; er hätte sicher kein Verständnis.

»Mistress Porter, so tretet doch näher!« Der Earl deutete auf den dritten Stuhl am Feuer. »Jetzt, wo ich Euch sehe, fällt mir ein: Haben wir uns in London nicht kurz gesehen? Bringt Ihr Nachrichten von meinem Bruder?«

Milly hatte sich so weit im Griff, dass sie das Knicksen nicht vergaß. »Mylord, Mylady. Nein, ich komme nicht im Auftrag von Christopher – der Euch im Übrigen grüßen lässt.« Nun, zumindest hätte er das getan, wenn sie ihn dazu ermahnt hätte, und deshalb war es nicht direkt gelogen. »Ich komme wegen der Marquise, Lady Jane.«

Die junge Gräfin, eine zierliche, dunkelhaarige Schönheit, etwa in Millys Alter, lächelte ihren Gatten erfreut an. »Will, jetzt weiß ich, wer unsere Besucherin ist! Sie ist das Mädchen, das Diegos Herz erobert hat – James erwähnte es doch in seinem Schreiben, in dem er uns auch von Christophers Existenz berichtet hat. Ich kann verstehen, warum Diego in sie verliebt ist – ist sie nicht reizend?«

Milly errötete bis in die Haarwurzeln, denn das war nun wirklich übertrieben. »Danke, Mylady.«

»Bring sie nicht in Verlegenheit, meine Liebe.« Der Earl erhob sich und führte Milly galant zu einem Stuhl. »Über ihren Verehrer können wir uns später noch unterhalten – sobald uns die Dame etwas besser kennt. Hat Euch jemand eine Erfrischung angeboten?«

»Nein, Sir, noch nicht. Ich bin eben erst eingetroffen.«

Der Earl wandte sich an Nell. »Mistress Turville, jemand aus der Küche soll Wein für unseren Gast heraufbringen.«

Nell knickste kurz und ging widerwillig hinaus. Sie hatte gehofft, die Unterhaltung mithören zu können, doch offenbar kannte der Earl ihre Neugier und schob dem einen Riegel vor.

»Also, Mistress Porter«, ergriff die Gräfin nun wieder das Wort. »Ihr bringt ein Geschenk von Jane? Wie geht es ihr?«

Milly warf einen kurzen Blick auf den Earl. Er lächelte seine Frau liebevoll an und wirkte so gar nicht wie ein Mann, der einer anderen nachtrauerte.

Die Gräfin bemerkte Millys Blick. »Oh, macht Euch keine Sorgen. Mein Mann hat sich längst davon erholt, dass Jane ihm einen Korb gab.«

Der Earl verdrehte gequält die Augen über diese unverblümte Aussage seiner Gattin.

»Ich habe schon immer gesagt, dass mehr dahintersteckte, als er dachte, doch erst als James uns aus Plymouth schrieb, begriffen wir, was sie für uns getan hat«, fuhr die junge Gräfin fort.

Milly stieß erleichtert die Luft aus – James hatte ihr die größten Steine schon aus dem Weg geräumt. »Mylady …«

Die Gräfin legte eine Hand auf Millys Knie. »Bitte, Ihr seid hier unter Freunden und könnt mich wie Jane Ellie nennen.«

»Lady Ellie …«

Die Gräfin lachte. »Na schön, dann lassen wir es dabei. Ich vergesse manchmal, was für eine wichtige Person ich geworden bin.«

»Lady Ellie, ich musste leider etwas schwindeln. Ich bringe Euch kein Geschenk von Jane. Ich habe sie seit Wochen nicht mehr gesehen, da ihre Familie sie ständig unter Bewachung hält.«

Der Earl runzelte die Stirn. »Wieso das? Ich dachte, sie sei inzwischen Hofdame und unterstehe nur noch der Königin? James schrieb, ihre Ehe mit Rievaulx hätte sie unabhängig gemacht.«

Milly rieb die Hände aneinander, weil sie befürchtete, dass er ihr nicht glauben würde. »Richtig, aber ihr Vater und ihr Bruder wollen sie mit einem Franzosen verkuppeln und haben es so hingedreht, dass sie ihn heiraten *muss*. Sie haben sogar die Zustimmung der Königin erhalten, nachdem sie Jane in eine Falle gelockt haben und es so aussah, als habe sie die Avancen dieses Mannes geduldet.«

»Oh, das ist ja schrecklich!«, rief Lady Ellie, und ihre großen braunen Augen weiteten sich vor Mitgefühl.

»Und das alles gegen ihren Willen?« Der Earl traute Janes Motiven offenbar nicht so schnell wie seine Frau.

»Das kann ich beschwören.« Milly überlegte krampfhaft, wie sie den Earl für Jane einnehmen könnte, doch außer der Wahrheit fiel ihr nichts ein. »Sie will den Franzosen nicht. Sie liebt Euren Bruder, Mylord. Sie wollte ihn sogar heiraten, aber Master James hat sie abgewiesen. Es hat sie sehr gekränkt, dass er gleich darauf weggefahren ist. Jetzt ist er weit weg, und sie sitzt in der Falle. Ihr Vater und Sir Henry haben gedroht, sie für unmündig erklären zu lassen, wenn sie nicht tut, was sie von ihr verlangen.«

»Sie wollen ihr Geld.« Der Earl redete nicht lange um den heißen Brei herum.

»Richtig.«

Lady Ellie sprang auf und trat ans Fenster. »Es war ihr widerlicher Bruder, richtig? Diesem Henry Perceval traue ich alles zu!«

»Ihr Vater ist keinen Deut besser, Mylady. Man kann sagen, dass der Apfel in diesem Fall nicht weit vom Stamm fiel.«

»Oh, Will, wir müssen ihr helfen. Aber wie?«

Der Earl strich sich über seinen goldblonden Bart und dachte nach. »Ich fürchte, es ist zum Teil auch meine Schuld. Es war meine Idee, James nach Amerika zu schicken. Es tut mir leid, dass ich damit zu Janes misslicher Lage beigetragen habe.«

Die Gräfin wandte sich wieder an Milly. »Wann ist die Hochzeit?«

»Bald, diesen Donnerstag.«

»In zwei Tagen.« Lady Ellie kehrte zu ihrem Stuhl zurück und nahm seufzend Platz. »Da bleibt uns nicht viel Zeit, um eine Lösung zu finden.«

»Von hier aus können wir sowieso nichts tun. Wir müssen an den Hof«, erklärte der Earl.

Milly hatte das Gefühl, als würde sich im wirren Knäuel ihrer Sorgen um Jane endlich der erste Knoten lösen. Wenn jemand die Chance hatte, den Earl von Wetherby umzustimmen, dann sehr viel eher dieses adlige Ehepaar als sie! »Danke. Ich bin dankbarer, als ich sagen kann. Ich bin nur eine einfache Näherin ohne Einfluss bei Hofe. Ich darf Jane nicht einmal mehr in Whitehall besuchen.«

Lady Ellie schüttelte den Kopf. »Ihr habt vielleicht keinen Einfluss bei Hofe, doch dafür auf Diego. Er ist ein Teil unserer Familie, und folglich seid Ihr es nun auch. Ihr habt unsere volle Unterstützung.«

»Wiiill!« Ein Mädchen mit wehenden rotblonden Haaren stürmte am anderen Ende des Salons zur Tür herein.

Der Earl sprang blitzschnell auf, als sei es etwas, das er lange eingeübt hatte, und fing sie auf, bevor sie in ihrem Überschwang gestolpert wäre. »Lady Sarah, wir haben eine Besucherin.«

Das Mädchen warf einen kurzen Blick auf Milly, doch ihr eigenes Anliegen erschien ihr dringlicher als alles andere. »Tobias hat meine Laube ruiniert. Er ließ die Hunde mitten hindurchrennen!«

»Deine Laube?«

»Du hast ihr doch erlaubt, neben dem neuen Irrgarten eine Laube zu bauen, weißt du noch?«, raunte die Gräfin ihrem Gatten zu. »Im Haselnusshain.«

»Es war meine Märchenlaube«, jammerte Sarah. »Ich habe eine Ewigkeit gebraucht, um die Girlanden zu flechten und eine Tafel für Puk und die Elfen herzurichten – zum Vollmond morgen wollte ich meine Freundinnen einladen, um gemeinsam mit ihnen auf sie zu warten, und jetzt hat Tobias alles zertrampelt!«

»Und euch die Feier verdorben?« Der Earl hatte die Schwere des Vergehens schnell erfasst. »Aber hat Tobias überhaupt von der Laube gewusst? Und warum liefen die Hunde genau dorthin?«

Sarah zog ihr Näschen kraus und wickelte sich eine Locke um den Finger. »Na ja, ich hatte ein bisschen kalten Braten aus der Küche geholt. Ich musste dem Elfenvolk doch etwas anbieten!«

Der Earl zog fragend eine Augenbraue hoch.

»Und, na ja, dann noch ein Stück von dem glasierten Schinken aus der Speisekammer. Aber … aber die Hunde haben alles aufgefressen – sie haben sich darum gestritten wie … wie …«

»Wie ein Rudel Hunde?«, sagte der Earl hilfsbereit, ohne eine Miene zu verziehen.

»Ja, und jetzt ist alles kaputt, und ganz bestimmt lässt sich keine einzige Elfe in meiner Laube blicken – alles liegt wild durcheinander, stinkt und ist widerlich. Ich könnte Tobias die Augen auskratzen!«

»Verstehe.« Der Earl stand da, im ersten Moment sichtlich überfordert mit der Situation, als sein jüngster Bruder ins Zimmer geschlendert kam, betont lässig, obwohl ihm zweifellos klar war, dass seine Schwester ihn bereits verpetzt hatte.

»Na, Leute«, sagte Tobias fröhlich. Erst dann erblickte er Milly. »Ah, und wer ist das?« Er verbeugte sich mit einem strahlenden Lächeln und ließ seinen ganzen Charme spielen. In seinen dunklen Augen funkelte etwas auf, das an den spitzbübischen Elf Puk erinnerte, den Sarah so gern zu Gast gehabt hätte. »Welche holde Maid hat sich ins Schloss Lacey gewagt, um den Drachen-Earl in seiner Höhle zu ködern?«

Milly fühlte sich unwillkürlich an die hochtrabende Prosa von Christopher Turner erinnert. Tobias war zwar etliche Jahre jünger, legte der Frauenwelt gegenüber aber dieselbe Galanterie an den Tag wie Christopher.

»Halte dich zurück, Tobias!«, sagte der Earl amüsiert. »Sie gehört Diego. Erinnerst du dich? Wir haben unsere Besucherin damals bei Dame Prewet getroffen.«

Tobias machte vor Milly einen Kniefall und küsste ihre Fingerspitzen. »Sie hat unseren afrikanischen Löwen gezähmt – sie muss Zauberkräfte besitzen. Ich fühle mich geehrt, Euch zu sehen, schöne Maid.«

Seine wütende kleine Schwester hatte lange genug stillgehalten. »To-bi-as!« Sie stürzte sich auf ihn und schlug mit beiden Fäusten auf ihn ein. »Wie willst du meine Laube wieder ganz machen?«

Er hielt sie auf Armeslänge von sich weg. »Will, was kann ich gegen diese kleine Furie tun?«

»Ich hasse dich!« Sarahs Gesicht war hochrot vor Zorn.

»Ich dich auch, du Stinktier!« Tobias' Grinsen verriet, wie Milly fand, dass er sich im Grunde diebisch freute, sie so in Rage gebracht zu haben.

»So, jetzt reicht's!«, rief der Earl. »Du, Sarah, setzt dich wie eine Lady zu Ellie. Und du, Tobias, stellst dich neben meinen Stuhl und versuchst, dich mal für fünf Minuten wie ein Gentleman zu benehmen!«

Eingeschüchtert vom Ton ihres großen Bruders, tat Sarah schnell, wie ihr geheißen. Tobias dagegen schaute betont auffällig auf die Uhr auf der Kommode, als wollte er ganz genau wissen, wann die fünf Minuten vorbei waren und er sich wieder normal verhalten durfte. Milly blickte Lady Ellie fragend an. Sollte sie sich besser zurückziehen, damit die Familie unter sich war? Doch Ellie gab ihr mit einem leichten Kopfschütteln zu verstehen, dass sie bleiben könne. Gut. Milly wollte zu gern noch mitbekommen, wie die Sache endete.

»Wie ich sehe, gibt es zwei Punkte zu klären«, verkündete der Earl wie ein Richter am Gerichtstag. »Erstens: Tobias hat Sarahs liebevoll hergerichtete Laube ruiniert. Und zweitens: Sarah hat unerlaubt Lebensmittel aus der Küche entwendet.« Der Earl hielt eine Hand hoch, um das zweistimmige Protestgeschrei im Keim zu ersticken. »Deshalb verfüge ich Folgendes: Tobias, du wirst die Laube deiner Schwester wieder reparieren. Flechte neue Blumengirlanden und so weiter, bis alles wieder wie zuvor aussieht.«

»Will!«, stöhnte Tobias.

Der Earl ignorierte ihn. »Sarah, du wirst der Köchin beichten, dass du ein paar Sachen stibitzt hast, und gibst ihr den Gegenwert für den Schinken in Münzen – von deinem eigenen Nadelgeld, verstanden? Du wirst weder Ellie noch unsere Mutter anbetteln. Versprochen?«

»Ja, Will.« Sarahs Ton war zwar fügsam, doch ihr Widerspruchsgeist war noch nicht erlahmt. »Ich wollte die Sachen nicht stehlen, weißt du. Mein Tutor hat von Roger Bacon, dem Doctor Mirabilis, erzählt, der sagte, dass man die Existenz von Dingen, die wir nicht sehen können, nur durch Experimente und die Erfahrung beweisen kann. Ich wollte mit meinem Experiment nur herausfinden, ob es Elfen wirklich gibt. Dafür braucht man ein gutes Lockmittel, das siehst du doch ein, Will, oder?«

Milly war sehr beeindruckt, welch gute Bildung dem jungen Mädchen hier zuteilwurde, während die meisten anderen Edelfräulein sich mit Moralpredigten und Anstandsregeln begnügen mussten.

Der Earl kratzte sich am Kinn, um ein Schmunzeln zu verbergen. »Das war klug von dir, mein Schatz. Lass mich wissen, zu welchen Ergebnissen deine Forschungen führen, aber das nächste Mal fragst du zuerst, bevor du etwas aus dem Haus trägst. Und bevor du deine Köder auslegst, überleg dir schon im Voraus, ob dein

Experiment gefährlich sein kann und eventuell unerwünschte Reaktionen bei deinen Mitmenschen oder anderen Lebewesen hervorrufen kann.«

Sarah nickte feierlich.

»Und? Sind wir uns einig?«

Tobias blickte zur Uhr. Seine Zeit war beinah um. »Ich höre und gehorche, Mylord.«

Auch dem Earl war bewusst, dass sein kleiner Bruder vermutlich nicht mehr lange stillhalten würde. »Dann, Sarah, geh jetzt zu deiner Zofe und zieh dich zum Essen um.« Er wandte sich an den Jungen. »Und du, Tobias«, sagte er, ohne große Hoffnung, »tust einfach nur etwas, damit du nicht aussiehst, als hättest du nicht seit drei Monaten keinen Kamm mehr gesehen.«

Mit einem kecken Gruß verließ Tobias den Raum. Ellie hielt Sarah wohlweislich noch für einen Moment zurück und ließ sie erst laufen, als die Luft rein war.

»Gut«, sagte Milly, die sich bestens amüsiert hatte, aber wusste, dass sie noch vor Einbruch der Dunkelheit eine Bleibe für die Nacht finden musste. »Ich sollte auch gehen.«

»Unsinn! Ihr bleibt selbstverständlich über Nacht hier.« Lady Ellie klingelte nach ihrer Zofe. »Ihr gehört zur Familie – durch Eure baldige Einheirat.«

Der Earl legte seiner Frau einen Arm um die Schultern. »Das steht vermutlich noch in den Sternen, Liebste. Nach dem Intermezzo von eben erwägt unser Gast vermutlich, sich umgehend wieder von den Laceys zu distanzieren.«

Milly lachte. »Oh nein, ich finde, Ihr seid eine ganz wunderbare Familie!«

19. Kapitel

Kurs auf den Ärmelkanal

James saß in seiner Kabine und stellte seine Skizze der Insel Roanoke fertig, als Vorlage für den Zeichner, der daraus eine vorzeigbare Zeichnung für die Geldgeber machen würde, die Raleigh für die Gründung seiner Kolonie brauchte. Vor Konzentration klemmte er seine Zunge zwischen die Zähne, während seine Feder die Ansiedlung skizzierte, die Wälder und den geeigneten Ort für die neuen Wohnhäuser der Siedler. Er war kein großer Künstler, hatte aber das Auge eines Soldaten – er sah das, worauf es ankam.

Die Reise hatte seine Erwartungen bei Weitem übertroffen. Sie waren etwa fünf Wochen bei den Indianern geblieben, die erstaunlicherweise weiterhin sehr freundlich gewesen waren und offenbar absolut nichts dagegen hatten, dass die Fremden zurückkehren würden – falls sie überhaupt verstanden hatten, was Barlowe und Amadas ihnen erklärt hatten, was James manchmal bezweifelte. Das Beste aber war, dass sie zwei junge Indianer überreden konnten, mit nach England zu kommen. Einer von ihnen, Manteo, erfreute die Mannschaft mit seiner kindlichen Begeisterung für die vielen Dinge, die sie ihm zeigten und die neu für ihn waren. Der andere, Wanchese, ein stattlicher junger Mann, der direkt von

Roanoke stammte, war etwas zurückhaltender. Die Kapitäne gingen davon aus, dass diese beiden Indianer am Hof und in der Öffentlichkeit mehr Aufmerksamkeit erregten und ein besseres Aushängeschild für das geplante Unternehmen waren als eine Vielzahl wissenschaftlicher Abhandlungen.

James hoffte nur, dass ihnen jemand klarmachen würde, dass das bei ihrem Stamm übliche Begrüßungsritual – den anderen heftig zu schlagen – in England keinen guten Eindruck machen würde.

Da kam ein Stöhnen aus Diegos Koje. Mit geübtem Handgriff reichte James ihm noch rechtzeitig die Schüssel. »Erinnere mich daran, dass ich dich nie mehr auf ein Schiff mitnehme.«

»Wäre mir recht, Master.«

Als Nächstes reichte ihm James einen Becher mit verdünntem Alkohol, damit Diego sich den Mund ausspülen konnte. »Deine Liebste wird dich nicht wiedererkennen: Du bist dürr wie eine Bohnenstange und fast so blass wie ich.«

Bei dem Gedanken, dass er bald wieder zu Hause sein würde, schloss Diego lächelnd die Augen und faltete die Hände über der Brust.

James betrachtete seinen Diener mit einem liebevollen Blick. Diese Seereise hatte ihre Beziehung weitaus intensiver werden lassen als zwischen einem Herrn und seinem Diener üblich: Sie waren Freunde geworden. Natürlich wussten sie beide, dass es schwierig werden würde, ihren zwanglosen Umgang im starren gesellschaftlichen Rahmen Englands beizubehalten, doch James hoffte, dass es ihnen trotzdem gelingen würde. Diese Freundschaft hatte sein Leben enorm bereichert. Er würde sich überlegen, wie sich die Kluft zwischen ihnen irgendwie überbrücken ließ, indem er Diego half, auf der sozialen Leiter aufzusteigen. Es wäre sicher nicht leicht, besonders für jemanden mit Diegos ungewöhnlicher Herkunft, aber andererseits machte genau das den jungen Nordafrikaner so einzigartig. Vielleicht galten für jemanden, der eine Ausnahme darstellte, andere Regeln? James hoffte, dass dem so war.

Er rollte seine fertige Skizze zusammen. »Ich glaube nicht, dass ich mich schon bei dir bedankt habe, dass du mitgekommen bist.«

»Ay, ich bin ein Held, ich weiß.« Diego verzog das Gesicht, ließ die Augen aber geschlossen. »Hat sich die Reise für Euch gelohnt?«

James schob die Ärmel zurück, verschränkte die Hände hinter dem Kopf und schaukelte auf seinem Hocker vor und zurück. »Ich glaube schon. Die Erinnerungen an den Winterfeldzug sind etwas verblasst. Ich fühle mich wieder wohler in meiner Haut, da ich mich bei dieser Expedition nützlich machen konnte.«

»Das ist gut. Ihr seid Eure bösen Geister losgeworden.«

»Meine was?«, stieß James hervor und berührte rasch das Kreuz auf seinem Gebetbuch. »Ich denke, du weißt, dass wir Seefahrer ein abergläubisches Völkchen sind – so etwas darf man nicht einmal aussprechen!«

Diego nickte. »Ay, sollte man nicht, stimmt. Aber es trifft zu – Ihr seid sie losgeworden. Die lange Reise über das Meer hat sie vertrieben, genau wie ich gehofft hatte.«

James rollte die Augen, sah aber ein, dass es hoffnungslos war, die eigenwillige Weltsicht seines Freundes richtigstellen zu wollen.

»Euer Bruder würde sagen, dass Eure Körpersäfte wieder im Gleichgewicht sind«, fuhr Diego weise fort. Er wusste nur zu gut, was diese engstirnigen Engländer mit ihren Scheuklappen von seinem Wissen über die geistige Welt hielten, und zog sie gern mal damit auf.

»Ein Glück, denn sonst hätte er Ärzte auf mich angesetzt, die mir übel schmeckende Tinkturen in den Rachen gekippt hätten, die mich angeblich aufheitern.«

»Eure Arznei war diese Reise.«

»Richtig.« Geistesabwesend klopfte James auf den Stapel Briefe, allesamt noch nicht abgeschickt, die er während der wochenlangen Abwesenheit an Jane geschrieben hatte.

Diego blinzelte durch seine halb geschlossenen Lider. »Werdet Ihr ihr die Briefe geben?«

James zuckte nur die Schultern und hoffte, dass Diego ihm nicht ansah, wie verzweifelt er sich wünschte, dass sich Janes Gefühle für ihn in der Zwischenzeit nicht geändert hatten. »Ich habe kein Recht, mich in ihr Leben einzumischen. Ich habe sie verlassen. Bestimmt hat sie längst eine große Schar anderer Verehrer. Eine Frau, die so schön und vermögend ist wie sie, bleibt bei den Herren am Hof nicht unbemerkt. Wie könnte ich da mithalten? Was habe ich ihr schon zu bieten?«

Diego seufzte. »Tja, wenn Ihr nicht mal antretet gegen die Konkurrenz, werdet Ihr das Herz der Dame natürlich nicht gewinnen.«

»Meinst du, ich sollte um sie werben?«

»Master Lacey, wenn Ihr es nicht tut, müsste man Euch den Titel *Idiot des Jahres* verleihen.«

James lachte. »Diego, du hast eine wirklich direkte Art.«

»Ach ja, Sir?«

»Ja, behalte sie bei. Sie ist für mich die beste Arznei.«

Im Roten Löwen, *Plymouth*

James und Diego gingen schwankend von Bord und zum Gasthaus, um nach einem Zimmer für die Nacht zu fragen. Wieder festen Boden unter den Füßen zu haben, war noch etwas ungewohnt für sie.

»Ich fühle mich wie betrunken«, gestand James und stützte sich schwerfällig auf Diego. Eine Händlerin warf ihm einen finsteren Blick nach, weil er ihr beinahe vor die Füße gestolpert war. »Zumindest denkt das diese Frau, dabei bin ich ausnahmsweise mal völlig unschuldig.«

Auf sie achtete sonst kaum jemand. Die ehrbaren Bürger von Plymouth, angefangen von Sir Francis Drake, dem Bürgermeister, bis zum niedrigsten Küchenjungen, waren alle zum Hafen geeilt, um die exotischen Fremden zu begaffen, die die Kapitäne aus Amerika mitgebracht hatten. Wanchese stolzierte den Kai hinunter, mit einem Gesicht, als könne er den widerlichen Gestank kaum ertragen – es roch ehrlich gesagt tatsächlich recht stechend. Manteo tänzelte neben ihm her und winkte den Zuschauern lächelnd zu.

»Dieser Mann könnte als Schauspieler auf einer Bühne Karriere machen, nachdem er seine Pflicht als Botschafter seines Landes erfüllt hat«, kommentierte James.

Der Gastwirt gab ihnen ihr früheres Zimmer für eine Nacht. Sie wollten nicht länger als nötig in Plymouth bleiben, sondern möglichst rasch nach London weiterreisen. Der Gastwirt hatte ihnen gerade das Abendessen serviert, als ihm einfiel, dass Christopher Turner vor einigen Monaten einen Brief für ebendiesen Herrn hinterlegt hatte.

»Mylord, ich habe ein Schreiben für Euch. Der Herr, der es

brachte, hat Euch ganz knapp verpasst, als Ihr damals abgereist seid, und ich musste ihm versprechen, Euch den Brief gleich nach Eurer Rückkehr zu geben.«

James' euphorische Stimmung legte sich auf einen Schlag. Dringende Briefe verhießen nur selten etwas Gutes. »Bringt das Schreiben sofort her, Mann.«

»Ay, Mylord.«

Der Gastwirt eilte davon und kehrte zurück mit einem Brief, der schon etwas angestaubt aussah, weil er den ganzen Sommer auf einem Brett gelegen hatte.

James brach das Siegel und fand im Inneren noch einen zweiten Brief vor sowie eine eilends gekritzelte Nachricht von Christopher Turner.

»Das ist Millys Schrift!«, rief Diego aus und musste sich beherrschen, um James den Umschlag nicht aus den Fingern zu reißen.

James las, was auf dem Umschlag geschrieben stand, und reichte ihn dann Diego. »Für dich.«

Diego überflog den Inhalt. »Oh-oh, das klingt nicht gut. Ganz und gar nicht gut.« Er reichte James das Blatt. »Hier, lest selbst!«

Als James die schlimme Nachricht von Janes erzwungener Hochzeit las, sank er auf seinem Stuhl zusammen, und seine Hand begann zu zittern. »Wir kommen zu spät! Das hier wurde schon vor Monaten geschrieben!« Er fuchtelte mit dem Papier. »Jane ist inzwischen sicher längst verheiratet worden.«

Diego nahm ihm das Blatt aus den Fingern, faltete es sorgfältig zusammen und steckte es in seine Tasche. »Wir wissen nicht, wie die Sache ausgegangen ist, Sir. Es kann doch sein, dass jemand ihr half oder dass ihre Familie es sich anders überlegt hat.«

James raufte sich die Haare. »Möglich, aber höchst unwahrscheinlich. Beim Blute Jesu, das ist die Strafe für meine Schwäche. Ich hätte nie fortgehen dürfen!«

Diego widersprach schnell aus Angst, dass all die positiven Ergebnisse dieser Reise im Handumdrehen zunichtegemacht werden könnten. »Das dürft Ihr nicht sagen, Sir. Ihr seid nicht schuld an den Intrigen der Familie von Lady Jane – und folglich habt Ihr Euch auch nichts vorzuwerfen, nur weil Ihr eine Reise gemacht habt, um Euren unruhigen Geist zu beruhigen.«

James war nicht in Stimmung für Worte des Trostes. »Wir brechen sofort auf! Es ist vermutlich schon zu spät, aber ich kann auf gar keinen Fall hierbleiben und Däumchen drehen!«

Sehnsüchtig dachte Diego an die Pritsche, auf die er sich schon so gefreut hatte und auf der er sich gern bis zum nächsten Morgen ausgeruht hätte. »Gut, ich werde anordnen, dass unsere Pferde aufgezäumt werden.«

»Wir lassen unser Gepäck hier. Es kann uns nachgeschickt werden. Sag dem Wirt Bescheid, sei so gut!«

»Ay, Sir.« Diego blickte zum Fenster hinaus an den nächtlichen Himmel. »Wir haben Vollmond, das ist gut.«

»Dann verlieren wir keine Zeit mehr! Ich will so schnell wie möglich in London sein!«

Whitehall Palace

Nach der Sommerreise war der Hofstaat nach Whitehall zurückgekehrt. Jane war klar, dass die letzten Tage ihrer Freiheit angebrochen waren. Bald würde in der Westminster Abbey die Trauung stattfinden. Sie wusste noch immer nicht, wie sie diesem Schicksal entrinnen konnte, ohne dass es noch schlimmere Folgen hätte. Wenn sie nachts nicht schlafen konnte, hatte sie in ihrer Verzweiflung manchmal sogar schon daran gedacht, sich das Leben zu nehmen. Doch so weit wollte sie dann doch nicht gehen, denn das würde ewige Verdammnis bedeuten. Und den Preis ihrer Seele war *kein* Mann wert und erst recht kein Franzose!

Blanche Parry, die oberste Hofdame der Königin, war die Einzige am Hof, die merkte, wie sehr Jane litt. Am Tag vor der Hochzeit hielt Mistress Parry sie im Korridor vor den Gemächern der Königin auf. »Ihr habt stark abgenommen im Laufe des Sommers, Mylady. Das steht Euch nicht«, erklärte die alte Dame nüchtern. »Ich könnte mit meiner Herrin sprechen, doch ich weiß, dass Euer Vater das bereits getan hat. Er sagte, Ihr seid kränklich, weil Ihr die Trauung kaum erwarten könnt. Trifft das zu?«

Jane fühlte sich wie ein schiffbrüchiger Seemann, der plötzlich ein Stück Treibgut sieht, an das er sich in seinem Meer der Sorgen klammern kann. Endlich gab es jemanden, der sich um sie sorgte und nicht nur daran dachte, wie er sie für seine Zwecke benutzen konnte. »Nein, Mistress, ich möchte ganz bestimmt nicht heiraten. Bitte, helft mir!«

Die alte Dame runzelte die Stirn. »Hmm, ich werde sehen, was ich tun kann.«

Jane schüttelte den Kopf und versuchte, nicht zu ertrinken. »Was könnt Ihr tun? Was kann überhaupt noch jemand für mich tun?«

»Ihr würdet staunen. Wer wie ich fünfzig Jahre im Dienste der Königin steht, hat durchaus etwas zu sagen – auch bei Prinzen oder gar Ihrer Majestät persönlich.« Blanche tätschelte Janes Arm und hinkte dann weiter, in die Gemächer der Königin.

Als Jane sich in ihrer spartanischen Kammer auskleidete, klammerte sie sich an die Hoffnung, dass Mistress Parry ihr eventuell doch noch in letzter Minute einen Aufschub verschaffen könnte. Ihr Gewand für die Hochzeit lag ausgebreitet auf einer Truhe – dazu würde sie ein bernsteinfarbenes Satinwams mit schwarzem Besatz tragen, eigentlich Trauerkleidung, doch das passte gut zu ihrer Stimmung. Sie hoffte immer noch, all das nicht tragen zu müssen.

Da klopfte es leise an der Tür. Jane hatte ihre Zofe bereits weggeschickt, um in dieser Nacht allein zu sein. Niemand sollte Zeuge sein, wie sie nervös auf und ab schritt.

»Wer da?«

Ein erneutes Klopfen.

Es konnte kein Unhold sein, beschloss Jane, denn der Palast wurde Tag und Nacht gut bewacht. Deshalb öffnete Jane die Tür einen Spaltbreit. »Wer ist da?« Hatte Mistress Parry eventuell so schnell Erfolg gehabt und wollte ihr die gute Nachricht nun persönlich überbringen?

Ein Fuß schob sich in den geöffneten Türspalt. »Ich bin's, Mylady. Ich bin gekommen, um euch am Vorabend Eurer Hochzeit alles Gute zu wünschen.«

Richard Paton, der neue Marquis von Rievaulx! Im ersten Moment war Jane versucht, die Tür wieder zuzudrücken, doch dann siegte ihre Gutmütigkeit. Sie ließ die Tür los und trat einen Schritt zurück. »Richard, ein Besuch zu so später Stunde?«

Mit seiner üblichen Arroganz trat ihr Stiefsohn ein, ohne auf eine Aufforderung zu warten. »Ging leider nicht anders. Mein Pferd verlor in der Nähe von St. Albans ein Hufeisen, und das hat mich viel Zeit gekostet.« Jane fand seine entschuldigende Miene nicht überzeugend. »Aber wie hätte ich Euch von Eurer alten Familie zu einem neuen Gemahl überwechseln lassen können, ohne Euch alles Gute zu wünschen?«

Jane zog ihren Morgenrock ein Stück enger und band den Gürtel zu. »Danke für Eure Aufmerksamkeit. Hiermit habt Ihr Eure Pflicht getan.« Sie ging wieder zur Tür, um ihm zu verstehen zu geben, dass der Besuch für sie beendet war.

»Bitte, meine liebe Lady, fertigt mich nicht so rasch ab. Dies ist unsere letzte Gelegenheit, um Frieden zu schließen, bevor wir getrennte Wege gehen.« Richard trat einen Schritt weiter in den Raum, und erst da sah sie, dass ein Diener hinter ihm stand, mit einem Tablett, auf dem ein Krug und zwei Gläser standen. »Ich weiß, dass wir uns nicht immer gut verstanden haben, und bereue, dass ich dazu beitrug.«

»Wirklich?« Jane hatte ihre Zweifel. Aus irgendeinem Grund hatte Richard beschlossen, seine Taktik zu ändern. Hoffte er, sie auf diese Weise auf seine Seite zu ziehen, für das unvermeidbare Gespräch mit ihrem Ehemann über die Witwenansprüche? Falls ja, musste er sie für formbarer halten als warmes Siegelwachs. Sie würde den Überfall von neulich nicht so schnell vergessen.

Der Diener stellte das Tablett auf ihren Tisch und zog sich zurück, wobei er die Tür aus Gründen der Schicklichkeit einen Spalt offen stehen ließ. Richard füllte die beiden Gläser und nippte anerkennend an seinem. »Ah, ein gutes Tröpfchen!« Er reichte Jane das andere Glas. »Kommt, trinken wir auf den morgigen Tag und den Beginn Eures neuen Lebens als Lady Montfleury. Es klingt sehr hübsch, nicht wahr? Ihr könnt stolz auf Euch sein.«

Jane berührte kurz Jonas' Ehering, den sie immer noch am Finger trug – trotz des Protestes ihres Zukünftigen, der nichts von einem anderen Mann an ihr sehen wollte. Sie hatte sich geschworen, ihn erst abzulegen, wenn sie vor der Kirche stand, und selbst dann würde sie ihn nur an die andere Hand stecken. Ihretwegen konnte sich Montfleury auf den Kopf stellen, doch diesen Teil ihres früheren Lebens gab sie für ihn nicht auf.

»Wo werdet Ihr nach der Eheschließung leben?«, erkundigte sich Richard höflich und hielt ihr das Glas erneut hin. »Auf Euer Wohl!«

Jane nahm das Glas entgegen, hielt es aber nur an die Lippen, um so zu tun, als ginge sie auf seinen Trinkspruch ein. »In Kent.«

»In Grafton?«

»Ja, ich glaube, das hat Montfleury im Sinn.«

Richard schniefte. »Es ist ein kleines Anwesen, aber die Fischereirechte sind recht lukrativ. Dort dürftet Ihr Euch wohlfühlen.« Er hob sein Glas zu einem zweiten Trinkspruch.

Jane wunderte sich, dass er es so gelassen hinnahm. »Danke, Richard. Ich gestehe, dass ich sehr erleichtert bin zu hören, dass Ihr mir dieses Anwesen nicht mehr streitig macht.« Sie hob ihr Glas und nippte daran.

Mit Argusaugen beobachtete er, wie sie ihre Lippen benetzte und brav einen Schluck trank. »Ich kam zu dem Schluss, dass es sinnlos wäre, mein Geld für Gerichtskosten aus dem Fenster zu werfen – ich würde das Vermögen, das ich dadurch bekäme, den Anwälten in den Rachen werfen.«

Janes Kehle begann zu kribbeln. Sie blickte kurz auf ihr Weinglas, dann wieder auf ihren Stiefsohn, der plötzlich heimtückisch grinste. Behutsam nahm er ihr das Glas aus den Fingern und schüttete den Rest der Flüssigkeit auf den Fußboden. »Ich bringe Euch jetzt in Euer Bett, meine Liebe.«

»Was habt Ihr getan?« Jane griff sich an die Kehle. Ihre Rippen fühlten sich an, als wären sie zwischen schweren Steinen eingeklemmt. Sie bekam kaum noch Luft.

»Ich hole mir nur zurück, was mir gehört. Hättet Ihr wieder geheiratet, wäre es zu spät gewesen, deshalb ist Euer Tod bedauerlicherweise …« Er zog eine groteske Grimasse. »… die einzige Lösung. Wie tragisch, dass eine so junge Frau ein so schwaches Herz hat!«

Gift! Wie hatte sie so dumm sein können, ihm zu trauen? Jane wollte schreien – ihm die Augen auskratzen – doch in ihrem Kopf verschwamm alles, Schauer jagten durch ihren Körper, Krämpfe durchzuckten ihren Magen. Das Herz klopfte, als wollte es jeden Moment zerspringen. Gleich würde sie ohnmächtig werden. Sie spürte, wie sich sein Arm um ihre Taille schlang, um sie zum Bett zu schleppen.

»Legt Euch nieder, meine Liebe. Ich möchte nicht, dass Ihr unnötig leiden müsst.« Er legte sie auf den Rücken und faltete ihre Hände, als läge sie bereits im Sarg. Zu guter Letzt zog er ihr noch den Ring vom Finger. »Schlaft gut, liebe Stiefmutter.« Er hauchte ihr einen Kuss auf die schweißnasse Stirn und glitt dann lautlos hinaus.

Wie ruhig es in diesem Flügel des Palastes war! Schmerzen jagten durch Janes Körper, doch sie konnte keinen Laut von sich geben. In einem letzten Aufbäumen riss sie den Arm herum und stieß den Krug vom Tisch. Er zerschellte auf dem Boden, aber niemand kam. Sie hörte nur ein leises Lachen unten auf dem Hof, doch niemand wollte die Braut in ihrer letzten Nacht vor dem großen Ereignis stören.

»Hilfe!«, flüsterte Jane mit tränenüberströmtem Gesicht. »Zu Hilfe! James!«

Milly war entzückt zu sehen, wie leicht man Zutritt zum Palast der Königin hatte, wenn man zum Gefolge eines Earl gehörte. Will Lacey kam an den Wächtern und Lakaien vorbei, wie ein heißes Messer durch Butter glitt.

»Aber Ihre Majestät hat sich bereits niedergelegt!«, stieß einer der Diener hervor und heftete sich an die Fersen des Earl, als dieser durch den überdachten Durchgang vom Stallhof zum Palast hastete. Milly und die Gräfin folgten mit einigen Schritten Abstand.

»Dann melde ich mich nur kurz bei ihrem Kammerherrn und warte bis zum Morgen, um Ihrer Majestät meine Aufwartung zu machen«, erklärte der Earl mit bewundernswertem Hochmut.

»Aber Mylord ...!«

Will wirbelte herum und bedachte den aufgeregten Diener mit einem tadelnden Blick. »Ja?«

»Alle haben sich bereits zurückgezogen. Es ist *nach* Mitternacht!«

»Dann würde ich vorschlagen, Ihr weckt nur den Mann, der für die Unterbringung zuständig ist. Wir sind wohl kaum die ersten Besucher, die zu später Stunde anreisen.«

Der arme Mann verschwand mit der undankbaren Aufgabe, seinen Vorgesetzten wecken zu müssen.

Lady Ellie zog die Stirn kraus. »Meinst du wirklich, wir sollten Jane so spät noch stören? Ach, wären die Straßen nicht so schlammig gewesen, hätten wir schon vor Stunden hier sein können!«

Will zog seine Handschuhe aus, Finger für Finger. »Tja, das können wir nicht mehr ändern, Liebste. Und wenn Jane so vehement gegen diese Heirat ist, sollten wir nicht warten, bis sie vorm Altar steht, wenn wir ihr noch irgendwie helfen wollen. Sie braucht noch heute Nacht Beistand.« Er wandte sich an Milly. »Wisst Ihr, wo sie wohnt?«

»Ja, Mylord, im gleichen Zimmer wie früher.«

»Dann führt uns zu ihr.«

Sie ließen einen der Diener zurück, der dem Kammerherrn sagen sollte, wohin sie gegangen waren, und eilten zu dritt zu Janes Zimmer. Sie sahen, dass dort noch Licht brannte, was bedeutete, dass die Bewohnerin nicht schlief.

Milly klopfte leise an, doch es kam keine Antwort.

Will schüttelte den Kopf. »Sie muss eingeschlafen sein, ohne die Kerzen zu löschen! Will sie den Palast in Brand stecken?«

Etwas stimmte hier nicht – das stand fest! Milly drückte die Klinke hinunter. »Mylady? Jane?«

Im Zimmer herrschte große Unordnung – Wein war am Boden verschüttet, Jane selbst lag zusammengekrümmt auf dem Bett.

»Betrunken?«, wunderte sich Will laut. »Na ja, kann man ihr

nicht verdenken, wenn sie so unglücklich ist, aber ...« Er verstummte, als er sah, wie schlaff ihre Hand herunterhing.

Milly und Ellie rannten zu ihr.

»Schnell, Will! Hol Hilfe!«, befahl die Gräfin.

Der Earl rannte in den Korridor und rief laut nach Dienern. Milly fühlte Janes Puls: Er war spürbar, aber sehr unregelmäßig.

Ellie klopfte Jane sachte auf die Wangen. »Jane? Jane? Könnt Ihr mich hören?«

Die Augenlider flatterten, blieben aber geschlossen.

»Was hat sie nur?«, fragte Milly besorgt.

Ellie schaute durch den Raum. Der verschüttete Wein, den niemand aufgewischt hatte, der zerschlagene Krug ... »Ich würde sagen, sie hat etwas Schlechtes getrunken – ihr muss ganz plötzlich schlecht geworden sein!«

»Denkt Ihr an Gift?«

Ellie nickte und nahm eine Feder vom Halter neben dem Tintenfass. »Macht ihren Mund auf – wir müssen sie dazu bringen, dass sie sich übergibt.«

Jane begann prompt zu würgen, als Ellie sie mit der Federspitze hinten in der Kehle kitzelte. Ihr Gesicht war immer noch verschwitzt und erschreckend blass.

Ellie hielt Jane fest, bis diese den gesamten Mageninhalt in den Nachttopf gespuckt hatte. Dann beugte sie sich vor und küsste sie auf die Stirn. »Meine arme Jane, was hat man Euch angetan?«

Oder was hatte sie sich selbst angetan? Milly fragte sich erschrocken, ob die Freundin in ihrer Verzweiflung einen Selbstmordversuch unternommen haben könnte. »Wird sie sich wieder erholen?«

Wie gut, dass die Gräfin da war! Wenn sich jemand mit seltsamen Substanzen auskannte, dann Lady Ellie! Schließlich war ihr Vater ein bekannter Alchimist gewesen.

Energisch rieb die Gräfin nun Janes Hände, um sie zu wärmen. »Wenn ich das wüsste! Bei einigen Giftarten reicht es nicht, den Patienten zum Erbrechen zu bringen; es gibt schlichtweg kein Gegenmittel. Es kommt ganz darauf an, welche Menge an Gift sich in Janes Magen befindet.«

Sie hatte noch nicht ausgesprochen, als der Leibarzt der Königin in den Raum gestürzt kam, gefolgt vom halben königlichen Haushalt, wie es schien. Er war ein ernst dreinblickender älterer Mann mit grauem Vollbart, der auf einen Blick erkannte, was bisher getan worden war, und der Gräfin anerkennend zunickte. »Ausgezeichnet – sie bekam bereits ein Emetikum.«

»Kein Emetikum – nur eine Feder am Gaumen«, stellte Ellie richtig.

»Egal, Hauptsache, sie hatte Brechreiz, das kommt auf dasselbe heraus. Wissen wir schon, welches Gift sie zu sich nahm?« Mit seiner langen schwarzen Robe kniete er sich neben Janes Bett.

»Nein, Doktor, doch ihr Herzschlag ist sehr unregelmäßig, und sie atmet nur flach.«

»Hmmm, dann vermutlich Eisenhut. Leider kenne ich nichts, um die Auswirkungen abzumildern. Wir müssen abwarten. Hat sich ihr Zustand verschlechtert, seit Ihr sie gefunden habt?«

»Nein, Sir.«

Seine Mundwinkel zuckten, als er Janes schlaffe Hand drückte. »Das ist ein gutes Zeichen. Ihr Körper wehrt sich gegen das Gift; beten wir, dass sie den Kampf gewinnt.«

In diesem Moment drängte sich Clément Montfleury durch die Schar der aufgeregten Hofleute und Diener in der Tür. »*Mon Dieu!* Was ist passiert? Was ist mit meiner Braut?«

Jane stöhnte, so leise, dass nur Milly, Ellie und der Doktor es hörten.

»Will, Jane braucht keine Zuschauer«, wandte sich die Gräfin an ihren Gemahl. »Bitte, sei so gut und schick alle hinaus!«

Der Earl trat zwischen das Bett und die Neugierigen. »Meine Herren, die Lady ist in besten Händen. Jetzt braucht sie vor allem Ruhe!«

Montfleury plusterte sich auf wie ein Gockel vor einem Schäferhund. »Aber sie ist meine zukünftige Frau!«

»Dann solltet Ihr daran denken, was für sie das Beste ist, Monsieur! Ich bitte Euch, zusammen mit den anderen zu gehen, damit der Doktor seine Arbeit tun kann.«

»Aber wir wollen in wenigen Stunden heiraten!«

»Sir, ist Euch die Gesundheit der Dame nicht wichtiger?«

Montfleury schnipste mit den Fingern und funkelte den Earl empört an. »Eure versteckte Andeutung ist höchst unangebracht, Monsieur. Das Wohlergehen meiner *chère Jeanne* liegt mir sogar *sehr* am Herzen!« Naserümpfend wandte sich der Franzose dann aber um und verließ mit den anderen den Raum.

Milly wunderte sich, dass er nicht darauf bestanden hatte zu bleiben. Aber ganz offensichtlich legte er keinen großen Wert darauf, mit den unangenehmen Seiten des Krankseins konfrontiert zu werden.

Auch der Earl zog sich zurück und versprach, vor der Tür Wache zu halten, um weitere unwillkommene Besucher fernzuhalten.

Sobald er draußen war, begann Milly, das Zimmer aufzuräumen, während Ellie und der Doktor Janes Zustand überwachten. Es sah ganz so aus, als hätten sie eine schlaflose Nacht vor sich.

Die Wache hatte bereits zwei Uhr ausgerufen, als endlich wieder etwas Leben in Jane kam.

»Wasser«, flüsterte sie heiser.

Auf das Nicken des Arztes hin hielt Ellie Jane einen Becher verdünnten Weins an die rissigen Lippen. Aus Gründen der Vorsicht hatten sie ihn eigens aus dem Weinkeller der Königin holen lassen, damit er wirklich ganz einwandfrei war.

Janes Augenlider begannen zu flattern, öffneten sich schließlich und blieben an Ellies Gesicht haften. Mit einer schwachen Geste wollte Jane die Hand heben, schaffte es aber nicht. »Ellie«, wisperte sie. »Was macht Ihr hier?«

Die Gräfin lächelte sie unter Tränen an. »Ich bin gekommen, um Euch zu retten, wie es scheint.«

»Ich fühle mich grässlich.« Jane fasste sich an den Hals.

»So seht Ihr auch aus, meine Liebe.«

»Wie spät ist es?«

Ellie zog eine Augenbraue hoch. »Warum ist das wichtig?«

»Ich muss morgen früh heiraten.« Janes Augen fielen wieder zu.

»Ich glaube nicht, dass die Trauung stattfindet. Ihr wurdet vergiftet.«

Jane riss ihre blauen Augen auf. »Richard! Oh Gott, jetzt fällt es mir wieder ein! Richard Paton – er gab mir Wein zu trinken.« Hektisch tastete sie nach ihrer linken Hand. »Er hat mir auch den Ring weggenommen, Ellie. Jonas' Ring!«

»Psst, nicht aufregen! Ich kümmere mich darum. Ihr müsst jetzt schlafen, damit Ihr wieder zu Kräften kommt. Niemand wird Euch mehr etwas antun. Wir passen auf Euch auf.«

Jane drehte das Gesicht zum Kissen, denn der Kummer um den Verlust ihres Eherings übertraf im Moment alles andere.

Der Doktor erhob sich von den Knien. »Lady Dorset, ich würde sagen, dass die Marquise zum Glück außer Gefahr ist. Die schlimmsten Symptome sind abgeklungen, aber sie ist noch sehr geschwächt. Vermutlich hat sie Magenschmerzen, doch die dürften sich im Laufe des Tages legen.« Stirnrunzelnd blickte er auf den roten Fleck auf der Binsenmatte. »Ich werde Ihre Majestät über die Anschuldigungen gegen den Marquis unterrichten, aber es ist sehr schwierig, eine absichtliche Vergiftung nachzuweisen – dafür ist das Vorgehen zu heimtückisch, nahezu unmöglich aufzudecken, es sei denn, man ertappt den Täter in flagranti. In unserem Fall war selbiger so klug, keine Spuren zu hinterlassen, die wir prüfen könnten.« Nach diesen Worten verabschiedete er sich mit dem Versprechen, im Laufe des Morgens wieder vorbeizukommen, um nach der Patientin zu sehen.

»Was soll das bedeuten?«, fragte Milly Ellie im Flüsterton.

Ellie strich Jane eine Haarsträhne aus der Stirn. »Ich denke, er wollte uns zu verstehen geben, dass es nicht leicht ist, jemanden anzuklagen, der so bedeutend ist wie der jetzige Marquis von Rievaulx, besonders da allgemein bekannt ist, dass die beiden sich nicht mögen. Janes Anschuldigung könnte als böswilliger Versuch gedeutet werden, seinen Namen in den Schmutz zu ziehen.«

»Aber er kann doch nicht ungestraft davonkommen!«

»Eine gerichtliche Klage wäre vermutlich nicht die beste Art, um sie vor dem Bösewicht zu beschützen!«

»Was können wir dann für sie tun?«

Betrübt schüttelte Ellie den Kopf. »Eine gute Frage.«

»Sie braucht einen Beschützer – einen Mann, der zu ihr steht und sie vor ihrer Familie und diesem widerlichen Montfleury beschützt.«

Die beiden jungen Frauen wechselten einen kurzen Blick und sahen, dass sie sich einig waren.

»Hoffentlich kommt James bald zurück«, seufzte Ellie.

20. Kapitel

Als Jane endlich erwachte, saßen Ellie und Milly links und rechts neben ihrem Bett, wie zwei Löwinnen, die ein Jungtier bewachten. Etliche rötliche Haarsträhnen ringelten sich unter Millys Haube hervor und kitzelten sie im Nacken, während sie ein Hutband bestickte, um die Wartezeit zu überbrücken. Die Gräfin las aus einem Gedichtband vor, und ihre dunklen Augen funkelten belustigt bei den kitschigsten Passagen. Jane lag reglos da und genoss die Ruhe vor dem Sturm, denn sofern kein Wunder geschah, würde sie irgendwann aufstehen und sich der Realität stellen müssen.

»Welchen Tag haben wir?«, fragte sie nach einer Weile.

»Donnerstag.« Ellie drückte ihre Hand. »Schön, dass Ihr wieder unter uns seid.«

»Um zwölf muss ich in der Kirche sein.«

Milly blinzelte in die zum Fenster hereinfallenden Sonnenstrahlen. »Ich denke, daraus wird nichts.«

Jane lag einen Moment lang schweigend da und spürte in sich hinein. Wie fühlte sie sich? Sie hatte Magenschmerzen, ihre Gliedmaßen waren schlaff und schwer, doch ansonsten fehlte ihr nichts. Das grenzte fast an ein Wunder, wenn man bedachte, dass sie am Vorabend beinahe gestorben wäre. »Ich lebe noch. Ich dachte schon, mein letztes Stündlein hätte geschlagen.«

Mit Tränen in den Augen lächelte Ellie sie an. »Aber nein, Jane. Es braucht schon etwas mehr als ein paar Tropfen Gift, um die verwitwete Marquise von Rievaulx aus dem Weg zu räumen, nicht wahr?«

Da fiel es Jane wieder ein. »Mein Ring!«

»Ich weiß, meine Liebe. Will tut, was er kann, um ihn zurückzuholen.«

»Wurde mein Stiefsohn schon verhaftet?«

Wütend stieß Milly ihre Nadel in den Stoff. Ellie erinnerte sie mit einem strengen Blick daran, dass sich die Patientin nicht aufregen durfte. »Nein, noch nicht.«

»Warum nicht?« Jane versuchte, sich aufzusetzen, doch Ellie drückte sie wieder in ihre Kissen.

»Bleibt liegen. Die Königin hat Euch auf Anraten ihres Leibarztes absolute Bettruhe befohlen.«

»Aber warum wurde er noch nicht verhaftet?«

Milly machte ein finsteres Gesicht. »Das kann ich dir sagen, Jane. Der Schuft behauptet, du hättest ein schwaches Herz und dein *Ohnmachtsanfall* von gestern Abend hätte absolut nichts mit Gift zu tun. Er gibt zu, dass er dich besucht hat, behauptet aber, du hättest ihm den Ring freiwillig gegeben, da ihr Frieden geschlossen habt. Und sein Diener könne bezeugen, dass du, als er dich gegen elf Uhr abends sah, gesund und munter warst.«

»Er lügt!«

»Natürlich lügt er, aber er ist ein Marquis, und folglich hat er recht.« Empört zog Milly an ihrem Faden. »Oh, er ist voller Mitgefühl, weil du erkrankt bist, unser verlogener Marquis, behauptet aber, dass ein armes Ding wie du nun mal keine Ahnung hat und schnell an Gift denkt, obwohl gebildete Männer es besser wissen!«

»Das ist nicht wahr.«

»Für ihn ist die Tatsache, dass du überlebt hast, ein Beweis dafür, dass du dich täuschst. Er behauptet, deine Panik vor der Heirat hätte diese Symptome hervorgerufen. Davon konnte er sogar den Leibarzt der Königin überzeugen.«

Jane lag auf dem Rücken, die Hände zu Fäusten geballt, und starrte auf die verblichenen Bettvorhänge. »Sobald ich wieder aufstehen kann, stelle ich Richard zur Rede! Ich werde seinen Hosenbeutel mit Nadeln spicken – natürlich während er die Hose *anhat*! Und das wird nur der Auftakt zu meiner Racheaktion sein!«

»Gut, Jane, so machen wir es! Ich halte seine Arme fest. Ich habe ein paar besonders lange Stecknadeln in meinem Atelier – sag mir nur, wie viele zu brauchst!«

Ellie schüttelte den Kopf. »Du meine Güte, was für blutrünstige Geschöpfe ihr seid! Ich wollte die Strafaktion eigentlich Will überlassen, gebe aber zu, dass Eure Idee recht reizvoll klingt.«

»Ihn nur zu kastrieren reicht nicht bei diesem Mann – ich finde, er sollte für seine Verbrechen hingerichtet werden!«, fuhr Milly fort. Jane zuckte zusammen. Seinem Ärger Luft zu machen, war eine Sache, dem Marquis den Tod zu wünschen, eine andere. »Aber er ist doch Jonas' Sohn!«

Das ließ Milly kalt. »Pah, vielleicht ist seine Mutter auch mal fremdgegangen! Richard hat so gar nichts von der freundlichen Art deines verstorbenen Ehemanns, Jane. Ich kann mir nicht vorstellen, dass sie verwandt sind.«

Plötzlich ertönten im Flur laute Stimmen.

»Ihr könnt nicht hinein, Sir!«, rief Will. Man hörte ein Poltern, als sei etwas Schweres auf den Boden gefallen.

»Ich bringe sie jetzt zur Kirche und fertig!«, brüllte der Earl von Wetherby mit Donnerstimme. »Es kümmert mich nicht, ob sie dem Tod nahe ist oder nicht. Sie wird diesen Montfleury noch heute heiraten!«

Will entgegnete etwas darauf, doch da er die Stimme senkte, konnten die drei Frauen nichts verstehen.

Wetherby dagegen kannte keine Mäßigung. »Das hat sie sich selbst zuzuschreiben. Der Marquis würde ihr das niemals antun! Sie hat sich von Anfang an gegen die Verbindung mit dem Franzosen gesträubt! Das lasse ich mir nicht länger gefallen!«

Ellies normalerweise so fröhliches Gesicht lief vor Entrüstung hochrot an. Milly sprang auf und stellte sich drohend vor Janes Bett.

»Wenn er es wagt, sie anzufassen, kratze ich ihm die Augen aus!«, schwor sie.

Jane schloss gequält die Augen. Es war ihr peinlich, dass ihre Freundinnen mitbekamen, wie wenig ihr Vater sie liebte.

»Tochter!« Der alte Earl wollte sich offenbar mit Gewalt Zutritt zum Zimmer seiner Tochter verschaffen, denn seine Stimme klang nun sehr viel näher. »Schluss mit dem Theater! Steh auf! Wir müssen zu deiner Hochzeit!«

»Die Königin hat ihr befohlen, das Bett zu hüten.« Will klang allmählich so zornig wie Janes Vater. Jane spürte, dass inzwischen beide an ihrem Bett standen, doch aus Feigheit und Angst ließ sie die Augen geschlossen. Vielleicht würde ihr Vater einsehen, dass sie zu krank und schwach war zum Aufstehen, und ließ sie dann in Ruhe.

Eine fleischige Hand packte sie an der Schulter und schüttelte sie.

»Schluss jetzt, du undankbare Göre! Ich weiß genau, dass es dir gut geht. Du wirst jetzt tun, was ich dir sage! Autsch! Gütiger Himmel, Maid, das tat weh!« Umgehend ließ er Jane los.

»Oh, verzeiht, Euer Lordschaft. Die Nadel muss mir ausgerutscht sein.« Das war Milly. Wohin um alles in der Welt hat sie meinen Vater gepikst, dachte Jane erschrocken, wollte aber lieber nicht darüber nachdenken.

Jane gab den Versuch auf, den Eindringling in ihrem Schlafgemach zu ignorieren. Sie schlug die Augen auf und sah, dass ihr Vater Henry mitgebracht hatte, der Will festhielt, während ihr Vater sie aus dem Bett zu zerren versuchte.

»Ich wusste sofort, dass du dich nur krank stellst!«, frohlockte ihr Vater hämisch.

»Wie lächerlich!«, mischte Ellie sich da ein. »Eure Tochter wurde vor ein paar Stunden vergiftet, und jetzt wollt Ihr sie mit Gewalt in die Kirche schleppen? Seid Ihr von Sinnen? Ich appelliere nicht an Euer Herz, denn ich weiß, dass Ihr keines habt, aber doch an Euren gesunden Menschenverstand, der Euch sagen sollte, dass die arme Jane einige Tage braucht, um sich zu erholen.«

»Vergiftet? Dass ich nicht lache! Nein, sie will nur unsere Absprache mit Montfleury platzen lassen, indem sie uns einen Zusammenbruch vorspielt!«

Die junge Gräfin baute sich direkt vor dem Mann auf, obwohl dieser mindestens den doppelten Leibesumfang hatte wie sie. »Und selbst wenn, was würde Euch das sagen? Wie kann man seine eigene Tochter zu einer Heirat zwingen, die sie nicht will?«

»Ihr gebt also zu, dass es nur ein Komplott ist, um die Heirat zu verhindern?«

Ellie hätte am liebsten laut aufgeschrien vor Verzweiflung. »Nein, Sir, ich sagte nichts dergleichen. Ich versuche nur, Euch zur Vernunft zu bringen.«

Jane krallte sich an ihrer Bettdecke fest, als ihr Vater Anstalten machte, sie aus dem Bett zu zerren – ungeachtet des königlichen Befehls. Diese Hochzeit war für ihn wichtiger als alles andere, seine Habgier war ihm zu Kopf gestiegen. Er kannte keine Gnade. Sollten sich ihre Freundinnen doch auf den Kopf stellen – eines stand fest: Jane würde diesen Franzosen heiraten!

Jane wagte kaum zu atmen bei diesem würdelosen Gerangel, als plötzlich zwei weitere Personen in ihr Zimmer platzten.

»Diego!«, quiekte Milly und rannte zu ihm, um sich in seine Arme zu werfen.

»James!« Mit einem erleichterten Lachen griff Will nach Henrys Arm. »Ein Glück, dass ihr gekommen seid! James, hilfst du mir bitte? Der Earl von Wetherby und sein Sohn wollten gerade gehen!«

»Mit dem größten Vergnügen.« James packte Henry am anderen Arm, und die beiden Brüder schleppten ihn mit vereinten Kräften in den Korridor.

Da die Laceys den Percevals nun zahlenmäßig überlegen waren, hatte sich das Blatt gewendet. »Meine Herren, ich fürchte, die Königin wird sich gar nicht freuen, zu hören, dass Ihr ihren ausdrücklichen Befehl der Bettruhe für Lady Jane missachten wolltet«, sagte Ellie keck.

Janes Vater sah ein, dass er vorläufig nicht weiterkam. Er ignorierte Ellies Worte jedoch und funkelte seine Tochter wütend an. »Ich erwarte, dass du die Heirat nachholst, sobald die Königin dir die Erlaubnis gibt, das Bett wieder zu verlassen.«

Jane war versucht, zu sagen, dass sie in diesem Falle lieber lebenslang im Bett liegen bleiben würde, beherrschte sich aber wohlweislich. »Besten Dank für Eure Genesungswünsche, Vater.« Sie zwang sich zu einem schwachen Lächeln, woraufhin ihr Vater sich schimpfend und fluchend zurückzog.

Endlich waren Wetherby und sein Sohn fort, und Jane konnte sich darüber freuen, dass James zurück war – hier, in ihrem Zimmer! Ihre Gefühle übermannten sie. Er sah gut aus, sonnengebräunt und schäbig gekleidet, doch sichtlich gesund. Sie konnte ihre Augen nicht von ihm abwenden, als er seinen Bruder und seine Schwägerin begrüßte. Dann endlich stand er an ihrem Bett und gab ihr einen Handkuss.

»Lady Jane, was habt Ihr nur angestellt, kaum dass ich fort war? Und wem muss ich den Hals umdrehen, um Euch zu rächen?«

Erst jetzt, nach all den Schrecken der letzten Stunden, brach Jane vor Erleichterung in Tränen aus.

Um Jane und James allein zu lassen, zogen sich die anderen in eine entfernte Ecke zurück, und Diego begann, ihnen von der großen Reise zu erzählen. Milly war so aufmerksam gewesen, die Bettvorhänge zu schließen, damit Jane und James etwas Privatsphäre hatten. James spürte, dass es nicht der Moment für vornehme Zurückhaltung war. Er setzte sich auf Janes Bettkante und nahm sie in seine Arme, damit sie an seiner Brust schluchzen konnte. Von ihren Tränen wurde sein Hemd feucht, er spürte ihre heiße Wange an seinem Herzen. Tröstend strich er ihr über die langen Haare und ließ sie weinen. Was für ein Glück, dass sie ihn allem Anschein nach noch mochte und wie durch ein Wunder noch unverheiratet war! Er schickte ein Stoßgebet zum Himmel, auf dass er die richtigen Worte finden möge, um sie zu trösten, und auf dass er das Richtige tat.

»Ah, meine Liebe, was haben sie Euch angetan?«, fragte er leise, als ihr Schluchzen allmählich verebbte.

Mit bebenden Schultern holte Jane tief Luft und versuchte, sich wieder zu fassen.

»Ich weiß nicht, was sich vorhin hier abgespielt hat, aber ich weiß von der arrangierten Heirat. Milly hat Diego einen Brief geschrieben, doch der hat uns vor der Abreise leider nicht mehr erreicht. Habe ich es richtig verstanden, dass Ihr diesen Montfleury nicht heiraten wollt?«

»Nein, *ihn* nicht«, wisperte sie, streckte vorsichtig eine Hand aus und betastete die gelockerte Schnürung an seinem Hals.

James' Mundwinkel kräuselten sich, ehe er all seinen Mut zusammennahm, sich vorbeugte und sie auf die Stirn küsste. »Dann müsst Ihr es auch nicht tun.«

»So einfach ist es aber nicht, Jamie.«

Daran wollte er im Moment lieber nicht denken. Auf gar keinen Fall würde er tatenlos mit ansehen, wie sie diesen französischen Stutzer heiraten musste. Als er zu seiner Reise nach Amerika aufgebrochen war, hatte er geglaubt, dass sie mit diesem lächerlichen Verehrer allein fertigwerden würde, doch offenbar war es ihr nicht gelungen. Deshalb war es ihm eine Ehre, sich dieser Aufgabe anzunehmen. »Was ist sonst noch passiert? Seid Ihr krank?«

»Ich sollte vergiftet werden.«

Er zuckte so erschrocken zusammen, dass sie ihm beinahe entglitten wäre; doch er zog sie rasch wieder an sich. »Was?«

»Von Rievaulx, der mir die Witwenansprüche streitig macht und vermutlich auch meine Mitgift an sich reißen möchte.« Mit kummervollen, großen blauen Augen blickte sie zu ihm hoch. »Er hat mir den Ring weggenommen, Jamie.«

James war versucht, augenblicklich aufzuspringen, um den Marquis zur Rede zu stellen. »Er ist ein toter Mann!«

Gerührt streichelte sie sein Kinn. »Aber nein, das ist er nicht wert. Ich will nicht, dass Ihr Euch meinetwegen Scherereien einhandelt.«

Ein weiterer Punkt, den sie später noch besprechen würden, beschloss James. Denn er dachte nicht daran, es diesem Schuft von Rievaulx durchgehen zu lassen, dass er ihr nach dem Leben getrachtet hatte. »Ihr bekommt Euren Ring zurück, das verspreche ich!«

Sie kuschelte sich an ihn. »Mir reicht es schon, *Euch* zurückzuhaben. Wie war die Reise?«

James hielt sie weiter fest, damit sie sich ausruhen konnte, den Kopf an seine Brust gelegt. Leise erzählte er ihr von den Abenteuern in Roanoke und schmückte sie sogar etwas aus, damit sie sich amüsierte. Er spürte, wie sie jedes Detail in sich aufsaugte, während sie über den Stoff seines Hemdes strich, um ganz sicherzugehen, dass sie nicht träumte, sondern dass der geliebte Mann wirklich bei ihr war.

Seine Beschützerinstinkte waren geweckt, da der Frau, die er liebte, so übel mitgespielt worden war. Ihr Wohlergehen war für ihn das Wichtigste auf der Welt. Und im Moment musste er dafür sorgen, dass sie sich erholte. Deshalb suchte er nach einer Möglichkeit, um sie zum Einschlafen zu bringen. Er brach die unterhaltsamen Anekdoten ab und begann, ihr lauter langweilige Fakten zu erzählen – Einzelheiten seiner Gebietserkundungen, Landvermessungen und so weiter, die er zusammengetragen hatte, um die neue Gegend anschließend präzise skizzieren zu können. Und tatsächlich – das war offenbar das beste Schlafmittel für Jane. Ihre Atemzüge wurden ruhiger und gleichmäßiger, ihre Hand erschlaffte. Sie war eingeschlafen.

Behutsam löste sich James von ihr und bettete ihren Kopf auf das Daunenkissen. Dann deckte er sie zu. Ihre Finger zuckten, als wollten sie noch einmal nach ihm greifen. Beruhigend strich er mit dem Daumen ein letztes Mal über ihren Handrücken, ehe er leise ans andere Ende des Raums ging.

»Alles in Ordnung?«, fragte Will.

»Sie schläft.« James sank neben seinen Bruder auf die Bank.

Will legte ihm einen Arm um die Schultern. »Was für eine Heimkehr!«

»Ja, ganz schön verwirrend.«

Milly, die es sich auf Diegos Knien gemütlich gemacht hatte, rümpfte das Näschen. »Aber auch von einem verworrenen Ballen Rohseide kann man einen Faden abspulen. Es muss möglich sein!«

»Als ich fortging, dachte ich, es ginge Jane prächtig, und sie sei als Hofdame der Königin so sicher wie ein Juwel Ihrer Majestät.«

»Ihre Familie ist an allem schuld.« Milly streichelte Diegos gefaltete Hände.

»Erzählt mir alles ganz genau. Jane hat mir nur das Wesentliche erzählt, keine Einzelheiten.«

Milly, die während der letzten Monate am meisten Kontakt mit Jane gehabt hatte, schilderte ihm in groben Zügen von den Machenschaften der Percevals, Montfleurys und der Patons. James wurde bei jedem Satz wütender, wusste aber, dass er einen klaren Kopf behalten musste, wenn er Jane wirklich helfen wollte.

Will überkreuzte die Knöchel. »Gehe ich recht in der Annahme, dass du die Lady nunmehr als die deine betrachtest, James?«

James nickte. »Ja, sofern sie mich will.«

»Wurde auch langsam Zeit«, murmelte Ellie, bevor sie James ein strahlendes Lächeln schenkte. »Oh ja, sie will dich, James, seit Langem schon.«

»Dann, lieber Bruder, solltest *du* diesen Feldzug führen«, sagte Will und gab damit das Kommando ab.

James erhob sich und stellte sich kurz ans Fenster, ehe er zu der kleinen Gruppe zurückkehrte, die Janes Armee darstellte. »Meiner Meinung nach stehen wir vor drei Problemen: Wir müssen ihre Familie in die Schranken weisen, Montfleury von seinen Heiratsplänen abbringen und uns diesen Bastard Rievaulx vorknöpfen. Wie verhält sich die Königin in dieser Angelegenheit?«

Will warf einen warnenden Blick zum Himmelbett, weil er befürchtete, dass sie Jane mit ihrer Diskussion stören könnten, doch es gab keine Anzeichen dafür, dass sie wach war. »Bisher stand Ihre Majestät auf Wetherbys Seite, denn er hat es verstanden, ihr einzureden, dass die Heirat in Janes Sinne ist.«

»Dann brauchen wir weitere Verbündete. Menschen, die der Königin nahestehen.«

»Ihre Hofdamen dürften auf Janes Seite sein«, merkte Ellie an.

James schüttelte den Kopf. »Nein, noch näher.«

Will brummte. »Denkst du wirklich, was ich denke, das du denkst?«

James lachte schroff. »Himmel, Will, du klingst wie mein alter Philosophielehrer, der auch gern mit obskuren Sätzen um sich warf. Ich weiß nicht, was du meinst. Spuck's aus!«

»Ich spreche diesen Namen nur aus, wenn es sich wirklich nicht vermeiden lässt.«

James grinste. »Du musst zugeben, dass er mir einen Gefallen schuldet. Ich habe ihm in Amerika einen großen Dienst erwiesen; sein Dank dürfte mir gewiss sein. Und wir müssen Jane irgendwohin bringen, wo sie vor ihrer Familie sicher ist, denn sonst verheiraten sie sie doch noch, sobald wir ihnen den Rücken zudrehen. Genau, das ist das Wichtigste im Moment. Diego, bitte frag nach, ob Master Raleigh am Hof ist!«

Nach einem Kuss auf Millys Nasenspitze schob Diego seine Braut von seinen Knien. »Ay, Sir.«

»Will, kannst du hier Wache halten? Ich mache mich auf die Suche nach dem Marquis.«

Will erhob sich. »Jamie …«

»Spar es dir, Will! Es ist eine offene Rechnung, die beglichen werden muss, egal wie.«

21. Kapitel

James fand Richard Paton in seiner Unterkunft unweit des Palasts, wo er sich mit seinen beiden Brüdern einquartiert hatte. Es waren mit Sicherheit nicht die besten Räume, die es hier gab, und das verriet besser als ein Blick in ihre Geschäftsbücher, dass es mit den Einkünften aus den Ländereien der Rievaulx' unter der Leitung des neuen Marquis nicht zum Besten stand. Wenn Paton solche Mühe hatte, bei Hof den schönen Schein zu wahren, dann war sein Vermögen wirklich sehr geschrumpft – das erklärte seinen verzweifelten Entschluss, seine Stiefmutter umzubringen, um selbst wieder ein größeres Einkommen zu haben, rechtfertigte sein Tun aber natürlich nicht.

Als James von einem mürrischen Hausdiener nach oben geführt wurde, fragte er sich, ob sich der Marquis nach dem Handgemenge vor der Abbey vor einigen Monaten wohl noch an ihn erinnerte. Als er beim Eintreten Patons argwöhnische Miene sah, wusste er, dass dem so war.

»Master Lacey, was kann ich für Euch tun?«, fragte der Marquis kühl und ohne sich zu erheben. »Ich bin im Moment etwas in Eile, da ich geschäftlich verreisen muss.«

Ah, man flieht vom Ort des Verbrechens, dachte James säuerlich. Paton hoffte vermutlich, dass der Spruch *Aus den Augen, aus dem*

Sinn auch auf die Königin zutraf und sie die Anschuldigung gegen ihn vergessen würde.

»Ich werde nicht viel Eurer wertvollen Zeit in Anspruch nehmen, Sir.« James verlor fast die Beherrschung, als er den Rievaulx-Ring am kleinen Finger des Marquis erblickte. Er verschränkte die Hände auf dem Rücken, weil er ihn dem Mann sonst vom Finger gerissen hätte. »Ich möchte Euch bitten, mit mir in die Fechthalle zu gehen.«

Paton schnaubte. »Für Spielereien habe ich keine Zeit, Sir!«

»Aber für ein Kräftemessen, wie ich hoffe.« James zwang sich zu einem süffisanten Grinsen. Es juckte ihn in den Fingern, seinen Degen ins Herz dieses Schurken zu stoßen, falls der Kerl überhaupt eines besaß, doch er musste es zivilisiert angehen. Und legal. Er könnte nichts mehr für Jane tun, wenn er wegen Totschlags im Tower saß.

Herablassend musterte Paton den jüngeren Mann. »Was soll das? Wollt Ihr mich zu einem Duell herausfordern?«

James zuckte die Schultern. »Könnte man so sehen, aber das würde bedeuten, dass ich Euch eines Duells für würdig hielte. In Wahrheit seid Ihr schlimmer als eine Ratte, die im Misthaufen wühlt.«

»Was?!«

Alle drei Brüder sprangen wie auf Kommando auf. Gut so!

»Ihr beleidigt mich, Bursche!«, zischte der Marquis.

»Nein, ich habe die Ratten beleidigt, indem ich sie im selben Atemzug nannte wie Euch.« James zog sein Schwert, um sich die drei Brüder vom Leib zu halten. »Was ich vorschlage, ist eine Wette. Ihr habt versucht, die Frau meines Herzens zu vergiften, und ihr zudem den Ring vom Finger gestohlen, als sie nicht mehr in der Lage war, sich zu wehren.«

Der Marquis zog sein Schwert aus der Scheide. »Dafür gibt es keinen Beweis. Ihr Wort steht gegen meines. Kein Gericht wird einem Weibsbild wie ihr glauben.«

»Ah, das seht Ihr falsch, Sir, denn ich bin kein Richter. Ich will die Lady nur rächen, und es kümmert mich nicht, auf welche Art und Weise wir die Sache bereinigen. Ich könnte Euch töten und noch vor Sonnenuntergang auf dem Kontinent sein – das wäre mir gleichgültig. Hauptsache, der Frau, die ich liebe, wird Gerechtigkeit zuteil.«

»Gerechtigkeit? Pah!«, fauchte Otho, der aufbrausendste der drei Brüder. Er stieß seinen Dolch in die Tischplatte. »Dieses Weibsbild gehört in die Gosse gestoßen!«

Paton brachte seinen Bruder mit einem strengen Blick zum Schweigen, denn ihm war klar, dass es keinen gefährlicheren Gegner gab als einen Mann, der glaubt, er habe nichts mehr zu verlieren. »Diese Wette, worin soll sie bestehen?«

»Wir tragen unsere Fehde auf der Fechtbahn vor Zeugen aus. Falls ich gewinne, gebt Ihr mir den Ring und schwört feierlich, dass Ihr Lady Jane für den Rest Eures kümmerlichen Lebens – sofern ich Euch überhaupt mit dem Leben davonkommen lasse – nie mehr unter die Augen tretet oder sie durch Eure Brüder belästigen lasst.«

»Und wenn Ihr verliert?«

»Dann dürft Ihr bestimmen, wie es sich für einen Gentleman geziemt.«

Der verschlagenste der Brüder, Lucres, lachte. »Dann soll er sich die eigene Kehle aufschlitzen – das dürfte reichen.«

Der Marquis trommelte mit den Fingerspitzen auf den Tisch, und der Ring glänzte im Schein des Kaminfeuers. »Dann verlasst Ihr das Land – sofern *ich* Euch am Leben lasse.«

James nickte. »Einverstanden.«

Es war nicht weit vom Gasthof zur Fechthalle. James sah zu, dass er hinter den Brüdern Paton ging, denn er wollte ihnen keinesfalls den Rücken zuwenden. Vor der Fechthalle wurde James von Diego erwartet, in Begleitung keines Geringeren als Walter Raleigh.

»Sir.« Während sich James verbeugte, überlegte er blitzschnell, was für Folgen Raleighs Anwesenheit haben könnte. Würde sich Raleigh verpflichtet fühlen, jedes Blutvergießen zu verhindern?

»Ich bin sehr froh, zu sehen, dass Ihr gesund und munter von Eurer Reise zurückgekehrt seid.« Raleigh verbeugte sich ebenfalls. »Ihr müsst mir alles darüber berichten, aber wie es aussieht, habt Ihr im Moment anderes zu tun.«

»Richtig.« James warf einen kurzen Blick auf die drei Paton-Brüder. Hoffentlich würden sie Raleigh nicht bitten, diesen Kampf zu verhindern. »Der Marquis und ich hatten einen kleinen philosophischen Streit und wollen unsere Differenzen nun mit dem Florett klären.«

Raleigh beäugte die Patons abschätzig. »Einen wissenschaftlichen Streit? Dass ich nicht lache! Wie ich hörte, hat der Bastard hier versucht, Lady Jane zu vergiften!« Der Marquis bemühte sich, seine Bestürzung zu verbergen, doch sie war unter seiner kühlen Fassade doch noch spürbar. Raleigh wandte sich wieder an James: »Verfahrt mit ihm, wie es Euch beliebt. Ihr habt meinen Segen.« Er winkte die kleine Gruppe mit sich in die Fechthalle.

»Hat Euch die Königin geschickt?«, fragte James Raleigh leise.

Raleigh schmunzelte. »Nein, Euer Diener sah voraus, dass Euer Streitgespräch hier enden würde, und Mistress Parry und ich waren uns einig, dass es im Interesse der Lady ist, wenn ich dabei bin, um darüber zu wachen, dass die Regeln der Fairness eingehalten werden. Aber das brauchen die Patons nicht zu wissen, oder?«

James musste zugeben, dass Diegos Plan besser war als sein eigener. Wenn der Günstling der Königin auf James' Seite war, war davon auszugehen, dass er den Segen Ihrer Majestät hatte, was in Wirklichkeit keineswegs sicher war. Aber auf jeden Fall würden die Regeln des Fair Play eingehalten werden.

»Ich danke Euch, Sir.«

Raleigh klopfte ihm auf den Rücken. »Ich kann nicht behaupten, dass ich *alle* Laceys schätze, doch Ihr seid ein feiner Kerl. Und auch Eure Lady hat meinen Respekt – und wer ihr Schaden zufügen will, ist auch *mein* Feind.«

»Danke.« James hätte es ehrlich gesagt vorgezogen, wenn Raleigh Jane gegenüber gar keine Gefühle gehabt hätte.

Raleigh grinste, als hätte er James' Gedanken gelesen. »Außerdem fände ich es bedauerlich, wenn mir Eure ausführliche Schilderung der Reise entgeht, falls der Marquis ungerechterweise siegt.«

James verzog das Gesicht. »Ihr seid ein herzensguter Mensch, Sir.«

»Nicht wahr?«

Der Marquis schien alles andere als glücklich darüber zu sein, dass Raleigh als Zeuge anwesend war, aber er konnte natürlich nichts dagegen sagen. In der Fechthalle waren bereits etliche andere Gentlemen mit dem Florett zugange und drehten bei ihrem Eintreten die Köpfe. Raleigh zog stets alle Blicke auf sich. Die feindselige Stimmung, die zwischen James und den Patons herrschte, war fast mit den Händen greifbar, und alle spürten, dass es gleich spannend werden würde. Die meisten ließen ihre Waffen sinken und gesellten sich zu den Zuschauern am Rand der Halle.

James machte in seiner Ecke ein paar Lockerungsübungen. Er versuchte, das aufgeregte Getuschel um ihn herum auszublenden und sich ganz auf den Kampf zu konzentrieren, der vor ihm lag.

»Wie weit wollt Ihr gehen?«, fragte Diego, während er James' Florett inspizierte.

James verzog das Gesicht. »Nicht bis zum Äußersten, so gern ich das auch täte. Ich will ihn nur öffentlich demütigen und Janes Ring zurückhaben. Fürs Erste genügt es mir, wenn alle am Hof wissen, was er getan hat.«

Diego polierte die Klinge mit einem weichen Tuch. »Und falls er Euch schlägt?«

»Das wird hoffentlich nicht passieren!«

»Ich habe vorhin kurz mit dem Fechtmeister geredet. Paton ist gut. Er trainiert fast jeden Tag.«

»Dann muss ich eben noch besser sein.«

»Meine Lordschaften, Gentlemen.« Raleigh hob die Hand, um für Ruhe zu sorgen. »Lord Rievaulx und Master Lacey sind hier, um eine Zwistigkeit beizulegen. Ich bin in Vertretung der Königin anwesend, um dafür zu sorgen, dass alles fair zugeht. Beide Gentlemen haben gelobt, sich im Falle einer Niederlage an ihre im Voraus vereinbarten Strafen zu halten.« Er wandte sich an die beiden Kontrahenten: »Wie weit wollt ihr gehen? Bis Blut fließt? Bis zur Entwaffnung des Gegners? Oder geht es nach Punkten?«

»Bis zur Entwaffnung des Gegners, was immer es bedeutet«, sagte James hastig. Er wollte auf gar keinen Fall, dass es ein höflicher Wettkampf nach Punkten wurde. Er wollte aber auch nicht aufhören, bevor er Paton wenigstens eine blutende Wunde geschlagen hatte – ein gewisses Maß an Genugtuung wollte er haben!

»Mylord, seid Ihr einverstanden?«

Paton machte ein finsteres Gesicht. »Das ist ja lächerlich – als wenn ich Zeit für solchen Unsinn hätte!« Raleigh zog spöttisch eine Augenbraue hoch, und Paton fuhr hastig fort: »Jaja, schon gut. Ich stimme zu. Ich werde diesem Jungspund hier ein, zwei Wunden verpassen, um ihn Respekt vor Älteren und Hochrangigeren zu lehren.«

Die älteren Anwesenden, die nicht ahnten, worum es ging, applaudierten, da sie instinktiv zu ihrem Altersgenossen hielten.

»Dann geht in Position, meine Herren!«

James stellte sich eine Armlänge vom Marquis entfernt auf und versuchte einzuschätzen, welche Art von Fechter er vor sich hatte. Stämmig und eher klein, wie Paton war, verließ er sich vermutlich mehr auf seine Kraft als auf Reichweite und Flinkheit, die James' Vorzüge waren. Zum Glück hatte James schon oft mit Diego trainiert, der zwar schlanker war, aber in etwa so groß wie Paton. Von ihm hatte James gelernt, mit allen möglichen unerwarteten Manövern eines kleineren Gegners umzugehen.

»Beginnt!«

Die beiden Duellanten begannen mit einer Reihe von Eröffnungshieben, beide anfangs noch eher zurückhaltend, um das Geschick des Gegners einschätzen zu können. Die Florette waren dünn und gefährlich scharf. Wenn man sie mit der flachen Seite auf das Handgelenk des Gegners niedersausen ließ, war das wie ein Peitschenhieb, mit dem man ihm seine Waffe aus der Hand schlagen konnte; wollte man unbedingt Blut fließen sehen, waren die Augen das verletzlichste Ziel, doch das galt als wenig fair, und James wollte einen klaren, sauberen Sieg. Das ging aber nur, wenn er eine Lücke in Patons Abwehrparaden fand. Verdammt, der Mann war weitaus geschickter, als er erwartet hatte!

Die Zuschauer applaudierten bei dem eleganten Austausch von Stößen, Hieben und Paraden, mit denen die beiden Männer einander umtänzelten wie Höflinge bei einem Coranto.

»Bravo!«, rief einer der älteren Lords.

Freut mich, dass ihr Spaß habt, dachte James säuerlich.

James merkte, dass sich die achtundvierzig Stunden ohne Schlaf bei ihm bemerkbar machten. Als seine nackten Füße einmal nach Halt suchten, blieb er am Rand einer unebenen Steinplatte hängen und verlor für einen kurzen Augenblick das Gleichgewicht. Paton sah seine Chance: Er stieß zu, und die Spitze seiner Klinge streifte zuerst James' Kinn und schlitzte dann sein Hemd auf, ohne jedoch bis auf die Haut vorzudringen. Die Zuschauer klatschten Beifall.

Die Kombattanten nahmen ihre Ausgangspositionen wieder ein. Diego reichte James ein Handtuch, damit er sich den Schweiß und das Blut abwischen konnte.

»Ich hab Euch schon besser fechten sehen!«

»Ich auch. Ich hätte mich besser davor noch kurz aufs Ohr gelegt, aber mein dummer Stolz ließ es nicht zu.«

»Dann hätte er sich aus London wegstehlen können, um Eurer Vergeltung zu entgehen.«

»Richtig.«

»Dennoch solltet Ihr Euer Spielniveau erhöhen.«

James warf ihm das Handtuch zu. »Weiß ich selbst.«

Patons Zuversicht war durch James' Stolperschritt gewachsen. Großspurig ging er in die zweite Runde.

»Na, habt Ihr Euch schon entschieden, in welches Land Ihr auswandern wollt?«, fragte er höhnisch. »Wie wär's mit Russland? Das dürfte weit genug weg sein.«

James ließ sich nicht provozieren. Er hob seine Waffe nur wenig, konzentrierte sich ganz auf den Oberkörper seines Gegners und lauerte mit zusammengekniffenen Augen auf jedes verräterische Anzeichen, das verriet, welche Bewegung Paton als Nächstes machen würde. Der Treffer seines Gegners hatte ihn hellwach gemacht und in die nötige Alarmbereitschaft versetzt. Ab jetzt würde er keinen Punkt mehr verschenken.

Die Klingen schlugen klirrend aufeinander, Stahl kratzte über Stahl, und es klang, als würden Tranchierer vor einem Festgelage ihre Messer schärfen. James wuchs über sich selbst hinaus. Er fand seinen alten Rhythmus wieder, ging von Verteidigung zum Angriff über und wurde immer schneller und schneller, bis der Ältere ins Schwitzen kam und seine Hiebe kaum noch parieren konnte. James stand mehrmals kurz davor, ihn bis ins Fleisch zu stechen, doch es blieb bei Streifwunden, da der Marquis es immer wieder schaffte, im letzten Moment auszuweichen. Die Jüngeren unter den Zuschauern jubelten, als sie sahen, wie ihr Favorit immer mehr in Form kam und die Oberhand erkämpfte. Irgendwann kam James zu dem Schluss, dass er Paton lange genug hatte schwitzen lassen. Er holte aus, zielte auf das Schlüsselbein des Mannes und brachte ihm eine flache, lange Schnittwunde im oberen Brustbereich bei. Der Marquis taumelte rückwärts und hielt sich die Hand an die blutende Wunde.

James ließ seine Waffe sinken. »Das war für meine Lady, für das, was Ihr ihr zugefügt habt. Brennt wie Höllenfeuer, nicht wahr? Doch damit spürt Ihr nur einen Bruchteil der Schmerzen, die sie gestern Abend erlitt, nachdem Ihr ihr das Gift verabreicht hattet und sie sterbend liegen ließet!«

Die Umstehenden verstummten, als ihnen aufging, dass es bei dem Kampf um wesentlich mehr als nur um ein Kräftemessen ging.

»Ihr wagt es, diese Hure zu erwähnen?«, krächzte der Marquis. »Sie ist ein Schandfleck für meine Familie!«

»Ihr irrt Euch!«, entgegnete James knapp, immer noch beherrscht. Wie gern hätte er seine Klinge ins Herz dieses Bastards gestoßen! »Wenn hier einer ein Schandfleck ist, dann *Ihr*, Paton! Euer Vater trug Euch auf, für seine Witwe zu sorgen, und Ihr hattet nichts Besseres zu tun, als ihr Gift zu geben!«

»Genug mit diesem Unsinn«, fauchte der Marquis. »Wollen wir jetzt kämpfen, oder wollt Ihr herumstehen und Unsinn reden?«

Schwungvoll hob James seine Waffe. »Definitiv kämpfen! *En garde!*«

Die nächste Runde fing gleich höchst brutal an. Paton missachtete sämtliche Regeln und ging auf Augen, Nieren und alle anderen Schwachpunkte seines jüngeren Gegners los, um diesen außer Gefecht zu setzen. James' Blut begann zu kochen – es bereitete ihm zunehmend mehr Vergnügen, die Angriffe des Marquis ins Leere laufen zu lassen, was diesen plump und ungeschickt wirken ließ.

Es sah mehrmals so aus, als wolle Raleigh eingreifen, doch das war unmöglich, solange die beiden Männer so in Rage waren und wie zwei Wahnsinnige aufeinander eindroschen. Längst floss Blut, doch keiner der Kombattanten schien aufgeben zu wollen.

Erst als James sah, dass das Hemd des Marquis voller Blutflecken war und sich eine Blutspur über seine Wange zog, hatte er genug und wollte Paton nicht länger quälen. Er ließ ihn einen wilden Hieb ausführen, aber nur, um dann sogleich die flache Seite seiner Waffe blitzschnell und mit aller Kraft auf den Rücken der rechten Hand seines Gegners niedersausen zu lassen. Die Waffe des Marquis fiel klirrend auf den Boden, und er umklammerte seine betäubten Finger.

James machte einen Schritt nach vorn, ergriff die verletzte Hand und zog, noch ehe Paton begriffen hatte, wie ihm geschah, blitzschnell den Ring vom Finger.

»Der gehört meiner Lady, wie ich glaube.«

Raleigh stellte sich eilends zwischen James und die beiden Brüder Patons, die Anstalten machten, dort weiterzumachen, wo ihr ältester Bruder aufgehört hatte. »Ich erkläre Master Lacey zum Sieger. Bei der Ehre Eurer beiden Häuser müsst ihr Euch nun an Eure Vereinbarung halten und diesen Ort ohne weitere Anwendung von Gewalt verlassen.«

»Das werdet Ihr mir büßen, Lacey!«, knurrte der Marquis.

»Ich denke, Ihr habt nicht richtig gehört, Mylord«, sagte Raleigh frostig. »Solltet Ihr außerhalb dieser Mauern einen Racheakt unternehmen, geltet Ihr als unehrenhaft und werdet für immer des Hofes verwiesen werden. Ich würde sogar sagen, dass Ihr die Gastfreundschaft der Königin diesmal lange genug in Anspruch genommen habt. Am besten, Ihr zieht Euch auf Eure Ländereien im Norden zurück, bis die Königin sich wieder bei Euch meldet.«

Hätten Blicke töten können, wäre Raleigh wie vom Blitz getroffen zu Boden gesunken, und außer einem Paar rauchender Schuhe wäre nichts von ihm übrig geblieben. Der Marquis nickte heftig. »Dann wünsch ich ihm viel Spaß mit seiner Hure.«

Nach diesen Worten wollte er sich umdrehen und weggehen, doch eine Schwertspitze an seiner Brust ließ ihn stehen bleiben. Sie gehörte Raleigh.

»Vorsicht, Mylord. Ihr verleumdet ohne Grund eine der Hofdamen der Königin, was ich nicht dulden kann, da Ihr damit auch Ihre Majestät beleidigt. Ich lasse Euch erst gehen, wenn Ihr diese Bemerkung zurückgenommen habt!«

Der Marquis sah aus, als stünde er kurz vor einem Schlaganfall. Raleigh hatte damit praktisch gesagt, dass es Verrat war, Jane zu beleidigen. So mancher seiner Standesgenossen war schon für weniger im Tower gelandet. »Ich ziehe meine Aussage zurück. Ich hatte nicht die Absicht, Ihre Majestät zu kränken.« Er klang, als spucke er Kieselsteine.

Raleigh ließ sein Schwert sinken. »Gut. Ich freue mich zu hören, dass Ihr Euren Irrtum einseht.«

Mit einer knappen Kopfbewegung winkte Paton seine Brüder zu sich. »Ihr mögt hier zwar zurzeit das Sagen haben, Raleigh, aber für wie lange noch?« Nach diesen Worten drehte er sich um und stolzierte davon. Und wer ihm seiner Meinung nach nicht schnell genug aus dem Weg ging, wurde unsanft zur Seite geschoben.

Raleigh schüttelte den Kopf. »Nun, jetzt hat er es mir aber gegeben, nicht wahr, meine Herren?«

Die Umstehenden lachten, genau wie er gehofft hatte, und zerstreuten sich dann, um die schmachvolle Geschichte Patons in den Korridoren und Vorzimmern des Palastes zu verbreiten.

»Reicht es Euch?«, wandte sich Raleigh mit einem spitzbübischen Grinsen an James.

James steckte seinen Fechtdegen in die Scheide. »Nicht annähernd, aber es muss reichen. Ich würde der Lady keinen Gefallen tun, wenn ich die Sache noch weiter auf die Spitze treiben würde.«

Raleigh warf ihm sein Wams zu. »Kommt, ich denke, ich sollte einer Marquise im Durham House ein Obdach bieten.«

Als Jane aufwachte, sah sie James an ihrem Bett sitzen. Die Füße auf ihr Bett gelegt, das Kinn auf die Brust, schlief er tief und fest. Sie lächelte. Die Kluft, die sich vor seiner Abreise nach Amerika zwischen ihnen aufgetan hatte, war geschrumpft durch das Desaster von letzter Nacht, und er war wieder bei ihr.

Aber für wie lange? Sobald sie dieses Bett verließ, müsste sie sich diesem Montfleury und den finsteren Plänen ihres Vaters stellen. Ehrlich, wenn jemand noch mehr Pech in der Liebe hatte als der frühere König Heinrich, dann sie! Jane ballte die Fäuste, um die aufsteigende Panik zu unterdrücken. Nein, sie würde nicht hysterisch werden; es *musste* einen Ausweg geben. Denn sie war nicht mehr allein, sondern hatte Freunde, die ihr beistanden. Und sie hatte James.

In diesem Moment glitt sein rechter Fuß von ihrer Decke, und er wurde mit einem Ruck wach. Als er die Augen aufschlug, sah er als Erstes Janes Augen, die über die momentane Verwirrung in seinem schlaftrunkenen Gesicht lächelten. Er hob den Kopf ein

Stück, und sie sah einen langen Kratzer an seinem Kinn, beinahe unter seinem Bart verborgen.

»Habt Ihr Euch beim Rasieren geschnitten?«

James rieb sich seine kurzen Barthaare. »Richtig, beim Rasieren – aber es war ein Marquis, den ich rasiert habe.« Er zog etwas von seinem kleinen Finger und überreichte es ihr mit einer schwungvollen Geste. »Mein Ring!« Jane streckte die Hand aus.

Lächelnd nahm er ihre Hand und steckte ihr den Ring an. »Hier, meine Liebste, jetzt ist er wieder da, wo er hingehört. Aber nicht für lange, wie ich hoffe, denn es ist mein innigster Wunsch, dass Ihr in Bälde *meinen* Ring tragen werdet.«

Jane versuchte, ihm ihre Hand zu entziehen, doch er ließ sie nicht los. »Jamie, was ist mit meiner Familie und Montfleury? Ich sitze ganz schön in der Tinte.«

»Aber ich bin ein edler Ritter, der ein junges Edelfräulein wie Euch mit Freuden aus dieser Tinte rettet«, erwiderte James lächelnd. »Es soll mein Hochzeitsgeschenk an Euch sein, da ich sonst recht wenig zu bieten habe.«

»Aber Jamie …«

Er schüttelte den Kopf. »Psst, mein Schatz, nicht aufregen. Vertraut mir. Immerhin habe ich Euch den Ring zurückgeholt, oder?«

Janes Verstand arbeitete noch etwas langsam, aber nun wurde ihr schlagartig klar, dass Richard den Ring niemals freiwillig hergegeben hätte. »Habt Ihr … habt Ihr ihn getötet?«

James streichelte ihre eisigen Finger. »Ich habe mit dem Gedanken gespielt, das gebe ich zu, dann aber darauf verzichtet. Ich habe mit ihm um den Ring gefochten und gewonnen! Raleigh war auf meiner Seite, das war äußerst hilfreich.«

»Raleigh?« Jane schnappte nach Luft. Von *ihm* hätte sie am wenigsten Unterstützung erwartet.

»Seltsam, aber er scheint mich neuerdings zu mögen, und für Euch hat er großen Respekt – das waren übrigens seine eigenen Worte.«

»Ah.« Jane wusste nicht, was sie sagen sollte.

»Er ging sogar noch weiter und lud Euch ein, ins Durham House überzusiedeln, bis Ihr wieder ganz genesen seid. Wir müssen dafür sorgen, dass Ihr an einem Ort seid, zu dem Euer Vater keinen Zutritt hat. Im Palast kann er sich frei bewegen, und wenn wir Euch nicht für eine Weile verstecken, könnte er etwas tun, mit dem wir nicht rechnen.«

Der Gedanke, ausgerechnet bei Raleigh Unterschlupf zu suchen, behagte Jane gar nicht. »Aber ich kann nicht ins Durham House gehen!«

»Ich weiß, dass Euer Bruder mit Raleigh befreundet ist, doch in dieser Angelegenheit hält Raleigh zu uns. Er hat versprochen, Euch Henry vom Leib zu halten.«

Er würde nicht verstehen, was er ihr da vorschlug, wenn sie ihm nicht reinen Wein einschenkte. Die Stunde der Wahrheit war gekommen. Jane schloss die Augen, weil sie James nicht anschauen konnte, wenn sie ihr Geständnis ablegte. »Nein, James, es geht nicht um Henry. Es ist so, dass … nun, dass Raleigh und ich eine sehr kurze Beziehung hatten.« Sie schluckte und spürte, dass ihr das Herz bis zum Halse schlug – fast so, als hätte sie wieder Gift getrunken.

James blieb verdächtig still.

»Es … es war vor zwei Jahren.« Jane spürte Tränen hinter ihren geschlossenen Lidern. Würde sie James jetzt verlieren? Würde sie ihren dummen, einmaligen Fehler von damals für den Rest ihres Lebens bereuen müssen? »Ich dachte, ich liebe ihn und er mich. Wie konnte ich nur so dumm sein?«

James räusperte sich. »Verstehe, verstehe.«

»Ich denke, mein Bruder weiß es und Milly auch. Und meine damalige Zofe ebenfalls.« Was für eine Qual! »Jonas habe ich es vor unserer Heirat natürlich auch erzählt, und er hat mir verziehen. So war er – er hat immer nur seine eigenen Sünden gesehen. Sonst weiß niemand von diesem kurzen Techtelmechtel zwischen Raleigh und mir, obwohl es natürlich Gerüchte gab.« Sie holte tief Luft. »Ich hoffe, Ihr könnt mir verzeihen, dass ich nicht das unschuldige Ding bin, für das Ihr mich gehalten habt.« Schweigen.

Oh Gott. »Wollt Ihr … soll ich gehen?«

Sie spürte, dass er ihre Finger wieder in seine warmen Hände nahm. »Jane, Schatz, schau mich an!«

»Ich kann nicht. Ich habe zu viel Angst.«

»Schau mich an.«

Widerwillig schlug sie die Augen auf. James hatte sich vorgebeugt, und sein Gesicht war nur wenige Zoll von ihrem entfernt.

»Sehe *ich* aus, als sei ich noch gänzlich unberührt?«

Sie schüttelte den Kopf und musste unwillkürlich schmunzeln.

»Muss ich mich dafür entschuldigen, dass ich schon in dem einen oder anderen Bett lag, ehe ich in deines kam?«

»In meinem Bett warst du noch nicht«, wisperte sie. Alles würde gut werden, das spürte sie.

»Das ist jammerschade und ein Versehen, das ich auszumerzen beabsichtige, sobald ich einen Priester zu fassen bekomme.«

Sie betastete sein Kinn mit ihren Fingerspitzen. »Ich danke dir. Ich kann dir nicht sagen, wie sehr ich mich vor diesem Geständnis gefürchtet habe.«

»Du brauchst mir nicht zu danken. Genau wie bei dir gibt es auch in meinem Leben den einen oder anderen Punkt, den ich bereue, doch das will ich nicht mit in unsere Ehe tragen. Es reicht mir, zu wissen, dass du von nun an nur noch die Meine bist und ich auch für dich der Einzige, wie ich hoffe.«

»Oh, ganz bestimmt. Es wird keinen anderen Mann mehr für mich geben.«

Er grinste verschmitzt. »Aus diesem Grund solltest du auch nicht dieses Weichei von Franzosen heiraten, sondern *mich*! Dann machen wir beide zusammen einen Neuanfang, indem wir neue, kraftvolle, gemeinsame Erinnerungen schaffen, mit denen wir alle früheren vertreiben.«

Jane erlaubte sich ein Lächeln voller Vorfreude. »Ich habe vor nicht allzu langer Zeit zu Raleigh gesagt, er sei als Liebhaber eine Enttäuschung gewesen.«

»Du hast *was*?!« James brüllte vor Lachen. »Der arme Kerl! Er muss ein Heiliger sein, wenn er dir nach diesem symbolischen Tritt in seine Kronjuwelen noch ein Obdach anbietet!«

»Ich finde es nur fair.«

James rutschte vom Stuhl, um sich zu Jane aufs Bett zu legen, den Kopf auf eine Hand gestützt. »Stimmt. Es war niederträchtig von ihm, dich zu verführen – aber ich verstehe natürlich, warum er der Versuchung erlag.« Er küsste Jane zärtlich. »Ich hatte bisher noch keine einzige Jungfrau in meinem Bett, kann aber nicht beschwören, ob ich nicht doch *en passant* das eine oder andere Herz gebrochen habe. Weißt du, wie wir es Raleigh heimzahlen können? Dadurch, dass wir unverschämt glücklich miteinander sind und nur süffisant lächeln, wenn er uns in einer amourösen Umarmung antrifft – und davon plane ich eine ganze Menge, nur damit er vor Eifersucht platzt!«

»Ah, Rache kann süß sein.« Sie erwiderte seinen Kuss.

»Wie wahr!«

Jane schwieg für eine geraume Weile und fragte sich, ob sie diesem Neuland der Liebe, in das James sie gerade entführte, überhaupt trauen konnte. Es fiel ihr noch etwas schwer, an diese blühende Landschaft grüner Hügel der Glückseligkeit und sonniger Aussichten, die sich bis zum Horizont erstreckten, zu glauben, wenn man wie sie bisher nur an düstere Beschränkungen und Stürme gewohnt war, die sich aus dem Nichts zusammenballten. »Bist du dir sicher, Jamie, dass du mich willst? So richtig, richtig willst?«

Er strich über ihre Haare, streichelte die zarte Haut hinter ihrem Ohr. »Sehr sicher.«

»Aber damals im Frühjahr hast du mich nicht gewollt.«

Er seufzte. »Ich wollte dich, aber ich wollte nicht, dass du den Mann bekämst, der ich damals war. Ich fühlte mich so leer – so wertlos. Doch während der Fahrt über den Atlantik wurde mir recht schnell klar, was ich für dich empfinde. Auf hoher See zu sein, ist eine ganz besondere Erfahrung, und man sieht plötzlich alles klarer. Es gelang mir, die alte Haut der Schuldgefühle abzustreifen, und darunter war ich wieder glänzend und wie neu. Amerika kann einen Mann verändern.«

Erzählte er ihr nur, was *sie* seiner Meinung nach brauchte, um wieder gesund zu werden? »Du musst mir nichts vormachen, Jamie. Ich wäre nicht beleidigt, wenn du mir sagtest … dass du …« Sie brachte es nicht über die Lippen – dass er sie verachtete, wie sie sich selbst wegen ihrer Schwachpunkte, ihrer Fehler verachtete.

James drückte sie an sich. »Ich sehe, dass du mir noch nicht recht traust, Liebste, und weitere Beweise brauchst. Zum Glück kann ich diese vorweisen.«

»Beweise?«

»Für meine Gefühle für dich. Der liebeskranke Bursche hier hat dir während seines Eroberungsfeldzugs in der Neuen Welt eine Menge Briefe geschrieben.« Er zog einen Beutel unter seinem Gürtel hervor und legte ihn in ihre Hände. »Hier der Beweis, dass die Wolken der Niedergeschlagenheit sich recht schnell verzogen, nachdem wir die englische Küste hinter uns gelassen hatten. Und du warst die Sonne, die aufstieg, um auf mich herabzulächeln.«

Jane verbarg ihr Gesicht an seiner Brust, fast als fürchte sie sich davor, zu überprüfen, ob es wirklich stimmte. »Ich freue mich darauf, sie zu lesen, aber glaub mir, ich halte dich *nicht* für einen liebeskranken Burschen – vielleicht warst du nur seekrank?«

»Ah, diese Rolle war bereits vergeben. Ruh dich jetzt aus, mein Schatz, sonst wird Ellie mit mir schimpfen, weil ich dich überanstrenge. Lies die Briefe, wenn ich weg bin. Es wäre mir peinlich, deine Augen zu sehen, wenn du meine kläglichen Ergüsse liest. Ich würde bis in die Haarwurzeln erröten!«

»Du und erröten? Niemals!«

»Doch, soll schon vorgekommen sein.« Er küsste ihren Scheitel. »Du hast mehr Macht über mich, als du ahnst, mein Schatz.«

22. Kapitel

Bevor Jane heimlich nach Durham House übersiedelte, tat James, was Milly ihm geraten hatte: Er entließ Janes Zofe, die zu viele der Geheimnisse ihrer Herrin an Henry verraten hatte, als dass man ihr noch trauen konnte.

Alles lief nach Plan. Jane bestieg ein Boot, ohne dass Perceval es bemerkt hätte, und wurde in einem Zimmer untergebracht, in dem Milly ihr Gesellschaft leistete.

Danach war James zum ersten Mal seit der Aussprache mit Jane allein und beschloss, zu Fuß nach Whitehall zurückzukehren. Er brauchte Zeit zum Nachdenken, um Janes Geständnis über ihre kurze Affäre mit Raleigh zu verdauen. Gleich bei ihren ersten Worten hatte er gespürt, dass es einer der seltenen Momente im Leben war, in dem man keinen Fehler machen durfte, weil man es sonst auf ewig bereuen würde. Dass er ihr diesen einen Fehltritt nicht nachtrug, war ehrlich gemeint, da er in dieser Hinsicht einiges mehr auf dem Kerbholz hatte. Dennoch gefiel es ihm nicht, dass Raleigh sie als Erster besessen hatte. Sie gehörte ihm – war *sein* Hoheitsgebiet. Bei dem Gedanken, dass ihm ein anderer Siedler zuvorgekommen war, rebellierte alles in James.

Aber das war natürlich völlig unvernünftig von ihm, wie er sich eingestand. Es war zu einer Zeit passiert, als Jane ihn noch gar nicht kannte, und seither hatte sie einen absolut untadeligen Lebenswandel geführt. Was Diego über Amerika gesagt hatte, traf vermutlich auch auf Jane zu: Auf ein Territorium konnte man nicht einfach mir nichts, dir nichts Anspruch erheben. Der Erste zu sein, war eine Art Fiktion. Viel wichtiger war, wer jetzt dort lebte. Er sollte lieber damit beginnen, neue Erinnerungen mit Jane zu sammeln, um seine »Besitzansprüche« zu festigen, statt sich wegen vergangener Dinge zu grämen.

Als er auf das Palasttor zuging, trat ihm ein rau aussehender Geselle mittleren Alters in den Weg, dessen abgewetztes, fleckiges Wams verriet, dass er eine längere Reise hinter sich hatte. Im ersten Moment befürchtete James, die Patons seien zurückgekehrt, um sich zu rächen, und seine Hand ging wie von selbst an sein Schwert. Doch dann dämmerte ihm, dass er diesen Mann noch nie gesehen hatte und er folglich nicht zum Gefolge des Marquis von Rievaulx gehören konnte.

»Kann ich Euch helfen, Sir?«, fragte er höflich.

»Master Lacey?«

»Jawohl.«

»Mein Name ist Silas Porter. Ich bin Millys Vater.«

James nahm die Hand von seinem Schwertgriff und nickte dem kräftigen Soldaten militärisch knapp zu. »Freut mich, Sir, Eure Bekanntschaft zu machen.«

Silas nickte ebenfalls. »Kann ich ein Stück mit Euch gehen? Ich fürchte, sie lassen mich nicht in den Palast. Ich habe mein Recht auf freien Zutritt vor einigen Jahren verscherzt.«

James ahnte, worüber Silas reden wollte, und dafür sollten sie besser unter sich sein. »Wollen wir am Fluss entlanggehen?«

Er führte seinen Begleiter über das ausgedehnte königliche Grundstück zu der Straße, die zu dem Dorf Chelsea führte. Hier herrschte eine ländliche Atmosphäre: Es gab mehr Bäume als Häuser, und man hatte einen guten Blick auf die Biegung, mit der die Themse ins Herz Englands weiterfloss, und auf eine weiß getünchte Mühle, deren Wasserrad sich langsam in dem Mühlbach drehte, der von der Themse gespeist wurde. Drei Boote ruderten flussabwärts, mit prachtvoll gekleideten Höflingen an Bord – Bienen, die zweifellos auf dem Rückweg zum königlichen Bienenstock und seiner Königin waren.

»Euer Diener will mein Mädchen heiraten«, begann Silas ohne Umschweife.

James seufzte. Würde es ein ähnliches Gespräch werden wie das mit Christopher Turner? »Soweit ich weiß, ja.«

»Was haltet Ihr von dieser Verbindung? Ich weiß, dass meine Tochter es sich in den Kopf gesetzt hat, aber ich habe ein bisschen Angst um die beiden.«

Die väterlichen Bedenken waren nicht von der Hand zu weisen. Diese Verbindung würde sicher zu viel Gerede führen. »Diego ist ein guter Mann und Freund. Er und Milly haben es verdient, miteinander glücklich zu werden.«

Silas war sichtlich unwohl in seiner Haut, denn er rieb seine Faust im Handballen. »Aber wie können wir die beiden beschützen? Ich habe mich in dieser Hinsicht bisher nicht sonderlich ausgezeichnet, doch als Vater muss ich natürlich einen Riegel vorschieben, wenn ich glaube, dass meine Milly in ihr Unglück rennt.«

»In diesem Fall würde das Unglück, wenn überhaupt, höchstens von außen kommen, denn die beiden passen prächtig zusammen.

Ich persönlich glaube, dass sie einander sehr glücklich machen werden. Das ist mehr, als man von den meisten Ehepaaren sagen kann.«

Silas kickte einen Zweig zur Seite, während er sich diese Worte durch den Kopf gehen ließ. »Das weiß ich, aber die Menschen können grausam sein. Dagegen kann man sich zu zweit nicht wehren.«

Mit welchen Argumenten konnte James den Vater beruhigen? Da fiel ihm etwas ein. »Aber Master Porter, Ihr täuscht Euch: Sie sind nicht nur zu zweit.«

»Was? Meine Milly ist schwanger!«, stieß Silas empört aus. »Dann werde ich Euren Diener kastrieren!«

James hätte beinahe laut gelacht. »Herrje, was red ich für einen Unsinn, nein! Ich bin nicht gut im Umgang mit Worten, Sir, verzeiht. Ich bin ein Soldat, kein Dichter, aber lasst Euch von einem groben Klotz wie mir versichern, dass Eure Tochter absolut tugendhaft ist.«

»Ah, zum Glück! Nein, wenn einer um Verzeihung bitten muss, dann ich, denn ich bin manchmal etwas voreilig.« Silas lächelte reumütig. »Aber gut, dann halte ich mich zurück. Warten wir's ab, wie die zwei jungen Leute die Sache deichseln.«

Damit war alles gesagt. An einer kleinen Anlegestelle machten die beiden Männer eine Rast und setzten sich auf ein umgedrehtes Boot. Trotz ihres Altersunterschiedes verspürte James einen gewissen Gleichklang mit seinem Begleiter, denn sie hatten offenbar einiges gemeinsam – und vorschnelle Schlüsse zu ziehen war nur einer dieser Punkte.

»Bitte verzeiht mir, dass ich Euch vorhin erschreckt habe. Was ich meinte, Sir, ist, dass Eure Tochter Freunde hat, die zu ihr stehen und sie beschützen – und das gilt auch für meinen Diener. Ich habe Diego bereits gesagt, dass er mit seiner Zukünftigen jederzeit nach Lacey Hall kommen kann, falls man ihnen in London das Leben schwermacht. Und ich will zwar nicht zu weit vorgreifen, aber ich würde sie auch in meinem Haushalt aufnehmen, sobald ich einen eigenen Hausstand gründe.«

Silas spitzte die Ohren. »Oh, Ihr gedenkt demnächst zu heiraten? Und welche Lady würde nichts gegen die unkonventionelle Verbindung meiner Tochter haben?«

»Lady Jane, die verwitwete Marquise von Rievaulx.«

Lachend schlug Silas sich auf die Knie. »Ausgezeichnet, meiner Seel'! Ihr habt also um ihre Hand angehalten – und sie aus den Fängen ihres Vaters befreit, das lob ich mir! Ich wünsche Euch beiden alles Gute – sie ist ein wahres Juwel.«

James freute sich über diese herzlichen Worte. »Und ich habe das große Glück, sie zu bekommen!«

Die Brise frischte auf und ließ das Wasser an die Pfosten des Landestegs klatschen. James fiel plötzlich ein, dass er an diesem Tag noch eine Menge zu tun hatte, doch er wollte Millys Vater nicht so schnell abfertigen.

Silas kratzte sich am Kinn und dachte nach. »Und wo gedenkt ihr, euch niederzulassen?«

James schüttelte den Kopf. »Das steht noch in den Sternen. Meine Lady dient der Königin als Hofdame und wird diese Stellung nicht aufgeben wollen. Ich selbst will auch Karriere machen, und der Hof bietet die größten Chancen für einen Mann wie mich.«

Silas knurrte. »Ay, zweitgeborener Sohn – ich weiß, wie sich das anfühlt. Aber am Hof lebt es sich nicht schlecht. Meine Milly ist eine verdammt gute Geschäftsfrau. Es wäre schrecklich, wenn ihr großer Traum platzt, nur weil die Londoner Vorurteile gegen alles Fremde haben. Aber ich denke, wenn sie Euren Schutz hat und den Eurer Lady, werden es ihre Nachbarinnen und Kundinnen gewiss nicht wagen, sie zu schneiden.«

James hatte noch nicht groß darüber nachgedacht, sah aber sofort ein, dass Silas recht hatte. Was sollten Milly und Diego in Lacey Hall machen, mitten auf dem Land, wenn ihre Fertigkeiten vom mittleren und höheren Adel im Dunstkreis der Königin geschätzt und benötigt wurden? Wenn er etwas für seinen Diener tun wollte, musste er dafür sorgen, dass Diego und Milly in der Nähe des Hofes bleiben konnten.

»Ihr habt also keine grundsätzlichen Einwände gegen die geplante Verbindung?«

»Welcher Vater freut sich schon, wenn ihm ein anderer sein kleines Mädchen wegnimmt?« Betrübt über seinen Eigennutz, schüttelte Silas den Kopf. »Nein, nein, ich habe Diego schon immer gemocht, aber ihn natürlich nie als zukünftigen Schwiegersohn gesehen. Ich bin ein weit gereister Mann und nicht engstirnig. Bedenken habe ich nur, was seinen Glauben betrifft. Vor wenigen Jahren noch hätten ihn seine unorthodoxen Ansichten auf den Scheiterhaufen gebracht.«

James fand ebenfalls, dass Diego herzlich wenig kirchentreu war, doch da seine eigene Frömmigkeit auch den einen oder anderen Riss aufwies, schockierte ihn das nicht übermäßig. Vermutlich würde der Einfluss einer strenggläubigeren Ehefrau sowohl Diego als auch *ihm* guttun. »Zum Glück sind unter dieser Königin bessere Zeiten angebrochen. Diego ist noch dem Glauben seiner Heimat verhaftet, überlappt mit dem, was er bei uns gelernt hat – aber das ist nicht halb so schlimm, wie ein Katholik zu sein.«

James hatte es scherzhaft gemeint, doch Silas zuckte zusammen. Dass er dem alten Glauben treu blieb, in dem er aufgewachsen war, hatte ihn in den Kerker gebracht; aber inzwischen hatte er wie viele andere auch gelernt, dass es besser war, darüber zu schweigen, um den Frieden im Land nicht zu gefährden. »Ich würde mich freuen, wenn Ihr ihn auch in diesem Punkt unterstützt, Sir.«

James war froh, dass er für seinen treuen Diener in einer so immens wichtigen Sache eintreten konnte, und reichte dem alten Soldaten die Hand. »Sehr schön. Ihr habt mein Wort. Ich muss nur kurz etwas erledigen, dann können wir gemeinsam zu dem jungen Paar gehen und den beiden die frohe Nachricht überbringen. Sie sind bei Lady Jane im Durham House.«

»Ay, gern. Und was habt Ihr davor noch zu erledigen?«

»Ich muss einem Franzosen klarmachen, dass er die Finger von meiner Lady lassen muss.«

»Donnerwetter, da wäre ich gern dabei. Braucht Ihr einen Sekundanten?«

»Wahrlich. Ich bräuchte jemanden, der mich zurückhält, falls ich die Beherrschung verliere.«

Silas lachte leise. »Da seid Ihr an den Falschen geraten, Sohn, aber ich halte gern Euren Umhang, wenn Ihr ihm eins auf die Nase geben wollt.«

In Whitehall erfuhr James, dass Montfleury bei Master Mann in der Red Cross Street wohnte, einem der vielen Wirte der vornehmeren Häuser, die Adlige aufnahmen, wenn die Gemächer am Hof überfüllt waren. Mit Silas im Schlepptau kam James zur Zeit des Abendessens vor dem solide gebauten, dreistöckigen Gebäude im Herzen der Stadt an und hoffte, dass der Franzose um diese Zeit anwesend war. Der Wirt bestätigte ihm, dass Montfleury im Haus war, ihn aber vermutlich nicht empfangen könne.

»Er hat Besuch, Euer Ehren«, sagte Master Mann ausweichend. »Da wird er nicht gern gestört.«

James fischte eine Münze aus seinem Beutel. »Ich versichere Euch, Sir, dass er sich freuen wird, uns zu sehen.«

Das Geld verschwand mit bewundernswerter Flinkheit in der Schürzentasche des Wirts. »In dem Fall, meine Herren, folgt mir! Soll ich Euch ankündigen?«

Silas hielt den Gastwirt hinten an seinem Wams fest. »Nein, wir wollen ihn lieber überraschen.«

Der Wirt beäugte die beiden Besucher, die beide kräftig und unzweifelhaft wie Soldaten aussahen. »Es wird aber kein Blutvergießen unter meinem Dach geben, oder? Ich finde den Franzmann nicht übermäßig sympathisch, aber ich führe ein anständiges Haus, wisst ihr!«

James schob sich schnell an dem Mann vorbei, damit dieser es sich nicht noch anders überlegen und ihnen den Weg versperren konnte. »Keine Angst: Wir kommen in friedlicher Absicht.«

»Aber reißt ihm bitte nicht den Kopf ab!«, witzelte der Gastwirt und machte sich eilends aus dem Staub.

Vor Montfleurys Zimmer blieb James kurz stehen. Mehrere männliche Stimmen drangen heraus, die alle blitzschnell französisch parlierten und immer wieder in fröhliches Gelächter ausbrachen.

Silas stieß ihn in die Rippen. »Worauf wartet Ihr?«

Richtig, er musste es hinter sich bringen, mit oder ohne Zeugen. James klopfte kurz an und stieß dann die die Tür auf.

Wie erwartet platzten sie mitten in ein Abendessen, doch so einen skandalösen Anblick hatten sie nicht erwartet. Montfleury lag wie ein wollüstiger griechischer Gott auf mehrere rote und violette Kissen gebettet, nur mit einem Hemd und einer Unterhose bekleidet. Sein männlicher Gefährte war ähnlich spärlich bekleidet. Der dritte Mann an dem niedrigen Tischchen hatte zudem noch eine nur spärlich gekleidete junge Frau auf dem Schoß. Verblüfft drehten sie den Kopf, als die Eindringlinge hereinstürmten.

James funkelte Montfleury verächtlich an. »So also bereitet sich der Bräutigam auf seine Hochzeit vor, während seine Verlobte krank daniederliegt. Es ist rührend, zu sehen, wie sehr Euch ihr Wohlergehen am Herzen liegt!«

Der Franzose erholte sich rasch von seiner ersten Überraschung, zuckte mit den Schultern und hob sein Glas, um den Ankömmlingen zuzuprosten. »Da ich nichts für die Lady tun kann und völlig nutzlos bin, kann ich mich genauso gut amüsieren. Das ist keine Sünde.« Er zwinkerte seinem hübschen jungen Gefährten zu.

James nickte mit Nachdruck. »Stimmt, Ihr seid wirklich sehr nutzlos. Als Ehemann wärt Ihr nur eine Last für sie – und sie für Euch als Gemahlin! Deshalb bin ich hier: Eine Ehe würde nur Eure Freiheit einschränken. Ich darf Euch mitteilen, dass *ich* Lady Jane heiraten werde. Ihr habt jetzt genau zwei Möglichkeiten: Entweder Ihr nehmt Euer Heiratsversprechen freiwillig zurück, oder Ihr stellt Euch einem Kampf mit mir!«

Montfleury schnaubte abfällig. »Himmel, ihr Engländer seid

wirklich komisch. Da kommt Ihr wie eine kleine Bulldogge herein und bellt mich an. Ich brauche nicht um Lady Jane zu kämpfen – ich habe die Einwilligung ihres Vaters und der Königin. Was braucht es mehr?«

James lächelte mit ausgesuchter Nonchalance und nahm sich eine Handvoll Trauben aus dem Korb auf der Anrichte. »Da wäre noch die Lady selbst. Ihr vergesst die Hauptperson in Eurem Theaterstück. Das Problem ist, dass ihr einfach nicht zusammenpasst: Ihr braucht keine Frau, und sie braucht keinen Mann wie Euch. Ihr solltet nicht länger an ihr festhalten, nur um am Ende als notorischer, ausgemachter Narr am Altar zu stehen. Das wäre wahrlich keine Ehre für Eure Familie!«

Silas stieß Montfleurys Spielgefährten zur Seite und zog ihm das Kissen unter dem Hintern weg. »Schnür deine Stiefel, Bursche!«, sagte er forsch. »Beim Anblick von so viel lilienweißem Fleisch beim Abendessen dreht sich mir der Magen um!«

Irritiert über die rauen Manieren des altgedienten Soldaten, huschte der junge Mann zum Bett, wie ein Krebs, der sich unter einem Stein verstecken will. Die Prostituierte kicherte und bot Silas eine Schale mit Konfekt an.

Montfleury richtete sich auf und wich erschrocken zurück, als Silas sich ungeniert über ihn beugte, um einen Teller mit den Leckereien zu füllen, die auf dem Beistelltisch standen. »Ihr seid naiv, Sir«, sagte Montfleury dann zu James. »Bei dieser Heirat geht es nicht um die Lady.«

»Eine Heirat, bei der es nicht um die Lady geht? Ich glaube, mich laust der Affe!«, entfuhr es Silas, und er zwinkerte der jungen Frau zu.

»*Pas du tout,* in Adelskreisen ist eine Heirat in erster Linie ein Handel. Ein Tauschgeschäft«, ließ Montfleury Silas überheblich wissen.

James quetschte sich in die Lücke auf der anderen Seite Montfleurys. »Wenn die Geschäftsbedingungen aber derart geändert werden können, dass Ihr dieselben, wenn nicht gar größere Vorteile erzielt, wenn Ihr auf diese Ehe verzichtet, wärt Ihr dann dazu bereit?«

»*Bien sûr, Monsieur,* aber wie wäre das möglich? Solche Dinge sind immer mit einem Ehebündnis verknüpft; wie sonst könnte man dem Wort eines Engländers vertrauen?«

James grinste, weil er plötzlich erkannt hatte, wie er vorgehen musste. »Zuallererst müsst Ihr einsehen, dass die Hölle zufrieren wird, bevor ich zulasse, dass Jane Eure Frau wird. Sie gehört mir.«

Montfleury sah aus, als wollte er widersprechen, doch James ließ ihn nicht zu Wort kommen. »Wenn Ihr Jane und mir keine Steine in den Weg legt, werde ich alles in meiner Macht Stehende tun, um Eure Geschäftsinteressen auf englischem Boden zu fördern. Außer den Ländereien meiner zukünftigen Gattin könnte Euch auch mein Bruder, der Earl von Dorset, mit Wolle beliefern. Er wäre außerdem ein idealer Partner, was den Import französischen Weins nach Südengland betrifft, wo sich der königliche Hofstaat die meiste Zeit aufhält. Das wäre für Euch wesentlich lukrativer als die Provinzen im Norden, in denen Euer Freund Wetherby das Sagen hat. Mein Bruder ist ein enger Freund von Lord Burghley und dessen Sohn, und somit hättet Ihr über ihn einen direkten Draht zur Königin.«

James' Zuversicht wuchs, als er sah, dass Montfleury offenbar ernsthaft über seine Worte nachdachte und plötzlich ganz wie ein Geschäftsmann aussah und nicht mehr wie ein Mensch, der nur sein Vergnügen suchte.

»Ganz zu schweigen von meinem eigenen Einfluss«, fuhr James fort, um noch eins draufzusetzen. »Ich stehe auf gutem Fuß mit Raleigh und komme gerade von einer Expedition nach Amerika zurück, wo sich für Investoren aufregende neue Gelegenheiten eröffnen. Wenn Lady Jane und ich zu Euren Freunden zählen, hättet Ihr einen wesentlich besseren Zugang zu den mächtigsten Persönlichkeiten Englands, als wenn Ihr an der Partnerschaft mit dem Earl von Wetherby festhaltet.«

Montfleury spielte mit den Obstkernen auf seinem Teller herum und schob sie wie Spielfiguren mit einer Fingerspitze hin und her. Er brauchte offenbar noch etwas Bedenkzeit.

James schenkte sich ein Glas Wein ein. »Ist Euch klar, dass Jane von ihrem Vater unabhängig ist und selbst über ihr Vermögen bestimmen kann? Dafür hat ihr verstorbener Gemahl gesorgt. Jetzt bin ich zurück und stärke ihr den Rücken, sodass sie Euren Einschüchterungsversuchen nicht mehr erliegen wird. Wir werden uns notfalls auch der Königin widersetzen und das Land verlassen, aber das wäre jammerschade für alle Beteiligten, da wir unser Vermögen mitnehmen würden. Macht Euch nichts vor, Montfleury, Ihr würdet Jane ohnehin verlieren. Warum nicht retten, was noch zu retten ist? Wenn Ihr meinem Rat folgt, könnt Ihr Euren geliebten Lebensstil beibehalten – ohne die Bürde einer Ehefrau –, profitable Geschäfte machen und unter Triumph in Eure Heimat zurückkehren.«

Montfleury wischte sich ein paar Krümel vom Ärmel. »Na schön.«

»Na schön was?«

»Ihr habt mich überzeugt.« Provozierend gelangweilt schaute er James in die Augen. »Ich will diese Frau ohnehin nicht haben, Ihr schon – das habe ich begriffen. Am besten, wir lösen die Verlobung einvernehmlich, damit keine Partei als die Schuldige dasteht.«

»Eine gute Idee. Daran hatte ich noch nicht gedacht.«

Montfleury lächelte James herablassend an. In seinem Gesicht war zu lesen, dass er den jüngeren Mann durchaus für seinen Mut bewunderte … und dass er ihn sehr anziehend fand. »Ihr könnt auf meine Freundschaft zählen, Monsieur Lacey.«

Ein Rippenstoß von Silas brachte den Franzosen aber rasch wieder auf den Boden zurück. »Genug, Mann. Master Lacey wird bald heiraten und teilt Eure Neigungen nicht.«

Montfleury zuckte gelassen mit den Schultern. »Na ja, einen Versuch war es wert. Es gibt auch Männer, die ihre wahre Neigung verbergen.« Er wandte seine Aufmerksamkeit nun Silas zu, und der normalerweise unerschütterliche Mann lief puterrot an.

»Lump! Zu denen gehöre ich bestimmt nicht!« Silas war aufgesprungen und machte Anstalten, dem Franzosen an die Gurgel zu springen.

Montfleury hob sein Glas und prostete den beiden ungebetenen Gästen zu. »Das weiß ich doch – ihr seid beide puritanisch und anständig, aber man wird doch noch einen kleinen Scherz machen dürfen! *Eh bien*, dann teile ich also meinem Anwalt mit, dass er die Schriftstücke ändern muss.«

James blickte hinaus auf die sich verdunkelnden Straßen. »Ich sollte wieder nach Jane sehen. Die Urkunden können bis morgen warten.«

»Nicht nötig. Es wird nicht lange dauern, denn mein Anwalt ist bereits hier.«

Der dritte Mann im Raum, der bis jetzt stumm geblieben war, schob das Mädchen von seinem Schoß und erhob sich, um eine verlegene Verbeugung zu machen, die allerdings nicht sehr formvollendet ausfiel, da er keine Beinkleider trug. Erst jetzt sah James, dass an seiner Stuhllehne die für Gerichtsschreiber typische Robe mit dem schwarzen Satinbesatz hing.

Silas und James blickten sich kurz an und prusteten dann los. Montfleury fiel in ihr Lachen ein, und schließlich auch der Mann des Gesetzes, den es allerdings einige Überwindung kostete.

»Darf ich den Herren Master Wriothesley vorstellen? Kommt, führen wir die Sache zu Ende. Herr Wirt, mehr Wein für meine Gäste!«, bellte Montfleury und knallte die Zinnkanne auf den Tisch. »Es gibt eine geplatzte Verlobung zu feiern!«

23. Kapitel

Durham House

Milly konnte ihr Glück kaum fassen. Als ihr Vater vorhin mit James ins Durham House gekommen war, hatte er gesagt, er sei mit ihrer Hochzeit mit Diego einverstanden. Dabei hatte sie befürchtet, noch monatelang bitten und betteln zu müssen; stattdessen hatte er sie nur zärtlich auf die Wange geküsst, Diego die Hand geschüttelt und gefragt, worauf sie eigentlich noch warteten. Milly verschlug es vor Staunen die Sprache – was wahrlich selten vorkam.

»Wie viel verlangt Ihr für Eure Tochter, Sir?«, fragte Diego mit großem Ernst, nachdem sich Jane und James auf die andere Seite des Raumes zurückgezogen hatten, damit die drei in Ruhe reden konnten.

Silas stöhnte. »Nicht noch mal, mein Junge! Du scheinst es einfach nicht zu begreifen – hier bei uns in England ist es üblich, dass der Brautvater seiner Tochter eine Mitgift gibt!«

»Aber es wäre eine Ehre für sie, wenn ich als Gegenwert eine Viehherde schenke.«

»Abgelehnt! Ich beabsichtige, *ihr* zweihundert Pfund mitzugeben.«

Milly stützte die Fäuste in die Taille und funkelte die beiden

Mannsbilder empört an. »Ich bin auch hier, falls ihr es vergessen haben solltet.«

»Sie kann wieder sprechen!«, sagte Silas feixend zu Diego.

»Tja, ich habe sowieso nicht damit gerechnet, dass dieses Wunder lange anhält.«

»Du, Vater …«, sie bohrte ihm ihren Zeigefinger in die Brust, »… kannst es dir nicht leisten, deine Ersparnisse zu verschenken, aber wenn du sie gut anlegen willst, kannst du sie in mein Geschäft investieren. Und du …«, Diegos Brust war die nächste, die Millys Zeigefinger zu spüren bekam, »… du brauchst dein Geld, um deine Fechtschule zu gründen, ganz zu schweigen davon, dass du ein anständiges Pferd haben musst, wenn du ein angesehener Reitlehrer sein willst.«

Silas wandte sich überrascht an Diego. »Du beabsichtigst, die Gentlemen am Hof im Umgang mit Schwert und Sattel zu unterrichten?«

»Es wäre zumindest eine Möglichkeit«, sagte Diego. »Und mein Master unterstützt mich dabei.«

Silas grinste. »In diesem Fall weiß ich, in welches Geschäft ich Millys Mitgift investieren werde. Mir gefällt deine Idee besser als Millys modischer Firlefanz.« Er streckte eine Hand aus. »Brauchst du einen Partner, Junge?«

Diego schüttelte seine Hand und grinste zufrieden. »Gern, Sir.«

»Sobald ich meine Militärzeit hinter mir habe, könnte ich ja bei dir mitmachen. Für eine Fechtschule ist ein altmodischer Schwertfechter wie ich doch eine gute Ergänzung zu deinem neumodischen Rapier-und-Degen-Getänzel nach italienischer Art.«

»In der Tat, Sir.«

Silas kratzte sich an der Wange. »Ich kenne einen Ort drüben in Southwark, der sich eignen würde – nahe genug bei den Palästen der Königin, aber außerhalb der Stadtmauern.«

Milly boxte jetzt beide Männer an die Brust, um auf sich aufmerksam zu machen. »Bevor ihr zwei eine Fechthalle anmietet, können wir vielleicht kurz über eine kleine Nebensache wie meine *Hochzeit* reden?«

Diego zog sie auf seine Knie und gab ihr einen Kuss.

»Aufhören, Junge«, sagte Silas und hielt sich die Augen zu. »*Noch* seid ihr nicht verheiratet.«

»Dann bekräftigen wir den Ehevertrag gleich heute Abend durch Handschlag und heiraten offiziell, sobald das Aufgebot verlesen wird«, schlug Diego vor. »In meinem Dorf gilt man als verheiratet, sobald man mit dem Brautvater den Preis ausgehandelt hat.«

Milly errötete. »Heute Abend schon? So schnell?«

»Ja, warum noch warten?«

Silas nickte und stieß sich vom Tisch ab. »Mylady, Master Lacey, unsere Turteltäubchen hier wollen unbedingt noch heute ein Handfasting machen und vor Zeugen ihr Ehegelöbnis ablegen. Lady Jane, wärt Ihr bereit, als Zeugin zu fungieren? Und Ihr, Master Lacey, die Aufsicht zu führen?«

James hakte Janes Arm unter den seinen und führte sie zu ihnen. »Mit dem größten Vergnügen.«

Diego nahm Millys Hand und zog sie auf die Füße. Sie stellten sich vor dem Kamin einander gegenüber, James dazwischen. Jane und Silas nahmen hinter Milly Aufstellung.

James nahm die rechte Hand der beiden Brautleute. »Ich kenne den genauen Wortlaut für diese Zeremonie nicht und finde gewiss keine Worte, die feierlich genug wären, deshalb machen wir es kurz und bündig: Diego, schwörst du, diese Frau dein Leben lang zu lieben, zu beschützen, für sie zu sorgen und ihr stets treu zu sein?«

»Ich schwöre es.«

Millys Augen füllten sich mit Tränen, als er liebevoll auf sie herabblickte.

»Millicent Porter, schwörst du, diesen unwürdigen Burschen Diego für den Rest deines Lebens zu lieben und zu versuchen, ihn so weit wie möglich vor Schaden zu bewahren und ihm auch immer treu zu sein?«

»Ja, oh ja!«

James schmunzelte über so viel Begeisterung, als er ihre beiden Hände ineinander legte und sie mit seinen beiden Händen fest zusammendrückte. »Dann möge Gott euch beide segnen. Glückwunsch, Diego, und auch Euch, Mistress Milly, viel Glück!«

Diego stürzte sich auf seine nunmehr inoffiziell angetraute Ehefrau und küsste sie. Als sie sich wieder voneinander lösten, runzelte Milly die Stirn.

»Was ist, Liebste?«, fragte Diego.

»Du hast keinen Familiennamen. Wie soll ich fortan heißen?«

Er lachte und drückte ihr einen Kuss auf die sorgenvolle Stirn. »Was für Probleme ihr Engländer habt!«

Silas trat vor und schlug Diego auf die Schulter. »Weißt du was, mein Junge? Ich werde dich adoptieren. Milly, dann bleibst du eine Porter, und wir nehmen Diego einfach in unsere Familie auf.«

»Eine saubere Lösung«, sagte Jane. »Und du musst nicht mal die Initialen auf deinen Taschentüchern ändern.«

James nahm Jane in die Arme und bog sie dann ein bisschen nach hinten, damit er ihr ins Gesicht blicken konnte. »Aber du, meine Liebe, würdest du deine aufgestickten Buchstaben in J. L. ändern?«

Jane nickte, schüchtern wie ein kleines Mädchen. »Wenn es die Königin erlaubt.«

Sie alle wussten, dass Königin Elisabeth recht unberechenbar war und es nicht gern sah, wenn eine ihrer Hofdamen heiratete. Deshalb konnten sie sich nicht sicher sein, ob sie ihnen ihre Zustimmung geben würde.

»Und wenn sie dagegen ist? Was hältst du davon, wenn wir dann als Siedlerehepaar mit Raleighs Kolonisten nach Roanoke gehen?«

Milly fand insgeheim, dass Jane in einer neuen Kolonie so nützlich wäre wie ein Hermelinpelz in den Tropen – eine Meinung, die Jane ganz offenbar teilte, denn ihre Begeisterung über James' Vorschlag hielt sich sichtlich in Grenzen.

»Ich will bei dir sein, egal um welchen Preis«, sagte sie schließlich etwas skeptisch, »aber ich wäre ganz froh, wenn uns eine Auswanderung erspart bliebe.«

James gab ihr einen Handkuss. »Ich ehrlich gesagt auch.«

Diego stieß ihn von hinten in die Rippen. »Gebt es zu, Sir: Ihr fändet es gar nicht so schlimm. Würde es Euch nicht gefallen, wenn sich Eure zukünftige Gemahlin den lokalen Bräuchen anpassen müsste in Sachen Kleidung und so weiter?«

Nun war es an James, verlegen zu werden. »Diego, schweig!«

Und obwohl Milly später an diesem Abend Diego entlocken wollte, was diese Bemerkung bedeuten sollte, weigerte er sich beharrlich, ihr zu verraten, welche lokalen Bräuche er gemeint hatte. Er lenkte sie lieber mit einem leidenschaftlichen Kuss ab.

Whitehall Palace

Nach einer einwöchigen Genesungsphase, die Jane viel Zeit zum Nachdenken gegeben hatte, während sie James' Briefe, die wie Balsam für ihre wunde Seele waren, ein ums andere Mal las, beschloss sie, dass es an der Zeit war, ebenfalls für ihre Liebe zu kämpfen. James' schriftliche Liebesschwüre gaben ihr die nötige Kraft. Was konnte schon passieren, wenn sie diesen Rückhalt hatte?

James hatte Montfleury dazu gebracht, die Verlobung ganz ohne Schuldzuweisung in beiderseitigem Einverständnis zu lösen. Jonas hatte dafür gesorgt, dass sie von ihrem Vater finanziell unabhängig war, sodass sie fürs Erste weder von ihm noch ihrem Bruder etwas zu befürchten hatte. Sie musste nur möglichst schnell wieder heiraten, damit die beiden keine Zeit hatten, neue finstere Pläne zu schmieden. Bis jetzt hatten ihr Männer geholfen, doch England wurde von einer Frau regiert, und Janes Zukunft lag letztendlich in weiblichen Händen – nur mit der Zustimmung der Königin hätte Jane freie Bahn. James, Gott segne ihn, begriff das in seinem Eifer nicht; er diskutierte mit seinem älteren Bruder ausführlich, wie man die Zustimmung zu dieser Heirat einholen konnte, aber natürlich gingen sie dabei nach dynastischen Überlegungen und anderen männlichen Argumenten vor. Doch Ellie und Milly sahen es anders: Sie waren wie Jane der Meinung, dass weibliche Taktik gefragt war. Jane musste an die Königin sowohl als Frau wie auch als Monarchin appellieren – keine einfache Aufgabe.

Ohne die Lacey-Brüder über ihr riskantes Vorgehen in Kenntnis zu setzen, beriet sich Jane ausführlich mit ihren beiden Freundinnen, ehe sie sich mit ihrem Anliegen in die königlichen Gemächer wagte.

Jane wusste, dass Ihre Majestät es nicht schätzte, wenn Hofdamen ihre Position ausnutzten, und deshalb hatte Jane sie bisher nie mit Privatangelegenheiten behelligt. Doch an diesem Morgen würde sie eine Ausnahme machen.

Mistress Parry kam aus dem Schlafgemach, um den Schmuck für den ersten Tagesordnungspunkt auszuwählen. Jane drehte kurz ihren Rievaulx-Ring, in der Hoffnung, dass er ihr Glück bringen möge, ehe sie das königliche Gemach betrat und gleich unter der Tür einen tiefen Knicks machte. Elisabeth, die am Fenster saß und gerade von zwei Zofen aufwendig frisiert wurde, blickte sie fragend an. Ihre blasse Haut war fast durchscheinend in dem hellen Licht – auf den ersten Blick wirkte sie wie ein Gespenst in der Aufmachung einer Königin.

»Marquise Rievaulx, ich freue mich zu sehen, dass Ihr genesen seid. Tretet näher!«

Jane ging fünf Schritte in den Raum und knickste dann erneut, wie es Vorschrift war, ehe sie noch weiter ging und sich direkt vor Elisabeths Füße kniete.

»Geht es Euch gut?«

»Ja, danke der Nachfrage, Euer Majestät.«

Ein schwerer Blütenduft lag in der Luft. Die Herrscherin legte großen Wert auf Sauberkeit, badete regelmäßig und benutzte edelste Duftwässer. Auf einem Tisch zu ihrer Rechten lagen die Schönheitsmittel, welche die Königin benutzte, um ihre Hautfarbe so geisterhaft weiß zu tönen, wie sie es liebte. Ihre vornehme Blässe bildete einen auffälligen Kontrast zu ihrer gewellten roten

Perücke, die mit gold- und silberfarbenen Locken durchflochten war. Aus einiger Entfernung war Elisabeth nach wie vor eine imposante Erscheinung; aus der Nähe aber konnte man die Krähenfüße um ihre Augen und die Falten an ihrem immer dürrer werdenden Hals nicht übersehen. Sie war zwar keine jugendliche Schönheit mehr, doch immer noch die *Gloriana*, als die der Dichter Edmund Spenser sie besungen hatte.

Jane fand es bewundernswert, mit welcher Hartnäckigkeit ihre Herrin ihr Image einer mächtigen Frau aufrechterhielt; all ihre Hofdamen wussten, wie viel Kraft es Elisabeth kostete, ihre zahlreichen Höflinge und im weiteren Sinne ihr ganzes Land im Zaum zu halten. Es war das Geheimnis und Vorrecht ihrer Hofdamen, dafür zu sorgen, dass Ihre Majestät immer nur als die Strahlende, Prachtvolle gesehen wurde.

»Ihr habt Euren Hochzeitstag versäumt.« Die Königin lächelte etwas spöttisch. »Wie ich sehe, hat Euch das schwer getroffen.«

»Es hat sich als höchst glücklicher Umstand erwiesen, Euer Majestät, denn so hatten Lord Montfleury und ich etwas Zeit zum Nachdenken.« Janes Herz klopfte zum Zerspringen, als wäre sie gerade sieben Treppen auf einmal hinaufgelaufen, und sie hatte Mühe, das Zittern ihrer Hände zu verbergen.

Elisabeth forderte sie mit einem Fingerzeig zum Weiterreden auf.

Jane räusperte sich. »Nach der ungestümen Hast, mit der wir die Verlobung angingen, stellten wir fest, dass wir doch nicht zusammenpassen. Deshalb haben wir uns in gegenseitigem Einverständnis wieder getrennt.«

Die Königin winkte Mistress Parry, die mit einer Last von Ringen und Ketten zurückgekehrt war, zu sich. »Es ist schon das zweite Mal, Lady Rievaulx, dass Ihr an einer aufgelösten Verlobung beteiligt seid. Ich schätze es nicht, wenn meine Hofdamen ihren Namen mit Bettgeschichten verunglimpfen. Diesmal sollte die Hochzeit stattfinden.«

»Es war keine Bettgeschichte, Madam, sondern nur die Fehleinschätzung eines übereifrigen Vaters.«

Elisabeth hielt einen Diamanten ins Licht. »Aber ihr Ansehen ist das Wichtigste für eine Frau.«

»In diesem Punkt stimme ich Euch voll und ganz zu, Euer Majestät. Aus diesem Grund halte ich es für besser, nicht länger allein zu bleiben. Ich möchte nicht in schlechten Ruf kommen.«

Elisabeth legte den Diamanten in die Schatulle zurück. »Lady Rievaulx, ich bin nicht auf den Kopf gefallen. Ich habt etwas auf dem Herzen, nicht wahr?«

Jane war fast schwindelig vor Angst, weil sie nun alles auf eine Karte setzen musste. Die Königin mochte zwar Wert auf klare Worte legen, doch sie schätzte es gar nicht, wenn jemand es wagte, sich nicht nach ihren Anordnungen zu richten. »An erster Stelle«, begann Jane, »steht für mich natürlich, Eurer Majestät zu dienen.«

Elisabeth nickte zustimmend, weil der Gehorsam ihrer Untertanen für sie eine Selbstverständlichkeit war.

»Und gleichzeitig habe ich den innigen Wunsch, James Lacey zu heiraten, den Bruder des Earl von Dorset.«

Die Königin runzelte die Stirn und versuchte, sich daran zu erinnern, welchen der vielen Gentlemen, die die Korridore ihrer Paläste bevölkerten, Jane wohl meinte.

»Er ist vor Kurzem erst aus Amerika zurückgekehrt«, half Jane nach.

»Ach ja, Raleigh hat ihn lobend erwähnt. Ihr wärt eine ausgezeichnete Partie für ihn, nicht wahr? Ihr verfügt ja inzwischen über ein beträchtliches Vermögen.«

»Darum geht es ihm nicht. Und ich bin davon überzeugt, dass Ihr in ihm einen treuen Diener hättet, Euer Majestät. Mein Vermögen könnte nicht besser investiert werden als in einen ehrbaren Mann, der in Euren Diensten steht.«

Die Königin strich über ein Perlencollier, von dem allgemein bekannt war, dass es einst ihrer Rivalin, der eingekerkerten schottischen Königin Maria Stuart, gehört hatte. In ihrem Königreich bekam Elisabeth letztendlich alles, was sie haben wollte, außer Liebe und einer Heirat – süße Früchte, die sie nicht zu kosten wagte. Aber würde sie dieses Glück einer anderen gönnen?

»Ihr wart früher mal mit seinem Bruder verlobt, richtig?«

»Der Earl von Dorset und seine Gemahlin gehören zu meinen engsten Freunden, Euer Majestät, und stehen voll und ganz auf unserer Seite.«

»Das bezweifle ich nicht, sonst würdet Ihr es nicht sagen, sondern Hals über Kopf heiraten und mich im Nachhinein um Verzeihung bitten. Ich hasse derlei List.«

Das wusste Jane gut. Im Tower saßen mehrere Personen, weil sie die Königin mit derlei Vergehen gekränkt hatten. »Ich will auf gar keinen Fall hinter dem Rücken Eurer Majestät handeln. Ich spreche zu Euch als Eure gehorsame Dienerin und bitte Euch inständig, mir diesen Wunsch zu gewähren, damit ich Euch in Zukunft in noch größerer Dankbarkeit dienen kann.«

»Ihr wünscht nicht, aus Eurem Dienst als Hofdame entlassen zu werden?« Die Königin entschied sich für eine mit Rubinen besetzte Haarnadel aus ihrer Schatulle und reichte sie Mistress Parry. »Ich hasse Veränderungen in meinem Haushalt.«

Demütig schüttelte Jane den Kopf. »Nein, Madam. Diese Ehe würde mir erlauben, weiterhin am Hof zu bleiben. Montfleury dagegen wollte mich fortbringen. Und deshalb hoffe ich, dass Ihr zu dem Schluss kommt, dass diese neue Verbindung weitaus vorteilhafter wäre.«

Das Schweigen der Königin tat Jane fast körperlich weh. Ihre Zukunft mit James hing an einem hauchdünnen Faden, während Elisabeths Finger über das wunderschöne Perlencollier glitten.

»Euer Vater?«

»Ich hoffe, ich kann ihn überzeugen, dass diese Verbindung auch ihm zum Vorteil gereichen wird, sobald er sich damit abgefunden hat, dass Montfleury nun doch nicht sein Schwiegersohn wird. Allerdings beruhigt mich der Gedanke, dass er früher schon einmal eine Verbindung mit dem Haus Lacey geplant hatte.«

Die Königin lächelte. »Gut argumentiert, Marquise Rievaulx. Ich war noch nie sehr angetan von Eurem Vater – zu überheblich uns Frauen gegenüber für meinen Geschmack. Und was den Franzosen betrifft … nun ja, als Liebhaber wirkt er nicht sehr überzeugend, nicht wahr?«

Janes Anspannung wich allmählich einer vorsichtigen Erleichterung, denn sie spürte, dass die Königin auf ihre Seite umschwenkte. »Nein, Madam. Ich denke, keiner von uns wäre in der geplanten Verbindung glücklich geworden.«

Die Königin schnippte mit den Fingern. »Die Perlenbrosche mit dem Diamanten, Blanche! Der Botschafter von Venedig ist für heute angemeldet, und er hat sie mir zu Neujahr geschenkt.«

Jane blieb auf den Knien und wartete bangen Herzens auf den Urteilsspruch, der gleich gefällt werden würde.

»Wir haben einen sehr anstrengenden Tag mit vielen Terminen vor uns. Meine Damen, ich erwarte, dass ihr mir im Audienzsaal aufwartet.« Die Königin erhob sich und ließ sich den mit Goldfäden durchwirkten Umhang umlegen. »Lady Rievaulx, warum seid Ihr noch hier?«

»Euer Majestät?«

»Ich hätte gedacht, dass ausgerechnet Ihr von all meinen Hofdamen am wenigsten Zeit zum Vertrödeln hättet. Nicht nur, dass ich Eure Anwesenheit bei der Ratssitzung erwarte – tragt das elfenbeinfarbene Satinkleid, es steht Euch ausgezeichnet –, Ihr müsst auch noch eine Hochzeit vorbereiten, wenn mich nicht alles täuscht.« Nach diesen Worten schwebte Elisabeth aus dem Raum, gefolgt von ihrer Schleppenträgerin.

Blanche Parry trat zu Jane und küsste sie auf den Scheitel. »Gut gemacht, meine Liebe. Ich denke, ich kann Euch eine Stunde lang entbehren, damit Ihr dem jungen Mann die frohe Botschaft überbringen könnt.«

Durham House

Jane fand James in seinen Gemächern, zusammen mit Will, Silas Porter und Diego. Noch überraschender war, dass auch Christopher Turner anwesend war. Sie hatte gerüchteweise von einer Aussöhnung gehört, die Halbbrüder aber noch nie zusammen gesehen. Einen Moment lang blieb sie in der Tür stehen, um zu hören, worüber sie sprachen. Die Männer saßen an einem Tisch und besprachen, wie man die Königin überreden konnte, ihre Zustimmung zu geben. Der Schauspieler wurde gefragt, ob er nicht ein passendes Theaterstück oder Sonett kannte, um das Herz der Königin zu erweichen.

Oje, dachte Jane, ihnen gehen wirklich die Strategien aus, wenn James nun zu Poesie greifen wollte! Doch es freute sie, zu sehen, dass der Halbbruder allmählich in die Familie integriert wurde. Nichts brachte Verwandte einander näher als eine Krise.

Die Gräfin und die Näherin ließen die Männer allein beraten und plauderten gemütlich am Kamin. Jane musste Ellie und Milly nicht erzählen, wie die Unterredung mit der Königin ausgegangen war, denn ihre Miene sprach Bände. Die beiden jungen Frauen legten ihre Stickarbeiten beiseite und unterbrachen die Männer bei der Diskussion.

»Komm, Liebster«, ließ die Gräfin ihren Gatten wissen, »ich muss einige Dinge einkaufen.«

Will riss erschrocken die Augen auf. »Ellie, mein Schatz«, sagte er flehentlich, wie ein Mann, auf den der Galgen wartete, »kann dich nicht ausnahmsweise Jane begleiten? Du weißt doch, dass ich dir nie sagen kann, ob dir etwas steht oder nicht.«

Resolut zog Ellie ihn am Arm.

»Es wird nicht schlimm werden – wir geben das ganze Geld bei Milly aus. Diego kann dir seelischen Beistand leisten. Master Porter, Master Turner – ich denke, wir sind im Moment *de trop*, oder soll ich ganz direkt sagen, dass James uns gerade nicht braucht zu seinem Glück?«

Turner begriff die Anspielung als Erster. Nach einem kurzen Blick auf Jane küsste er die Hand der Gräfin mit lang erprobter Galanterie, was Will gar nicht gefiel. Er beugte sich vor, um ihm Ellies Hand zu entziehen.

»Manche würden sagen, dass ich immer *de trop* bin, Euer Gnaden«, sagte Turner. »Doch mein Wille und Euer Will stehen Euch heute ganz und gar zur Verfügung.«

Ellie schaute ihren Ehemann schmunzelnd an, weil ihr Turners kleines Wortspiel gefallen hatte. »Kommt, meine Herren, gehen wir!«

James war sichtlich irritiert, als ihn seine Mitverschwörer so plötzlich im Stich ließen. »Will, Kit, Diego, Master Porter – es gibt wahrlich Wichtigeres zu besprechen als neue Kleidung!«, rief er ihnen nach.

»Irrtum!«, erklärte ihm Milly keck und schob ihren Vater und Diego entschlossen aus dem Raum. »Fragt Jane.« Sie zog die Tür hinter sich zu.

»Was soll das?« James wandte sich an Jane, die neben dem Kamin stand. »Was hat sie gemeint?«

Jane amüsierte sich über sein ratloses Gesicht und beschloss, ihn noch etwas zappeln zu lassen. »Wir müssen dringend über deine Kleidung reden.«

Er kratzte sich am Kopf. »Warum? Kleidung interessiert mich nicht. Hauptsache, ich habe etwas zum Anziehen, das mich warm und trocken hält.«

»Es geht um deinen Hochzeitsanzug«, fuhr Jane ungerührt fort. »Ich denke, Blau stünde dir gut.«

Nun glaubte James zu wissen, worum es ging, und er schüttelte lächelnd den Kopf. »Ah, mein Schatz, natürlich trage ich gern, was dir gefällt, aber wir sollten das Pferd vor den Wagen spannen und nicht umgekehrt.«

Jane trat auf ihn zu und griff nach seinen Händen. »Ah, mein Schatz«, äffte sie ihn nach, »aber das Pferd ist aufgezäumt und kann jederzeit lostraben.«

»Aber … wie …?« Jane fand seinen Gesichtsausdruck zum Schieflachen.

»Ich habe soeben mit Ihrer Majestät, meiner Herrin, gesprochen und ihr erklärt, dass es am Hof einen armen, vagabundierenden Gentleman gibt, der dringend eine Frau braucht – und zwar mich. Sie hat eingesehen, dass es für ihr Land das Beste ist, was passieren kann, und gab ihr Einverständnis.«

»Was? Die Königin ist einverstanden?«

»Ja, solange ich weiterhin ihre Hofdame bleibe, und das habe ich ihr geschworen. Deshalb, so fürchte ich, kann ich nicht nach Amerika ziehen.«

Vor Glück strahlend, entzog James ihr seine Hände, um sie um ihr Gesicht zu legen und ihr einen Kuss zu geben. »Lady Jane, du bist wunderbar!«

Sie zupfte an seinem geflickten schwarzen Wams. »Und?«

»Und was?« Schon wieder schaute er ratlos drein.

»Wirst du es gegen ein blaues austauschen?«

Lachend drückte er sie an seine Brust. »Aber natürlich! Und ich würde gern in der Kirche von Stoke-by-Lacey heiraten, wenn du nichts dagegen hast, um im Kreise meiner Familie zu feiern.«

Jane strich mit den Lippen über seine Herzgegend. »Einverstanden. Und weißt du was? Ich kenne ganz zufällig eine gute Näherin mit einem hübschen kleinen Geschäft, die dir mit Freuden einen passenden Hochzeitsanzug anfertigt.«

James lachte. »Du raffiniertes Ding! Du willst doch nur dein investiertes Geld vermehren. Später. Wir gehen später zu ihr. Im Moment möchte ich nichts anderes tun, als ausgiebig meine Zukünftige zu bewundern. Auf, du kleines Luder, küss mich!«

»Luder?« Jane zog ein beleidigtes Gesicht. »Ich bin eine Hofdame der Königin!«

»Kann sein. Aber in erster Linie bist du meine Herzensdame, und ich gebe dich nie, nie wieder her!«

Ende